琉球独立への経済学

内発的発展と自己決定権による独立

松島泰勝

法律文化社

はしがき

　ある琉球人男性が次のような体験を私に語ってくれた。琉球において開催された「能力開発セミナー」に参加した際，講師が「琉球人のDNAを自分の体から引っこ抜け！」と面前で叫んだと言う。その講師は，坂本龍馬，吉田松陰等の日本人偉人のエピソードを語り，日本人をロールモデルにして琉球人の奮闘を促した。このセミナーには琉球の主要企業のサラリーマンが会社を挙げて参加していた。文科省の教育指導に従い，日本の教科書を用いた教育が実施されている琉球の学校だけでなく，社会人になっても，「脱琉球人化＝日本人化」のための教育が行われていたのである。琉球人は自らのアイデンティティを消さなければ，日本人のような「優秀なサラリーマン」になれないのであろうか。

　琉球の振興開発は1972年の「復帰」から始まったが，10年毎に開発計画が日本政府によって策定された。これまで4次にわたる開発計画の中で掲げられた「経済自立」や「格差是正」の目標は未だに達成されず，自由貿易地域，特別自由貿易地域，金融特区，IT特区等の「開発の目玉」も失敗に終わった。同計画の作成者である日本政府は，過去の開発の失敗から学び，経済の自立策に本格的に取り組むのではなく，米軍基地を琉球に押し付けるためのアリバイとして振興開発を利用してきた。琉球の植民地支配を永続化させる手段が振興開発である。開発目標の達成が10年後に設定されているため，琉球人が直面する諸問題の解決が先送りされる仕組みになっている。米軍基地による人権問題，経済問題，環境問題等は未解決のまま，「復帰」後44年も続いている。

　「自立」や「自治」の言葉が統治者側から発せられる時，それらは琉球人の努力目標とされ，琉球人を縛る手段と化す。「先進」と「後進」という一方的な価値基準を琉球に当てはめ，「先進地の日本」に「後進地の琉球」がキャッチアップすべきとする強迫観念が，振興計画の中心的な思想になってきた。日本は自らは自立しないで，琉球に自立という目標を示し，指導するという立場に立っている。日本は「抑止力」としての米軍基地を琉球に依存し，製品，半製品，原料の輸出入市場を世界の諸国に依存している。さらに日本政府は莫大な借金

i

はしがき

を抱えており，将来世代にも依存している。

「独立したら今の経済レベルが維持できるのか」，「独立論は経済的考察を踏まえない空理空論である」等の批判が独立反対派から出され，「経済自立の目処が具体的になったら独立を支持したい」という声も琉球人には多い。本書で詳しく考察したように，現在の琉球の経済は米軍統治時代から続く植民地経済であり，日本の植民地である限り経済自立は不可能である。琉球の経済格差問題，失業問題，貧困問題は，日本政府が策定し，実施してきた振興開発によって解決されなかった。米軍基地，自衛隊基地がなければ，琉球が本来得られるべき経済利益が大きいことは，これまでの基地跡地利用を見れば明らかである。日本政府による「政府の失敗」を独立によって排除すれば，「今の経済レベル」を遥かに越える経済社会の中で琉球の人々が生活することが可能になる。

本書では近代経済学と呼ばれる経済理論に基づいて琉球の植民地経済を分析し，独立後の自立経済策，国家像を示した。それと同時に「広い意味での経済」という考え方を念頭において考察を進めた。「経済」は「経世済民」という言葉に由来する。それは「国や社会を治め，民を救う」という意味である。琉球という新たな国を作り，国の経済を運営することを前提にして，米軍統治時代，「復帰」後の経済現象を分析し，米国民政府や日本政府による「政府の失敗」を繰り返さないような，新たな経済政策を提示した。その際，地域の民衆が発展の主体になり，地域の歴史，文化，自然を踏まえた平和的な経済発展である内発的発展が，琉球のような島嶼地域にとって有効であると考えた。また「自分たちの地域の政治経済的，社会的方向は自分たちで決定する」という，国際法上の集団的権利である自己決定権を，民衆の生活の中で具体的に位置づけた。「草の根的な自己決定権」は，内発的発展だけでなく本来の市場経済の土台になる権利である。内発的発展と自己決定権を通じて琉球の経世済民を達成することが，琉球連邦共和国の経済的な道程になるだろう。

本書は第Ⅰ部「果たされなかった経済的自立―「本土復帰」の実態」と第Ⅱ部「経済的自立への布石―内発的発展と自己決定権を踏まえて」からなる。第Ⅰ部は，序章「米軍統治時代に形成された植民地・琉球」，第1章「「復帰」体制による植民地支配」，第2章「振興開発が抱える構造的問題性」，第3章「植民

地経済の形成」，第4章「基地経済の実態分析」から構成される。その内容は，米軍による軍事植民地体制や米軍統治下の基地経済がどのように形成され，米軍統治時代と「復帰」後の時代との経済的連続性を明らかにし，「復帰」後に向けた経済政策がなぜ失敗したのかを検討する。

　その上で日本政府が策定し，実施してきた「復帰」後の振興開発計画がなぜ失敗したのかを具体事例を示しながら政治経済的に検証する。そして現在の琉球経済が植民地経済でしかないことを明らかにする。1995年の米兵による少女暴行事件以降，顕著になった振興開発と米軍基地の押しつけ政策のリンケージ過程を検討した上で，「ヒモ付き振興開発」は地域を経済発展させず，米軍基地が琉球社会に与える経済的コストについて論じる。

　第Ⅱ部は第5章「琉球の内発的発展」，第6章「生活に根ざした琉球の自己決定権」，終章「琉球独立の方法と国家像」から構成される。第Ⅰ部で論じた，琉球が抱える植民地経済という問題を解決し，独立後の経済自立を展望するために，第Ⅱ部では琉球の地域共同体における内発的発展や，生活に根ざした自己決定権の実践について論じる。共同売店，郷友会・青年会・公民館活動，地域誌作り，読谷村における自治活動，経済主権回復を目指した沖縄県の日本政府に対する抵抗等について考察する。その上で，琉球人アイデンティティと経済自立との関係，アジア経済が有する発展のダイナミズムを琉球経済内に取り込む方法について考え，基地経済と米軍基地跡地経済とを比較する。

　国際法上の概念である「自己決定権」が琉球の民衆の社会生活において，どのように展開されているのかを，久高島，座間味島，平安座島，沖永良部島，奄美大島，伊江島等の島々を中心にして論じる。終章では，第Ⅰ部，第Ⅱ部における植民地経済の分析，内発的発展や自己決定権の可能性を踏まえて，琉球独立の方法，独立後の政治経済的国家像，経済自立策を提言する。

　本書では「沖縄」ではなく，「琉球」という地域名称を使う。約600年間，独立国家であった記憶を「琉球」という言葉は喚起する。『隋書』流求国伝（656年）で，琉球または台湾の島々を指す地域名として「流求，琉求，瑠求」の文字が使われた。台湾は「小琉球」，琉球は「大琉球」と称せられていた時代もある。14世紀に中山王・察度が明朝の皇帝に入貢した時に作成された文章にも「琉

球」の文字が使用されていた。現在、琉球内に残された王国時代の石碑にも「琉球国」と刻まれ、王府は自らを国として認識していたことが分かる。2015年、福州市にある「琉球墓園」を訪問したが、同地で死亡した琉球人の墓石にも「琉球国」と刻印されていた。「琉球」は中国に由来する言葉であるとともに、ポルトガル人からレキオ、レキオスと呼ばれ、欧州人が描いた地図でも Loochoo, Lewchew 等と記載されるなど、国際的に琉球国が認められていた。19世紀半ば、アメリカ、フランス、オランダと琉球国は修好条約を締結したが、その中でも「沖縄」ではなく「琉球」が琉球国の名称として使われた。中国だけでなく、欧米諸国も琉球を独立国家と認知していたのである。

「沖縄」が琉球を公的に指す名称として使用されたのは、日本統治時代である、1879年〜1945年、1972年〜現在の約110年間である。三山時代から始まる琉球国の歴史に比べたらほんの一部分でしかない。琉球併合後や「復帰」後に設立された「沖縄県」の名称は日本政府によって命名されたものであり、琉球人が議論して決めたのではない。

琉球人は独自の歴史や文化を持ち、日米の植民地支配を受けてきたネイション（民族）である。本書では民族としての琉球人を明示するためにも「琉球」を使いたい。また長期の視点から琉球の過去、現在、未来を考えるとき、「琉球」または「琉球人」という主語の方が琉球史の大部分を説明できるのではないか。将来、独立した時の国名として「沖縄国」でなく、「琉球国」が使われる可能性が高いだろう。

「沖縄」は日本への帰属性を示す名称である。奈良時代に日本へ渡来した唐僧、鑑真について書かれた『唐大和上東征伝』（779年）に「阿児奈波」の文字が見える。『平家物語（長門本）』（鎌倉時代）に「おきなわ」のひらがな表記が出て、「阿児奈波」、「悪鬼納」の文字も使われた。江戸時代に琉球国から来た使節団と直接話し合った新井白石が著した『南島志』では、「沖縄」の文字が当てられ、琉球文化が日本の影響を受けていることが強調されていた。このように「沖縄」は日本との歴史的関係が強い言葉である。

「沖縄」は沖縄島という1つの島の名称でもあることから、沖縄島中心の見方になりかねない。私は石垣島で生まれたが、島の人が沖縄島に行く時、「沖

縄に行く」という言い方をしていた。沖縄島は琉球列島（琉球弧）の中で最も面積が広く，国の主要機関，県庁，大学等が置かれ，広大な米軍基地もある。しかし沖縄島は琉球の中心ではなく，島々の1つでしかない。

　本書では「沖縄本島」ではなく「沖縄島」という名称を用いた。「沖縄本島」の「本島」という言葉は，沖縄島が琉球の中心であるという誤解を与えかねない。琉球の島々は歴史，文化，社会において，それぞれ対等な関係にあるべきである。琉球王国時代，奄美諸島，八重山諸島は琉球王府の侵略を受け，統合され，近世期には重税である人頭税が宮古・八重山諸島の人々に課せられるという差別的経済政策が実施された。島の面積の大きさ，人口の多さをもって島の価値を判断することは，周辺とされた島々に住む人々に対する差別となる。琉球にある島々のそれぞれが中心なのであり，琉球に周辺や辺境はない。独立後の琉球連邦共和国は，各島の自己決定権を踏まえた政治体制になるべできある。国連の加盟国には，人口が約1万人のツバルやナウル，1万8000人のパラオが含まれている。現在の国際社会は，人口数に関係なく民族の自己決定権の行使つまり独立を認めている。

　琉球では日本との一体化を求めた祖国復帰運動の影響もあり，日本を「本土」と呼ぶ傾向がある。『大辞林』によると，「本土」は，「①本国。②おもな国土。離島や属国などに対していう。③仏土，浄土」の意味がある。しかし，独立国であった琉球の独自な歴史や文化から考えると，日本は「本国や主な国土」であるとは言えない。よって本書では，「本土」ではなく「日本」という言葉を使う。

　また「復帰」と言う言葉は，「もとの地位や場所に帰ること」（『大辞林』）を意味するが，日本は琉球にとって元々の場所ではない。1879年までは日本とは別の国だったのである。琉球の本来の復帰は，琉球国になることである。琉球独立が日本からの分離独立ではない理由がここにある。ただ琉球は王国の復活を目指すのではなく，立憲主義，島々の分権化を押し進めた，21世紀型の連邦国家になるべきであると考える。

　本書では琉球の範囲として，1609年に島津藩が琉球を侵略して奄美諸島を直轄領とする時期までは奄美諸島，沖縄諸島，宮古・八重山諸島を琉球とする

が，それ以降は，沖縄諸島，宮古・八重山諸島を琉球とする。これは琉球を分断して統治する，日本の琉球に対する植民地主義の傷跡でもある。琉球文化圏という言葉から明らかなように，琉球の島々はサンゴ礁の島々から構成され，歴史的，文化的な多くの共通点を持ち，動植物も類似しており，日本による植民地支配からともに脱することができよう。

　1953年に奄美諸島が日本に「復帰」して後，琉球に住む奄美諸島の人々は「非琉球人」として差別の対象になった。奄美諸島の人々が人民の自己決定権を行使して，琉球または鹿児島県の一部になるのか，奄美諸島として独立（または島それぞれで独立）するかどうかは，島の人々の自己決定権に基づく。琉球，琉球文化圏の島々を歩き，島の人々と話し，交流してきた時の記憶が本書の中の「琉球」に刻まれている。

　通常の社会科学の研究書では，著者の存在をなるべく表に出さず，研究対象に対して超然的に振るまい，客観的に社会科学的な現象を論述するのが通常のスタイルである。しかし研究者は研究活動を通して地域と関わり，独自の判断や，研究成果の地域への還元が求められる社会的責任を持っている。研究者は著作や論文においてどれほど客観的，論理的に論じたとしても，自ら意見，提案を直接的，間接的に表明せざるを得ない。完全な政治的，思想的中立性はありえない。独自な意見や提案を明確に論証し，示さなければ研究上の貢献も認められない。私は琉球の島々で生まれ育ち，自らを琉球人であると自覚し，独立を希求するという政治的，思想的ポジションを有している。私という主体が，琉球独立について客観的な手法で考察し，植民地経済から解放されるために琉球独立が有効な選択肢であることを論証していきたい。

　本書は琉球独立を経済学の手法を用いて，具体的，客観的に論じた研究の書である。琉球の植民地経済を批判的に分析し，それを克服するための理論，政策，ケーススタディを考察し，提示したことが，先行研究に対する本書の研究上の貢献であると考える。また経済学の観点から，琉球独立という政治的地位の選択肢の有効性を論証したことも本書の研究上の特徴であると言える。

目　次

はしがき

第 I 部　果たされなかった経済的自立
——「本土復帰」の実態

序　章　米軍統治時代に形成された植民地・琉球 —— 3

1　軍事植民地体制の形成　3

2　植民地経済としての基地経済　7

3　基地経済の形成　11

第1章　「復帰」体制による植民地支配 —— 17

1　米軍統治時代からの連続性　17

2　「復帰」は日本による植民地支配の再編強化　21

3　「復帰」後に向けた経済政策の失敗　26

4　「復帰」過程の問題性　31

第2章　振興開発が抱える構造的問題性 —— 36

1　振興開発計画の虚構性　36

2　振興開発は成功したのか　39

3　新しい振興開発体制　40

4　日本政治と振興開発　45

5　琉球の経済自立とは何か　48

vii

目　次

6　振興開発の功罪　55

7　環境の破壊と島のブランド化　57

8　なぜ振興開発が失敗したのか　60

第3章　植民地経済の形成 ———————————— 66

1　日本の植民地になった琉球　66

2　琉球の植民地経済の現在　69

3　労働者の身体に見える植民地主義　72

4　琉球経済を巡る言説に見る植民地主義　74

5　植民地主義の裏返しとしての同化主義　77

第4章　基地経済の実態分析 ———————————— 85

1　米軍統治時代の基地経済　85

2　辺野古新基地建設と振興開発　90

3　国際都市形成構想と米軍基地とのリンケージ　94

4　ヒモ付きの振興開発で地域は発展したのか　101

5　基地がもたらすコスト　109

第Ⅱ部　経済的自立への布石
—— 内発的発展と自己決定権を踏まえて

第5章　琉球の内発的発展 ———————————— 119

1　内発的発展と共同売店　120

2　地域共同体に埋め込まれた内発的発展　123

3　読谷村の内発的発展　127

4　経済主権回復のための抵抗　130

5　琉球人アイデンティティと経済　132

6　アジア経済の中の琉球　*135*

　　　7　米軍基地跡地利用による発展　*141*

第6章　生活に根ざした琉球の自己決定権 —————— *149*

　　　1　久高島で考える琉球の自己決定権　*150*

　　　2　座間味島の自己決定権　*158*

　　　3　平安座島の自己決定権　*162*

　　　4　沖永良部島で考える奄美諸島の自己決定権　*166*

　　　5　奄美大島の自己決定権　*171*

　　　6　伊江島の自己決定権　*177*

終　章　琉球独立の方法と国家像 —————————— *185*

　　　1　琉球独立の方法　*185*

　　　2　琉球連邦共和国の政治経済体制　*191*

　　　3　経済自立のための政策　*196*

　あとがき

第Ⅰ部 果たされなかった経済的自立
――「本土復帰」の実態

序　章

米軍統治時代に形成された植民地・琉球

　沖縄戦で日本軍に勝利した米軍はそのまま琉球を軍事占領し，基地を建設
し，植民地支配体制を敷いた。米軍統治時代は1945年から71までの27年間で
ある。序章ではこの時代は琉球にとって何を意味するのかを考察したい。日本
国憲法やアメリカ合衆国憲法も適用されない，政治的地位が未確定のまま27年
間が過ぎた。日本政府は琉球に対する「潜在主権」を有していると日米両政府
は主張した。しかし日本政府は米軍の人権侵害から琉球人を守ろうとせず，主
権国家としての義務を果たさなかったのであり，その「潜在主権」の法的な実
効性は琉球の現実によって裏切られた。米軍統治時代下において植民地として
琉球が形成されたのである。1972年の「復帰」によって琉球が植民地時代から
離脱したのではなく，米軍統治時代の植民地構造がそのまま日本政府統治時代
に横滑りしただけであった。

1　軍事植民地体制の形成

　戦後，琉球は米軍の統治下におかれた。1952年には琉球人を主体とする琉球
政府が設立された。しかし，米国民政府による軍事植民地としての支配を住民
の生活の隅々まで及ぼすために，琉球政府は住民の意志に従ってではなく，米
国民政府によって設立された。軍事植民地体制を特徴づける制度としては次の
ようなものがあった。琉球政府の行政主席や裁判所判事の任命制，高等弁務官
の拒否権，琉球銀行や琉球生命公社の株式51％保有による経営支配，琉球復興
金融基金の設立（全額米軍政府資金による），電力・水力・主要道路・空港・港湾
の米軍直轄，米政府指令第11号による外国為替業務の認可制（琉球銀行が代行）

3

第Ⅰ部　果たされなかった経済的自立

等があった。他方，琉球政府は1955年，「経済振興第1次5カ年計画書」を策定し，「基地経済からの脱却」，「自立経済の確立」を掲げた[1]。しかし，1950年代半ばより基地が拡張されてから基地経済への従属度は深まり，自立経済は実現できなかった。

　1954年の「琉球列島出入管理令」，1955年の「琉球住民の渡航管理令」による移動の自由の制限，転籍の規制，在留・永住の制約が設けられ，米軍基地内で働く労働者は団交権，争議権が否認され，「忠誠宣誓供述書」の提出が義務付けられた[2]。

　米国民政府が一手に琉球の水道事業を管理・運営し，主として米軍基地内に水を供給した。琉球人が住む地域に供給される水は，基地で使った後の余り水でしかなかった。水需要が大きい夏場において，米軍基地内では芝生に水をまいているが，民間地域では断水が行われ，飲料水が供給されないという事態がしばしば発生した[3]。また琉球の幹線道路の大部分は，軍用道路として建設された。米軍が軍用道路を建設する際，用地買収というプロセスを経ずに，基地の場合と同じく，強制的に土地を接収して，その後，琉球人に賃貸料を支払うという非民主的な手法がとられた[4]。

　米軍による金融支配の下において，琉球政府は独自の金融政策の策定や為替管理が不可能であり，高金利状態が続いた。米国民政府は，水道や電力の2公社，琉球開発金融公社，琉球銀行等を通じて経済支配を行った。その他にも，アメリカ余剰農産物の販売，国県有地の無償使用等を通して，「琉球最大の資本家」と言われた米国民政府が経済的利益を取得した。米国民政府が琉球の経済自立において最大の阻害要因であった[5]。「復帰」後，日本政府が主導して策定・実施してきた琉球の振興開発も失敗に終わった。「復帰」前においては米国民政府，「復帰」後においては日本政府が琉球の経済自立阻害の最大の原因であったと言えよう。

　米軍統治時代は植民地時代であったという事実を確認しておきたい。米国民政府は基地経済の強化を目指していたのに対し，琉球政府では「基地経済からの脱却と自立経済の確立」を目標にしていた。植民地政府としての米国民政府と被植民地政府としての琉球政府はその目指す方向性が大きく異なっていた。

序章　米軍統治時代に形成された植民地・琉球

　現在，琉球に設置されている国の金融機関である沖縄振興開発金融公庫は，米国民政府によって設けられた琉球復興金融基金（1959年に琉球開発金融公社となる）を吸収した上で設立された。このように米軍統治時代の植民地支配の組織が，そのまま現在の日本政府による琉球植民地支配のための機関になった場合が少なくない。植民地としての琉球の政治的地位は戦後70年一貫して続いていたのである。

　1960年7月に制定された「プライス法」（琉球諸島の経済的・社会的開発を促進する法律）は米軍統治体制にとって大きな意味を持つ。これまで，議会の審議なしで支出されていた琉球援助費の議会審議を義務化し，財政的支配を法文化して軍事植民地体制の恒久化を確立しようとした。同法によって琉球人から徴収して得られた「一般資金」に対する高等弁務官の使用に関しても法的権限が与えられた。アメリカによる，財政面での植民地支配体制が確立した。琉球は同法によってグアム，米領バージン諸島と同様の法的位置が与えられた。[6] グアム，米領バージン諸島ともアメリカの植民地であるが，琉球もプライス法によって法制度上でも米植民地として位置付けられた。

　プライス法には次のような規定があった。「大統領が琉球列島に関する権限を行使するに当たっては，琉球列島住民の福祉安寧を増進し，その経済的，文化的発展を促進するため，あらゆる努力をしなければならない」[7]。同法の主体が「大統領」であることから分かるように，琉球における植民地支配は米大統領の統括下で実施されていた。同法において琉球人の「福祉安寧を増進し，その経済的，文化的発展を促進するため，あらゆる努力をしなければならない」と規定されていたが，実際は琉球人の人権は大きく蹂躙され，経済的，文化的発展は実現しなかった。

　米国民政府から投下された琉球に対する援助金には次のようなものがあった。①陸軍管理部からの援助。その用途は軍事目的を中心とした公共事業費，公衆衛生費，教育支援費。②米国民政府の行政管理費，情報活動費。その用途は軍雇用員の賃金。③米国民政府一般資金。開発金融公社，電力公社，水道公社，油脂販売，琉球銀行等における利益金をプールしたもの。④余剰農産物の売上代金。[8]

5

第Ⅰ部　果たされなかった経済的自立

　米国民政府から琉球への援助は，基地を維持，発展させるためにその大半が使われた。「復帰」後は，日本政府が軍雇用員の賃金を支払い，米軍の軍用車両も使用する道路等のインフラの整備に資金を投入して，米軍による軍事占領を経済的に支援している。

　琉球における課税権，予算支出権等の財政に関する権限を，琉球人の代表によって構成される立法院が掌握することができなかった。税法の設定や改廃，予算の最終的承認等に対する権限は米国民政府が握っていた。[9]

　アメリカがイギリスからの独立運動を始めた最大の理由は，英議会においてアメリカからの代表が選出されず，民主的な議論を行うことなく課税されたことに対する反発であった。琉球も同じく米連邦議会に代表を送ることが許されず，課税が実施されていた。グアムも同様な状況にあったが，1968年に米連邦下院議会に代表を派遣することが認められた。しかし，現在でもグアム代表は連邦下院において発言権しかなく，投票権は与えられていない。この面からも琉球がアメリカの植民地であることが分かる。アメリカがイギリスから独立したように，琉球もアメリカから独立する根拠と権利があったのである。

　米軍統治時代の政治体制は軍事独裁体制と言い換えることもできよう。芥川賞作家の大城立裕が琉球政府職員だったころ，キャラウェイ高等弁務官から「第1次民生五カ年計画」という経済計画の作成を命じられた。大城も他の職員とともに半年近く，残業を続けながら同計画を完成させた。しかしそれを発表する段階にくると高等弁務官からストップがかかった。なぜ公表されないのかの理由は大城等の職員には伝えられず，幻の計画書となった。[10] 軍人であるキャラウェイ高等弁務官は，「自治は神話」であると述べて，琉球人の民意を完全に無視した。

　アメリカの琉球統治策の基本的特質は，「軍事上の安全」の保持が柱になったことである。米軍統治下で策定された経済開発計画は，琉球人と米軍人との政治的緊張を緩和させるという「統治者の要請」を第1の目的にしていた。同計画における「沖縄側の要請」は第二義的意味しか持たなかった。経済計画は政治的緊張を緩和するための場当たり的な政策でしかなく，長期的な観点から経済を発展させるという姿勢は皆無であった。他方，琉球政府が作成した開発

序章　米軍統治時代に形成された植民地・琉球

計画も米国民政府から援助金を引き出すことに重点が置かれていた。[11]

　このように米軍基地の安定的維持を最優先するような体制は，「復帰」後の現在も続いている。戦後の琉球経済史を「米軍統治期」と「ポスト復帰期」に別けるのではなく，「戦後植民地期」と分類すべきであろう。少女暴行事件が発生して日本政府の「アメとムチ」の政策が本格化した1995年以降は，その植民地主義体制がより明確化した。

2　植民地経済としての基地経済

　現在の琉球経済は植民地経済であるが，それは何時から始まったのだろうか。琉球の植民地化は，1609年の島津藩による琉球国侵略後から発生した。島津藩は琉球国から米や布，黒糖等を定期的に取り上げるという経済搾取を行った。奄美諸島を琉球国から切り離し，自らの直轄領にして砂糖黍プランテーション制を実施した。そして1879年の琉球併合で琉球国を沖縄県として日本国に併合して，植民地にした。

　現在の琉球の植民地化に直接的な影響を与えたのは，1945年から1971年まで続いた米軍統治時代の政治経済体制である。1972年に米軍統治は終了し，琉球は日本の一県になり，全国一律の法制度に統合されたとの認識がある。しかし，琉球の植民地主義を規定する構造的要素は既に米軍統治時代から準備されていた。例えば米軍基地を琉球に固定化するために振興資金を流用するという「アメとムチ」の政策は，米国民政府の植民地支配における常套手段であった。

　アメリカが琉球の広大な土地を収用できたのは，沖縄戦で日本に勝利した結果である。米軍は琉球に上陸して，琉球人を収容所に隔離し，住民と土地とを分断したうえで土地を収用した。例えば，米軍は収容所にいた琉球人が居住地に戻ることを許さないまま，土地を囲い込んで普天間基地を建設した。

　ハーグ陸戦条約第23条は，特別に条約で禁止しない限り「敵の財産を押収すること」を認めている。しかし，日本の正式降伏によって戦争が終結した後は，同23条の適用は除外されるにもかかわらず，米軍はその後も琉球人の土地に対する支配を継続し，新たな土地収用を強行したのであり，ハーグ陸戦条約違反

7

第Ⅰ部　果たされなかった経済的自立

であると指摘できる[12]。

　1949年8月にソ連が原爆実験に成功し，10月には中華人民共和国が樹立され，1950年6月には朝鮮戦争が勃発した。米政府のアチソン米国務長官は1950年1月に「アメリカの防衛線はフィリピンから琉球列島を経て日本，アリューシャン，アラスカに到る線であるが，その中心は沖縄である」と述べた。1950年から1952年にかけて基地建設を目指して約2億7000万ドル以上の資金が投じられ，「軍工事ブーム」が発生した。軍工事の主要な落札業者を次に列挙する。牧港倉庫地帯は清水組と松村組，嘉手納弾薬庫は大林組，那覇空軍基地兵舎は鹿島建設，大林組，大成建設，竹中工務店，キャンプ瑞慶覧は佐藤工業，鉄道建設，隅田組，普天間基地は納富建設，嘉手納方面の基地は浅沼組，嘉手納・金武・上之屋の兵舎は銭高組，嘉手納飛行場拡張は西松組，軍道1号線の恩納・辺土名間は納富建設，軍道1号線の那覇・嘉手納間は米軍ポストエンジニア，間組，牧港発電所は清水組と東芝電気であった[13]。

　基地建設過程において日本企業が進出し利益を得ていたことが分かる。現在でもボンド制（米軍基地内の工事請負において100億円の保証金が企業に求められる）のために，日本の大手建設業が米軍関係の工事を受注して，利益を得ている。戦後70年，琉球の基地経済から日本企業は莫大な利益を得てきたのである。

　琉球政府一般会計歳入決算額の推移を見てみよう。租税（直接税，間接税）および印紙収入の歳入に占める割合は，1953年度が52.8％，1958年度が65.7％であり，米国民政府補助金のそれは1953年度が30.5％，1958年度が4.3％であった[14]。米国民政府から琉球政府への補助金投入率が非常に低いことが分かる。

　米軍統治時代初期の経済政策は，基地建設がもたらす経済的波及効果を活用して琉球の経済復興を図ることであった。基地建設のためのコストを低減するためにインフレ防止策が重視された。物価や賃金等が上昇するインフレ状況の下では基地建設業者によるコスト見積りや工事請負が不可能になると考えたからであった[15]。そのために1ドル＝120B円というB円高の固定為替レートが米国軍政府によって決定された。当時の日本の為替レートは1ドル＝360円であった。琉球で流通していたB円（軍票）の貨幣価値は円と同じであり，円よりも3倍高いB円高の為替レートであった。その結果，米軍は安価で基地建設

8

序章　米軍統治時代に形成された植民地・琉球

のための資材や機器等を輸入することが可能になった。

　琉球人が給与所得の獲得を職場としての基地に求める「基地依存型」の経済と，物資の供給を輸入に求める「輸入依存型」の経済を特徴とする「基地依存型輸入経済」が琉球において形成された。このような米軍による政策的枠組みの下において，1950年代に展開された，基地建設，朝鮮戦争特需，スクラップ輸出，米政府援助等による貨幣獲得を背景に，琉球の経済は量的に大きく拡大した。琉球の経済は，基地の建設，その安定的維持，物資の輸入のように，米軍基地を中心にした構造になった。その結果，琉球内部の生産力発展が軽視され，第3次産業に大きく偏り，基地経済への依存度を深めるようになった。それは米国民政府によって政策的につくられた経済体制であった。[16]

　「基地依存型輸入経済」の形成は2つの点でアメリカの対日占領政策と関係している。①アメリカが琉球に基地を建設した理由の1つは，日本経済の復興を最優先するために日本に再軍備＝軍事費を負担させず，琉球の米軍基地から日本の防衛にあたるということにあった。②日本企業の外貨獲得，輸出市場として琉球が利用された。「ドルの二重使用」と言われたように，基地建設の過程で琉球に投下されるドルは日本からの輸入品の購入に充当された。つまり日本の輸出産業の育成と外貨獲得に琉球を貢献させる政策がとられたのである。「1つのドル」で基地建設と日本の経済復興という2つの目的を実現しようとした。[17]

　1958年における琉球の国別輸入額と，その全体に占める割合は次のようになる。日本が1457万7000ドル（88.3％），アメリカが59万3000ドル（3.6％），香港が15万9000ドル（1.0％），台湾が8万6000ドル（0.5％），その他が109万1000ドル（6.6％）である。[18]戦後，琉球は日本から切り離されたが，経済的には日本との関係が強化され，日本企業の輸出市場，米軍基地工事の投資市場として位置付けられた。

　1951年に作成された『琉球列島経済計画』において，琉球域内の生産力の復興よりも，輸入に依存することが重視され，最初に輸入額が設定された。輸出は砂糖以外にみるべきものはなく，計画期間を通じて輸入額全体の10～20％に相当する部分を輸出が占めればよいとされた。貿易収支は慢性的に大幅赤字となるが，貿易赤字の補填として基地建設に関連したドル外貨の獲得が想定され

9

第Ⅰ部　果たされなかった経済的自立

た。[19]

　基地収入によって貿易赤字が解消されない場合は，戦後復興予算のガリオア資金援助をもって充てるとされた。米国民政府が基地建設を成功させるために留意したのは，①経済の安定とインフレの防止，②基地建設労働者の確保であった。[20]　米軍は住民を「銃剣とブルドーザー」で土地から追い出し，農民の生産手段である土地を奪い，基地労働者にして基地運営の安定化を図ったのである。米軍基地を維持するために，軍雇用という就業機会を与えたのであり，米軍統治時代にも「アメとムチ」の政策が実施されていたと言える。

　先に指摘したようにインフレ防止のために輸入価格の安価抑制が条件とされ，1ドル＝120B円というB円高の為替レートが設定された。日本では1ドル＝360円の為替レートになったが，日本からの輸出の約80％が採算可能になるという見込みに従って決定された。それは日本経済の復興のために早急に輸出産業を育成する必要があるとするアメリカの対日政策に基づいていた。[21]

　琉球の経済発展を犠牲にして日本の経済発展を優先する政策が米政府主導で実施されたのである。その結果，日本から琉球への輸出が増加し，製造業を中心とする輸出産業の発展が琉球では抑制された。また戦後，日本で実施された傾斜生産方式（石炭業や鉄鋼業等を重視した経済政策），農地改革，教育改革等の社会経済の改革が琉球では行われなかった。

　米軍基地形成が琉球社会に与える経済効果，不経済効果として次の諸点を挙げることができる。①基地は人口集積・集落形成の核になる。②基地は大きな雇用効果，したがって稼得機会を与える。③基地は経済的需要を多様に生み出す。④基地は利益社会（ゲゼルシャフト）的結合を形成させる。⑤基地は第3次産業，特に消費型産業の比重を大きくする。⑥基地は社会不安・犯罪等を多発させる。⑦基地による外部経済・不経済が大きい。⑧基地は市民の自治を侵害する。[22]

　基地は人々を雇用し，労働者に所得を与えるが，住民が需要する財貨やサービスは生産しない。その結果，軍雇用者の所得の大半は輸入品の購入にむかい，島内での乗数波及効果は小さくなった。すなわち，基地は貨幣量を増大させるが，モノを生産するための資本蓄積には貢献しなかったのである。戦後の

序章　米軍統治時代に形成された植民地・琉球

琉球農業の中心はサトウキビとパインアップルの栽培という粗放農業であった
ため，農業労働者は基地での軍作業にも従事できた。農民は生活の拠点を，所
得獲得の機会が多い基地周辺に形成された都市部に移動させるようになった。
琉球人は離島から沖縄島に移住し，離農が進み，都市部への人口集中がもたら
された[23]。

　戦後の琉球は米軍基地が形成されたことで，基地を中心にしたヒト・モノ・
カネの動きが促され，戦前までの経済社会の構造が大きく変貌した。戦後琉球
の経済は琉球人の福利の向上，生産力の発展，経済自立よりも，米軍基地の安
定的運営が優先された。権力を集中させた米国民政府が，「社会主義国政府」
のように指令や命令を通じて琉球の経済政策を作成し，実施した。

3　基地経済の形成

　1956年にプライス調査団が琉球を調査して米連邦議会下院軍事委員会に提出
した報告書の中には，次のような記述があった。「琉球列島において米国は政
治的支配権をもっており，また，ここには挑発的国家主義運動がないため，米
国は長期にわたって極東，太平洋地域にある沖縄に基地をもつことができる。
さらに，沖縄においては原子兵器を貯蔵または使用することに対して何ら外国
の制約を受けることはないなど，沖縄基地の重要性は絶大なものである。それ
ゆえ，こうした現実に立脚するかぎり，いかに沖縄の問題に同情的になるとは
いえ，沖縄における米国の第一義的任務は軍事戦略的なものであり，したがっ
て軍事的必要が断乎として一切に優先するため軍用地の取得は不可欠である」[24]。

　アメリカの政府や議会は琉球を東アジアの軍事拠点，核兵器の貯蔵や使用の
基地にする上で何ら制約がなく，他国の介入や反基地の民族運動も存在せず，
長期的に琉球を米軍基地として保有できるという戦略方針を固めていたのであ
る。しかし，その後，「島ぐるみ闘争」という前代未聞の琉球ナショナリズム
運動に米国民政府は直面することになった。

　土地を基地として賃借して地代を受け取るという経済行為が発生したのは，
戦後琉球の大きな特徴である。それにより次のような経済的影響が懸念され

第Ⅰ部　果たされなかった経済的自立

た。土地を接収された地主が就業せず，多くの地代を受け取るならば，地主階級というべき階層が発生するだろう。多額の地代の支払いが進行性インフレを引き起こし，経済全体に悪影響を与える。他方，米国民政府は琉球人の被った損害を十分に補償しようとしなかった。1952年4月現在で算定された土地評価額の6％を年間地代として米軍当局は算定した。それによると年間の平均軍用地代は20ドル以下でしかなかった。農家の平均所有農地は0.8acである。一家族は0.8acの農地で生活することは可能であるが，年額20ドル以下の地料では生活できない。つまり，米軍によって非常に安価に地代が買い叩かれていたのである。[25]

1956年6月，米連邦議会下院軍事委員会特別分科委員会委員長のメルヴィン・プライスが琉球の軍用地問題に関して次のような内容の「プライス勧告」を発表した。琉球人が絶対所有権（fee-title）に近い権利を取得できれば，「財産の公平な全価格」が支払われるべきである。当委員会は地代の一括支払いを唯一の方法であると考えるが，これによって地主は自活し，また移住や転職に十分な資金を受け取ることが可能になる。[26] このプライス勧告に対して琉球人は「島ぐるみ闘争」を展開し，地代の一括支払いという米国民政府の政策を撤回させた。米国民政府にとって地代の一括支払いはコスト削減につながるが，琉球人にとってはインフレ部分が反映された毎年の地代支払いの方が経済的に有利であることは言うまでもない。戦後間もなくグアムでは低額による一括支払いがなされたため，現在まで元の地主は毎年払いの地代を受け取ることができない状態におかれている。

日本政府が琉球への財政援助を開始した1963年において，1人あたりの所得は301ドルであり，当時の為替レートで約10万8000円となった。それは日本人1人あたりの平均所得約21万5000円の半分でしかなかった。米軍統治時代の27年間における琉球政府に対する日米両政府からの援助金総額を見ると，日本政府から約1232億円（43％），米政府から約1649億円（57％）となる。日本政府からの援助金全体の8割は「復帰」が確定した1969年以降のものである。[27]「復帰」前から日本と琉球には大きな経済格差が存在していた。その最大の原因は，軍事基地運営を重視する米国民政府による経済政策の失敗である。日本政府は「復

序章　米軍統治時代に形成された植民地・琉球

帰」直前まで，他の都道府県に提供していた地方交付税，国庫支出金等に相当する公的資金を琉球に提供してこなかった。

　「復帰」前の社会資本整備の水準は，琉球と同一人口規模の他都道府県の46％でしかなかった。1970年度決算でみると，琉球と同一人口規模の石川県の県政費が約241億円であるのに対して，琉球の場合は約70億円でしかなかった。投資的経費が極端に少なく，これは軍用施設の整備に優先的に投下された。軍用道路1号線（現在の国道58号線）は住民の交通手段を主たる目的にしておらず，戦車が移動でき，非常時には軍用機の離発着が想定されていた。[28]

　米国民政府からの援助金は，教育関係費と国土開発費に集中的に投下された。国土開発費の比重が大きい理由は，米国民政府一般資金の大部分が，同資金の収入源である電力や水道等の国土開発事業に再投資されたからである。同資金の使途は，米国民政府によって最終的に決定された。琉球政府は島内のインフラ整備に関する権限をほとんど奪われていた。1952年に農林漁業中央金庫，1959年に大衆金融公庫が設立され，財政投融資も実施された。しかし，それらはいずれも特別会計ではなく一般会計資金を原資としていた。一般会計における起債は1966年度まで禁止されていた。郵便貯金，社会保険特別会計等の余裕金を活用する資金運用部が設立されるのは1966年からでしかない。日本政府の資金運用部からの資金援助等を原資とした「産業投資特別会計」が設けられるのは1968年度であり，財政投融資計画が策定されるのは1969年度からでしかなく，「復帰」間近であった。[29]

　琉球の中央銀行として米国民政府によって設立された琉球銀行は，アメリカの連邦準備銀行と，米統治下にあったフィリピン・ナショナル銀行がモデルとされた。[30]琉球銀行は次のような特徴を有していた。①琉球銀行条例は日本の銀行法によらず，米連邦準備銀行制度に準拠して設立される。②株式の51％を軍政府が保有する。③通貨発行の権限を有する。④農業債券を発行できる。⑤金融機関に対して監督・統制・検査を実施できる。⑥米国民政府から許可を得て同政府からの資金を住民のために運用投資できる。⑦組合銀行（Member Bank）に援助を与える銀行の銀行である。⑧米国民政府や琉球政府の金庫としてその一切の資金の出納を行う。しかし通貨発行，債券発行，組合銀行に対する信用

第Ⅰ部　果たされなかった経済的自立

供与は1度も行使されなかった。[31]

　米国民政府による土地の強制収用や土地の一括買上げ政策に反対する「島ぐるみ闘争」が，1950年代半ばから激しくなった。琉球の抵抗を沈静化させるために，米国民政府は新たな経済政策を提示した。1958年9月，高等弁務官布令第10号，第11号，第12号によって金融機関に対する外国為替取引と外銀クレジット導入の開放，資本取引の自由化および貿易・為替取引の自由化政策を打ち出した。またB円を米ドルへ切り替えた。[32]このような大きな金融政策の変更は，琉球人選出の議員が立法院で議論して決定したのではなく，一方的に米国民政府によって決められ，実施された。「自由主義的な経済政策」も，指令経済的な手法で実施されたため，琉球に市場経済が完全に定着することはなかった。

　B円をドルに変更し，外国資本を導入するために自由貿易地域を開設する等の，「経済の自由化政策」が導入された。「島ぐるみ闘争」という琉球人の抵抗が米国民政府の政策を変更させたのである。しかし，1958年後も対外受取のうち大半を占め続けていたのは基地関連収入であり，その比率は50％強に及んだ。1958年の「経済の自由化政策」は，琉球経済の基地依存構造の改善には効果がなかった。[33]

　1960年から1970年までの10年間の年平均の経済成長率は15.5％であった。基地需要が増加すると，商業やサービス業などの第3次産業が肥大化し，消費財の輸入増加となった。基地で稼いだ貨幣と琉球外部から入ってきた貨幣の70～80％は，財貨の輸入を通じて日本に流出した。[34]非常に高い経済成長率が米軍統治時代に見られた。しかし，それは米軍基地という琉球社会の外部から大量の資金が投じられ，日本という外部から企業が投資や貿易を行い，利益が外部に出て行くという植民地経済から生み出されたものでしかなかった。高い成長率は琉球の生産力発展と結びつかず，基地経済を強化させ，経済自立を阻むという歪んだ経済構造が形成された。

　米国民政府の保有純資産の推移を見ると，1960年に約4592万2000ドルであったが，1970年には約1億3624万ドルになった。[35]

　これらの資産は，琉球人に対する援助金であるガリオア資金，米国民政府割

当て資金を原資にして蓄積されたものである。電力公社，水道公社，開発金融公社等は，管理運営上の理由から全面的に米国民政府の統制下で資本が形成された。米国民政府一般資金の収益の推移をみると，1960年に約270万ドルであったが，1970年には約1658万ドルとなった。[36] 米国民政府の純資産，一般資金収益は増加しており，同政府は琉球人から搾取していたのであり，この面からも琉球がアメリカの植民地であったことは明らかであった。

1) 宮城辰男「外部依存の消費経済」沖縄県教職員組合経済研究委員会編『開発と自治―沖縄における実態と展望』日本評論社，1974年，50～51頁。
2) 吉村朔夫『日本辺境論叙説―沖縄の統治と民衆』御茶の水書房，1981年，266頁。
3) 宮里松正『復帰二十五年の回想』沖縄タイムス社，1998年，118～119頁。
4) 同上書，124頁。
5) 今村元義「岐路に立つ県内企業―製造業を中心として」沖縄県教職員組合経済研究委員会編・前掲書，135頁。
6) 吉村・前掲書，303頁。
7) 琉球銀行調査部編『戦後沖縄経済史』琉球銀行，1984年，613頁。
8) 吉村・前掲書，304～305頁。
9) 久場政彦『戦後沖縄経済の軌跡―脱基地・自立経済を求めて』ひるぎ社，1995年，325頁。
10) 軽部謙介『ドキュメント沖縄経済処分―密約とドル回収』岩波書店，2012年，17頁。
11) 琉球銀行調査部編・前掲書，1285頁。
12) 同上書，425頁。
13) 同上書，181頁。
14) 同上書，314～315頁。
15) 同上書，1286頁。
16) 同上書，1287頁。
17) 同上書，1288頁。
18) 同上書，290頁。
19) 牧野浩隆「戦後沖縄の経済政策」東江平之他編『沖縄を考える―大田昌秀教授退官記念論文集』大田昌秀先生退官記念事業会，1990年，132頁。
20) 同上論文，133頁。
21) 同上論文，134頁。
22) 久場・前掲書，246～247頁。
23) 同上書，252頁。
24) 琉球銀行調査部編・前掲書，466～467頁。
25) 同上書，467頁。

第Ⅰ部　果たされなかった経済的自立

26）　同上書，468頁。
27）　宮田裕「沖縄経済の特異性はどうしてつくられたか」宮里政玄他編著『沖縄「自立」への道を求めて―基地・経済・自治の視点から』高文研，2009年，114頁。
28）　宮本憲一「沖縄の持続可能な発展のために」宮本憲一他編『沖縄21世紀への挑戦』岩波書店，2000年，5～6頁。
29）　重森暁「沖縄経済の自立的発展と県財政」同上書，88頁。
30）　琉球銀行調査部編・前掲書，131頁。
31）　同上書，133頁。
32）　同上書，571頁。
33）　牧野・前掲論文，141頁。
34）　宮城・前掲論文，53頁。
35）　琉球銀行調査部編・前掲書，614頁。
36）　同上書，614～615頁。

第1章
「復帰」体制による植民地支配

　「復帰」は日本政府にとってどのような意味があったのだろうか。佐藤栄作^{さとうえいさく}首相は「復帰」に際して次のように述べた。「太平洋をはさむ二大雄邦たる日米両国が協力する時代」、「太平洋の二大国が……世界の新しい秩序の創造に協力していくという世界史的な大実験に手をつけようとしている」[1]。

　「復帰」は日本にとって領土の拡大であるとともに、日米同盟体制の強化という意味をもつ。琉球政府が米軍基地の撤廃、「本土並み」を求めたのに対し、それが無視され、「復帰」後も広大な米軍基地が残された。2016年は「復帰」して44年目になる。10年毎に振興開発計画が作成され、実施され始めた1972年の時点で、5回も10年間の開発計画が延長されると琉球人は想像しただろうか。なぜ40年以上も国主導の開発計画が実施されたのだろうか。その原因は振興計画が失敗したからに他ならない。経済政策の連続的な失敗が40年以上も続いているのが、「復帰」後の琉球の実態である。振興計画は経済自立を目標として掲げていたが、実際は米軍基地を琉球に押し付けるための「取引材料」として振興開発を日本政府が流用した。本章では、「復帰」体制が琉球を植民地として支配する日本政府の統治体制であることを明らかにしたい。

1　米軍統治時代からの連続性

　米軍統治時代の琉球と「復帰」後の琉球とで変わらないものは、米軍基地の存在である。1972年に「復帰」したからといって、米軍統治体制から琉球が完全に離脱したのではなかった。例えば、米国民政府によって設立され、管理された琉球開発金融公社の資産は、「復帰」後設立された沖縄振興開発金融公庫

第Ⅰ部　果たされなかった経済的自立

に引き継がれた。また電力公社の財産は，振興開発特別措置法によって設立された沖縄電力株式会社のものとなり，水道公社の財産も沖縄県が継承し，県の水道事業の原資となった。米軍統治時代における琉球人の経済活動によって蓄積された資産が，現在の振興開発体制の土台の一部になったのである。

　琉球政府から沖縄県庁に移行する過程で，沖縄県庁は国家業務や市町村業務の一部を担当していた旧琉球政府の職員をそのまま再雇用し，米国民政府が経営していた上下水道事業を引き継いだ。

　沖縄県庁の中で次のような特殊業務に従事する職員は，1975年度において全職員6112人のうち1796人（29％）を占めていた。①特殊事情に係る業務：軍用地，軍雇用など米軍基地関係の渉外業務。②戦後処理に係る業務：沖縄戦によって破壊された土地台帳等の復元業務等。③特別措置法に係る業務：本来市町村が行うべき保健所の治療業務，病院業務，老人福祉施設，福祉事務所等の復帰特別措置法に基づく代行業務。④「復帰」処理に係る業務：米軍による人身事故，財産損害に対する補償請求，軍用地復元補償，旧琉球政府の債権債務処理。

　このように「復帰」後も，米軍統治時代から残された業務に従事する県職員が相当数存在していたのである。「復帰」後も広大な米軍基地が琉球に存在し続けたことから，基地関係の諸問題に対応しなければならない，大人数の県職員が存在することが余儀なくされた。琉球内の他の米軍基地所在市町村においても同様な状況が見られた。

　「復帰」後，米国民政府に代わって沖縄開発庁が琉球を政治経済的に支配する機関として配置された。琉球に沖縄開発庁の出先機関である沖縄総合事務局を置くことに対しては，琉球人側から強い反対があった。それは中央政府の「代官所」，「第二の米国民政府」になり，琉球の自治を大きく後退させるものだという批判であった。

　他方で，「復帰」後における日本政府の統合政策に対して琉球人自らが同化しようとする，次のような心性もみられた。「私たちは，現に沖縄各地各島の人たちが，わけへだてなく暮らしているように，本土に向かっても心の殻を開いて自らの世界を拡げていくのでなければ，復帰というのは初めから無意味で

あり，錯誤である。しかし復帰が錯誤だったのではなく，錯誤があるとすれば，それは，いつまでも前向きになり切れない私たち個々人に錯誤があるのであって，歴史は過ちなく，より広い社会の形成へ向かって歩み続けていくに違いない」。「復帰」が失敗する原因が日本政府側にあるのではなく，琉球人側にあると考え，日本政府による琉球支配を正当化しようとする同化圧力が琉球人に向けられていたことが分かる。

　「復帰」の過程において琉球政府の屋良朝苗主席を副主席として支えてきた宮里松正は次のように述べた。「「琉球独立論」とでもいうべきものを唱え，歴史を昔の幕藩体制に逆戻りさせようとしているのかと疑いたくなるような声まで出始めた。(中略) 復帰前，われわれが長年にわたって懸命に求め続けたのは，名実ともに日本国民としての地位を回復することであった。それは，復帰によって明確に実現した。だから，われわれは未来永劫，子々孫々に至るまで日本国民として生きていくよりほかに道がない。そうだとすれば，われわれが求めていくべき沖縄県の未来像も日本政府との協議を経て，日本国民の理解と協力の下に実現できるものでなければならない。そのことを忘れて，各自が思い思いに身勝手なことを唱え，国民の間にいたずらに違和感を招くようなことは慎むべきである」。

　政治的地位の具体的な選択肢である独立をはじめから排除して，「われわれは未来永劫，子々孫々に至るまで日本国民として生きていくよりほかに道がない」として琉球の将来を日本への統合だけに限定した「運命論」であると言える。琉球は日本国民として生きていかなければならないから，琉球の未来も「日本国民の理解と協力の下に実現できる」と日本への同化を琉球人が求めるという構図になっている。その頃の琉球人は，自由に自らの将来像を選択し，選ぶことができない，日本人の理解を得なければならないという同化圧力を受けていたと考えられる。琉球人が自由に未来像を考え，自己決定権を行使する道を封じるのが「復帰」であったのである。国際法で保障された民族の自己決定権は何時でも何度でも行使することができる。それを行使する際は，国連監視下での住民投票による民意の表明という手続きを経る必要があったが，「復帰」は日米両政府だけで決定された。

第Ⅰ部　果たされなかった経済的自立

　1969年５月に屋良朝苗主席と愛知揆一外相が会談した際，屋良主席が「復帰」後の基地撤去を求めたのに対して，同外相は「復帰したら直ちに基地が撤去されると考えてもらっては困る」と述べた。また同年８月の２回目の会談の際には，「基地の撤去を要求する交渉は，引き受けられない」と言って，琉球側の要求を完全に拒否した[8]。

　また日本政府は，1971年に「公用地暫定使用法」という５年間の時限立法を制定させ，米軍基地の土地を強制的に使用しようとした。その際，琉球政府は「これでは，米軍が行った強制接収と実質的に変わりがなく，県民の心理に与える影響も大き過ぎる」と指摘し，日本政府に再考を求めた。だが，防衛庁は，「施政権返還協定で約束した国の義務は，誠実に履行しなければならない」として，琉球政府の要求を黙殺した[9]。

　また宮里松正が大蔵省の担当官に対して，琉球内の酒類製造業者の窮状を説明した上で「この際，酒税の思い切った軽減措置を講じてほしいと考えているがどうだろうか」と要請した。大蔵省の担当官は，「そんなことをすれば，沖縄は，アル中天国になってしまうと思うが，それでもいいのか」と反論した。そこで，宮里は「アル中になるのは，本人の意志が弱いからであって，酒税が高いか低いかとは関係がない。だから，仮に酒税を軽減したことによって，アル中が多少増えたとしても，それは，本人の責任に属することであるから，やむを得ないと考える」と主張して，重ねて酒税の軽減措置を求めたという[10]。この大蔵省官僚には「琉球人は自制心がなく，すぐアル中になる」という琉球人差別の心性がある。このような琉球人を差別視し，琉球の歴史や文化を理解できない日本人官僚が振興開発計画を作り，実施してきたのである。

　「復帰」前の琉球は日本の法制度が適用されず，琉球と日本との間には関税，非関税障壁があり，琉球の企業や産業が守られていた。しかし，「復帰」によって琉球と日本とを隔てる経済的障壁は取り払われ，中小・零細企業が多い琉球は日本経済の周辺として取り込まれた。その結果，沖縄工業連合会の調査によると，県内メーカーの市場シェアは，「復帰」前を100とした場合，悪い企業で15〜30％台，大部分の企業でも60％台に落ち込んだ[11]。

　日本企業の進出は「復帰」前から見られた。1950年代前半，基地建設が活発

に行われた頃，日本企業が大挙して琉球に押し寄せた。「復帰」後は特に国際
海洋博覧会関連事業を目当てに琉球に営業所を設けるなどして，経済支配を拡
大させた。[12]

　「復帰」が近づくと琉球内の金融機関の融資条件が厳しくなり，手形の期間
が短縮され，1971年末までに企業倒産が続出するようになった。同年12月，ト
ランジスタラジオ組立加工業の琉球ハイソニック社が倒産し，135人の従業員
が解雇された。ドル通貨の切り下げが実施された結果，輸入品価格の上昇，輸
出品価格の低下が引き起こされた。琉球から日本への輸出の半分が砂糖，4分
の1がパイナップルであり，日本政府の政策的保護措置を受けて日本市場に供
給されていたため，輸出価格の低下は輸出量の増加に結びつかなかった。また
輸入全体の7〜8割が日本からであったため，島内のインフレに拍車がかかっ
た。[13]

　「復帰」は経済的にも日本政府が利益を得る形で推し進められた。アメリカ
のリチャード・ニクソン大統領候補は日本からの繊維製品の輸入規制を選挙公
約にしていた。しかし日本の国内業界ではそれに対する強い反対があり，1971
年10月に日米間で繊維製品の輸出規制に関する合意が結ばれるまで日米間の懸
念材料となっていた。1969年11月の日米首脳会談において，佐藤栄作首相が米
政府側に秘密裏にこの問題の解決を約束した。琉球の日本への「復帰」と，日
本側の繊維製品対米輸出規制が交換されたのである。[14]

　これは「糸（繊維）と縄（沖縄）の交換」と言われ，日米両政府間で行われた密
約の1つとなった。日本政府が琉球人を米軍統治下の圧政から救うために，
「復帰」を実施したのではない。琉球は日本の国益を実現するための「質草」と
して利用された。大学生であった私はこの事実について鴨武彦の国際政治学の
授業で学び，琉球を蔑ろにする日米両政府に対して心底から怒ったことを記憶
している。

2　「復帰」は日本による植民地支配の再編強化

　「復帰」前と「復帰」後における琉球の経済体制には次のように大きな変化が

第Ⅰ部　果たされなかった経済的自立

生じた。

　①自由貿易地域の形成（低・無関税，自由な輸入）→自由の制限（高率関税，輸入割当）

　②琉球企業の保護（輸入制限，物品税等）→自由化（保護の撤廃）[15]

　「復帰」後，琉球が日本の一部になることで自由貿易が制限され，琉球の企業に対する保護政策が撤廃された。日本企業は非関税障壁によって守られた国内市場において外国企業との競争を回避しつつ，経済保護措置を受けない琉球の中小零細企業との市場競争において優位な立場に立つことが「復帰」によって可能になった。

　琉球の商品や企業が「復帰」後，どのように日本企業との熾烈な市場競争に晒されるようになったのかを検討してみよう。

　「復帰」前，琉球に籍を有しない外国人が琉球の土地を購入する場合，琉球政府主席の許可を得る必要があるという「外国人の土地の取得に関する特別措置法」が存在した。しかし，「復帰」の実現が確実になってからは，日本企業の進出に対してこの法律は何の歯止めにもならなかった。[16]

　「復帰」後，生活必需品であった味噌や醤油に関して，日本企業はスーパーマーケットにおける目玉商品としてダンピング攻勢をかけてきた。[17] これらの商品は琉球企業が大きな販売シェアを有していたが，「復帰」後，多くの企業が倒産を余儀なくされた。

　「復帰」前まで，琉球には工業所有権制度（特許，実用新案，意匠，商標等に対する権利）が整備されていなかった。「復帰」後，特許制度が琉球に適用されるようになった。鹿児島県のある製菓業者が「ちんすこう」という名称（商標）の菓子を特許庁に出願し，琉球内において「ちんすこう」という名称は使えないと主張した。琉球内の菓子業界は「ちんすこうは，沖縄本来の菓子の名称であり，特許としての商標にはなりえない」と反論した。県，工業連合会，発明協会が同社を説得し，特許出願を取り下げさせた。[18]

　飼料製造会社の琉球域内市場における商品占有率は上昇を続けていたが，「復帰」後，それが毎年減少するようになった。1971年に商品占有率が75％とピークに達したが，1977年には51％になった。日本企業は琉球までの輸送コス

22

トを価格に上乗せせず，「本土」と同じ価格で販売していた。[19] ここでも価格ダンピング攻勢によって，新しい市場である琉球における経済支配を日本企業が画策していたのである。

「投げ売り」，「かけ込み」，「乱売」，「走り商売」等は，琉球に進出する日本企業が使う常套の営業手法であると琉球企業が批判していた。1976年から1977年の間で琉球内の２つのポリエチレン製造会社が倒産した。ビニール製品の原料価格も高騰した。しかし，製品の乱売，ダンピング競争が激しく，他の琉球企業との競争もあり，「とても値上げなどできない」，「本土企業の進出がわれわれの生活権さえ奪った」と琉球の企業経営者が嘆いていた。日本企業１社だけでビニール製品の琉球内需要のすべてをまかなえるような大企業が琉球に進出していた。[20]

次に琉球の伝統工芸品の状況を見てみよう。琉球絣，久米島紬，芭蕉布，読谷山花織，宮古上布，八重山上布，ミンサー等の製品の70％以上が日本市場に出荷されていた。「復帰」前後，日本の問屋や小売店が琉球に来島して，これらの製品を買い漁った。日本の問屋筋は「価格が安すぎると伝統工芸としての品質が悪いようなイメージが強く，ある程度高くしたほうがよく売れる」と主張して価格設定した。久米島紬は仕入れ価格が６万円であったが，小売価格は12〜13万円になり，宮古上布は仕入れ価格が15万円であったが，小売価格は35万円と跳ね上がった。仕入れ価格に対するマージン率は一次問屋が10％，二次問屋が20％，小売店が60％であり，生産者の取り分が少なかった。[21] 伝統工芸品の販売が日本の問屋によって支配され，価格の決定権が奪われたため，生産者の利益が少なく，後継者不足問題が発生し，同産業の存続も危ぶまれるようになった。

「復帰」前の琉球の経済体制では関税や輸入規制による保護措置が可能であり，日本の製造加工業者の投資は困難であった。「復帰」後は「本土」と同一市場になり，保護措置が撤廃され，価格が安い日本製品の攻勢を受けて，多くの琉球企業は倒産の危機に直面するようになった。「本土」は市場が広いため，同一の製品を企業が生産しても成り立つが，琉球では複数の製品を製造しないと経営が困難になるような企業が多い。例えば，菓子類製造の場合，様々な菓

第 I 部　果たされなかった経済的自立

子やパン等を製造しないと企業として存立できず，それが商品のコスト高につながった。[22)]

　これは琉球だけの問題ではなく，島嶼社会全体にみられる傾向である。島嶼では規模の経済が働かないため，島嶼内市場を対象とする製造業の発展が困難となるのである。

　「復帰」前における日本企業の投資が例外的に行われた業種として製糖業がある。1950年代末に，日本政府は「甘味資源自給力強化」政策を打ち出し，琉球産の砂糖もこの対象になった。当時，米国民政府が琉球の通貨をＢ円からドルに切り替え，外資導入策を実施したため，日本政府の製糖業支援策と相まって，日本から製糖会社の琉球進出が一斉に行われた。[23)]「復帰」後の振興開発において日本政府がしばしば採用した「法制度上の優遇措置によって日本企業の琉球進出を促進させる」ための政策は，米軍統治時代においても導入されていた。

　鉄鋼製品も琉球で生産されていたが，琉球の狭い市場を目当てに，日本企業は製品をダンピング価格で流入させてきた。既存の企業を倒産させて市場を占有し，経営の安定を図ろうという日本企業の手法によって，琉球現地の製造業が生き延びる余地はほとんどなかった。琉球の製造業を存続させるためには適正価格設定が必要であろう。日本企業のダンピング問題は，国際的にも問題になっており，日本の鉄鋼業界はアメリカの業界からダンピング製品の輸出は違法として提訴されていた。[24)]

　日本人の小売業者の中にはカーフェリーに積載した自らの車に商品を積み込み，琉球において乱売をする人もいた。その結果，那覇市の平和通りを中心とした商店街では3〜4割の売り上げ減となった商店が少なくなかった。衣料品や身の回りの小物品を中心とした小売り商品の乱売，それに便乗して倒産品や粗悪品も低価格で売りつけられた。「本土」においては，ある商品を乱売すると同業者から苦情がでて業界内部から閉め出され，「乱売」に一定の抑制がかかる。しかし，琉球に商品を運んで売れば，その現金化は容易であった。商品を売りつくしたら現金を持って琉球から引き上げ，税金も払わない業者が跡を絶たなかった。[25)]

第1章 「復帰」体制による植民地支配

　日本企業がダンピング問題で訴えられていたのは鉄鋼だけでなく，「復帰」が「糸（繊維）と縄（沖縄）との交換」と言われたように他の商品でも国際問題になっていた。しかし，琉球は「復帰」によって日本の一部になったため，琉球企業の訴えは無視され，日本企業が市場支配を自由に行うことができた。ダンピング問題は日本の大企業だけでなく，個人業者も含む経済問題として琉球人に認識され，琉球の企業や個人の経済活動を困難にした。「復帰」後，琉球の企業倒産や失業が増大した。この問題は構造的な性格を帯びるようになったが，特に失業問題は現在の琉球でも解決困難なものとなった。日本政府は振興開発によってインフラを整備して，日本企業の琉球進出を促してきた。「復帰」後における琉球の製造業衰退は，日本政府が策定した経済政策にその最大の原因があると考える。

　「復帰」が日米間で決定されると日本企業の進出，日本製品の販売がさらに増加した。工業製品の域内自給率をみると1968年には32.8％であったが，1969年には29.5％に下落した。味噌や醤油関連の製造業に対して，1952～53年に輸入禁止の保護措置が実施され，一時期はそれらの製造業者が30社以上，琉球に存在していた。しかし1969年現在，味噌製造業は2社，味噌・醤油製造業は6社に減少した。味噌に対して10％の物品税が課せられ，その域内自給率は1963年に69.2％であったが，1968年には52.4％となった。醤油に対しては20％の物品税が課せられ，その域内自給率は1963年が89.1％であったが，1968年には69.1％となった。同業界の存続を守っていた物品税は「復帰」後，撤廃された。[26]

　三井物産，三菱商事，丸紅，伊藤忠，住友商事，安宅産業，トーメン，兼松江商等をはじめとする日本の商社14社が「復帰」前から琉球に駐在事務所を設置していた。琉球進出の目的は，地元資本への参加や融資，地元企業再編成の推進，海洋博関連投資，観光開発，石油化学コンビナート建設用地の確保や造成，石油備蓄基地や石油精製工場の操業等であった。三井物産は，琉球最大の製糖会社であった北部製糖の筆頭株主となった。また沖縄三菱開発（三菱商事と三菱開発との折半出資の会社）は，与那城一帯を対象にした公有水面埋立計画の第一期分64万坪の建設に着手した。[27]後で論じるように，平安座島と宮城島との間を埋め立てて造成された石油備蓄精製基地は，「復帰」後の琉球経済自立

25

を実現させるための「国家計画」において最重要拠点として位置付けられた。

「復帰」とは琉球の製造業者を倒産させ，日本製品の市場支配を可能にした制度的枠組みであると言える。

日本企業の進出は民間部門にとどまらず，公共事業部門においても見られた。1977年4月から9月までの工事受注高は1029件，約520億円であった。そのうち国発注の公共事業における受注金額の51％が日本企業によるものであった。公社，公団関係の公共事業の場合，100％近くを日本企業が請け負った。県関係の公共事業において，「琉球企業優先」の方針が打ち出され，全体の92％を琉球企業が受注した。[28]

日本企業は琉球において商品市場の支配を進めただけでなく，土地の買い占めも行った。「復帰」前後の土地の買い占めは1971年初めから1973年6月末までにおいて，琉球全面積の3.3％にのぼった。[29] 竹富島でも一時期，全島の3分の1が買収され，危機感をもった島民がこれ以上土地を売り渡さないことを島民間で合意した「竹富島憲章」を作成し，土地買収をくい止めた。八重山諸島の他の島でも島の青年を中心にして，買収された土地の買い戻しと農業による経済の発展を推進する「島おこし運動」が展開された。

3 「復帰」後に向けた経済政策の失敗

1968年にダニエル・マン社 (Daniel Mann)，ジョンソン・メンデンホール社 (Johnson & Mendenhall)，日本経済技術コンサルタント社が作成した『琉球経済開発調査報告書』は，琉球の軍事基地を有効的にかつ無期限に利用するために「満足すべき経済成長率」を達成することを目的にしていた。同報告書において，輸出産業や観光業の発展を実現する際に，琉球人は「外資を公然と歓迎し求めなければならない」とされた。また目標とされた成長率を達成するために工業開発の促進を求め，「プエルトリコのように積極的に工業開発を遂行すべきである」と強調した。さらに，琉球政府は米国民政府と協力し，工業開発，農業改善，観光事業のために必要となる主要道路計画を策定し，水の長期的な需給に関する研究をすべきであると指摘した。[30]

第 1 章 「復帰」体制による植民地支配

　「復帰」前も，米軍基地の琉球への固定化を前提とした経済計画が策定され
ていたのである。その際，工業開発によって成功していた，アメリカの植民地，
プエルトリコが琉球開発のモデルとされた。2015年，プエルトリコ政府の債務
不履行問題が世界的に注目されたが，同島が琉球経済発展のモデルとして考え
られていたのである。

　1970年 9 月，琉球政府は工業化路線に主力を置いた「長期経済開発計画」を
策定した。その他，日本政府側が策定した，「復帰」後の開発計画としては次
のようなものがある。通産省企業立地公害部の「沖縄の工業立地条件と工業適
地」(1970年 1 月)，通産省企業局の「沖縄の工業立地条件」(1970年 3 月)，通産省
産業構造審議会産業立地部会の「沖縄企業進出の考え方と対策について」(1970
年 9 月)，通産省沖縄工業基地開発調査団の『沖縄臨海工業基地開発に関する調
査報告書』(1971年 3 月) 等である[31]。

　現在の琉球は観光業を主体とした経済発展を特徴としているが，「復帰」前
においては琉球の工業開発こそが経済発展の条件として位置付けられていたの
である。

　琉球政府と日本政府は，「復帰」後の経済政策の柱として工業化を推進する
という方向性では共通していた。しかし，外国企業の導入方法に関して次のよ
うな違いが見られた。琉球政府は外資導入の許認可権を掌握していたが，琉球
経済の発展に貢献する企業であれば「外国資本」か「日本資本」に関係なく，国
籍を区別せず，その投資を歓迎するという「県益第一主義」に立脚していた。
他方，日本政府や日本企業側は，琉球政府が認可した石油精製関連の外国企業
を琉球の「復帰」に便乗する「かけ込み外資」であると非難し，日本の「国益優
先主義」の立場から琉球の開発は日本企業によって進めるべきであると主張し
た[32]。

　日本政府が求める国益を受益する主体として琉球は眼中になかった。このよ
うに琉球を日本の国益実現のための手段とするような日本政府の認識が，「復
帰」後に植民地経済が形成される大きな原因となった。

　日本政府による「復帰」後の経済政策を詳しく検討してみよう。通商産業省
「産業構造審議会産業立地部会」が1970年 9 月に提出した中間報告である『沖縄

27

第Ⅰ部　果たされなかった経済的自立

企業進出の考え方と対策について』には，次のような記述があった。工業開発こそ「他産業に比べ，波及効果が大きく，もっとも効率的な経済開発の手段であり，沖縄経済の振興にとって，これを促進する意義はきわめて大きい」，「本土からの企業進出促進策を中心とした施策を積極的に講ずることが必要な課題となっている」，「内陸性工業」については「雇用効果，付加価値等の面からみて，労働集約的な内陸性工業の果す役割は大きく，その進出を積極的に促進する必要がある」とされた。「臨海性工業コンビナート」については，立地的には広大なサンゴ礁があるため埋立造成が可能であるとし，「実現可能性のあるコンビナートの組み合せを考えることが妥当である」とした。

内陸性工業の地区別業種として次のものが想定されていた。

沖縄島南部：印刷，包装紙器，プラスチック加工，家具，金属製品，ガラス製品，電子部品，機械部品，アルミ製品等

沖縄島中部：プラスチック加工，電子部品，機械部品，食品，コンクリート製品，造船関連，鉄鋼物，繊維製品，電気機械部品

沖縄島北部：繊維製品，食品，電気機械部品，コンクリート製品，製材等

臨海性工業コンビナートとしては，次のような業種と生産量が想定されていた。アルミ製錬 (20万t／年)，電気炉製鋼 (50万t)，石油精製，CTS (500万kl)，石油化学，鋼材加工 (42万t)，造船 (100万t-dock)，石油コークス (10万t)[33]

日本政府の官僚が小さな島嶼である琉球を「内陸性」，「臨海性」に分けること自体，島嶼経済が理解できていないと言える。大陸地域における経済政策を島嶼地域の琉球に適用しており，「復帰」前から日本政府は，琉球の特性を考慮しないで画一的な経済政策を琉球に適用するという誤った方法論に陥っていたのである。

日本政府は通産省沖縄基地開発調査団を派遣し，1971年3月，『沖縄臨海工業基地開発に関する調査報告書』を提出した。臨海性工業コンビナートの場所として次のように金武湾と大浦湾を想定していた。

A案 (金武湾)：アルミ製錬，アルミ関連，電気炉製鋼，フエロアロイ (合金鉄)，石油精製，石油コークス，CTS，石油化学，造船，鋼材加工，造船関連，電力 (CTS，石油，石油化学)

第1章　「復帰」体制による植民地支配

　B案（金武湾）：造船，鋼材加工，造船関連，（CTS，石油，石油化学）

　　　　（大浦湾）：アルミ製錬，アルミ関連，電気炉製鋼，フエロアロイ，石油精製，石油コークス，石油化学，電力[34]

　金武湾にある平安座島に石油備蓄基地と精製所が設置された。大浦湾には辺野古があり，2015年から米軍新基地の建設を日本政府が開始した。金武湾，大浦湾とも米軍基地と近接しており，軍基地機能を維持，発展させるために重化学工業を利用するという「軍産複合体制」の構築を日本政府が構想していたのではないかと考えられる。

　1970年3月に日本商工会議所が日本政府に提出した「沖縄経済振興に関する要望」は，次のような内容であった。琉球の経済振興は工業開発に重点を置くべきであり，そのために水資源およびエネルギー源の開発，大規模な土地造成，港湾建設など産業基盤を速やかに整備する必要がある。琉球を「企業の天国」にしなければならない。プエルトリコにおいて12年間ないし17年間の長期にわたる法人税免除措置が企業誘致を促したように，法人税，固定資産税，事業税の免除，低利資金の供与を琉球において実施すべきである。①工業開発を指向し，②その担い手としての日本企業の進出に負託する必要があるという，日本政府が示した琉球開発の基本的な方向性に対して，法人税免除，大規模な土地造成などを政府が実施し，琉球を「企業の天国」にする手厚い優遇措置を講じないかぎり企業進出は「無理」であるとした[35]。

　ここでも琉球開発のモデルとされたのはアメリカの植民地であるプエルトリコであった。日本企業の琉球進出を促進するための「企業の天国」化は，「復帰」後，インフラ整備，自由貿易地域，特別自由貿易地域，金融特区，IT特区，各種の企業優遇措置等によって実施された。日本企業の要望に応える形で「復帰」後の開発が進められたことが分かる。

　1967年11月，「臨海性工業コンビナート」事業への米企業進出に関して，日本政府は国内企業を守るという立場から琉球政府に対して次のような申し入れをした。①琉球に進出する外資の資本比率は50％以下にする。②日本に進出していない外資を排除する。③生産能力が必要以上に大きくてはならず，「復帰」後に既得権の保持にはならないようにする等，日本の石油政策に沿って処理す

29

第Ⅰ部　果たされなかった経済的自立

る。しかし，この申し入れを琉球政府は拒否した。1968年1月，ガルフ，エッソ，カルテックス，カイザーの各社に対し，両角良彦通産省鉱山局長は次の「両角二原則」を示して圧力をかけた。①将来，琉球が日本に「返還」された時，その時点から日本の石油政策を琉球進出の企業に対し全面的に適用する。②「返還」の前後を通じて，日本における石油の生産・流通市場に混乱を起こさせないような調整措置をとる。日本政府は調整措置として次のような方法を検討していることを明らかにした。①国内に関係企業がある場合，琉球に進出した企業の能力分だけ国内の増設を減らす。②国内に関係企業がないとき，その製品を扱った企業を同一企業とみなし，その増設を減らす。③琉球が「復帰」した段階において，国内企業のシェアーが現在の状態に達するまで進出企業に増設を認めない。通産省は担当官を派遣して琉球政府を説得させるとともに，総理府総務長官も「米資本の進出は，本土復帰の障害になるので再検討してほしい」旨を琉球政府に主張した。[36]

　日本政府は「両角二原則」，総理府総務長官を通じて，琉球に進出しようとする米企業に対して規制を加えて日本企業を保護しようとした。外資の琉球への進出がどのように「復帰」の障害になるのかを明確に説明せず，「「復帰」の実現」を取引材料にして外資進出をくい止めようとした。

　沖縄開発庁は「沖縄振興開発計画のフレームについて」という経済政策において，次のように進出企業の業種，生産規模，雇用者数の想定値を示した。①立地が予想される内陸工業：食料品，繊維工業製品，家具・装備品，窯業・土石製品，紙加工品，金属製品，機械，電気機械器具，輸送用機械器具，精密機械器具，その他（プラスチック加工，運動用具等）。②コンビナートの想定：石油製品（石油精製26万bbl／日，957人），鉄鋼（電気炉製鋼40万t／年，120人，鋼材加工21万t／年，350人），非鉄金属（アルミ製錬20万t／年，1600人，アルミサッシ2万t／年，2000人，アルミダイカスト鋳物2万t／年，1600人，アルミ線材2万t／年，40人），輸送用機器具（造船・修理50万t-dock，1550人）[37]

　沖縄開発庁は，「内陸性工業」に関して琉球が有する豊富で良質な労働力を活用するために，島の内陸部に工業団地を造成し，既存の製造業と有機的な関連をはかり，労働集約型工業の形成を構想した。「臨海性工業」に関しては，

埋立てが容易で大型の港湾建設が可能な沖縄島東海岸の自然条件を活用し，臨海地域の埋立てを進め，臨海工業を形成する方針を示した。[38]

「復帰」後に琉球の振興開発を推進した沖縄開発庁も「内陸性工業」，「臨海性工業」という「大陸型」の開発方式を琉球に適応していた。遠浅のサンゴ礁が埋立てコストを安価にするという経済性だけに注目して，「沖縄島東海岸の自然条件」が評価されている。「復帰」後，琉球全体において埋立てが進められ，大規模にサンゴ礁が破壊されたが，それは島の自然の豊かさよりも，埋立てコストの低減を重視した日本政府の開発政策の反映であったと考えられる。平安座島の埋立て以外にも，特別自由貿易地域として中城湾に大規模な埋立地が造成された。また泡瀬干潟も国の開発計画に基づいて埋立てられた。このような開発によって沖縄島周辺にあったサンゴ礁の約90％は破壊された。21世紀になって沖縄島東海岸にある辺野古に米軍新基地が建設されるようになったが，東海岸は日本政府にとって大規模開発または基地建設の場所でしかなかったのである。

4 「復帰」過程の問題性

日本政府の琉球に対する植民地主義的姿勢が端的に示されたのは，根本龍太郎臨時自治相代理（建設相）の発言であった。1971年6月15日に「沖縄返還協定」を閣議決定した後の記者会見において次のように述べた。

「政府の沖縄対策に不足だと不満をいうのは心外だ。戦災を受けたのは本土も同じで広島や長崎にも原爆が落ち，悲惨な目にあっている。あまり過保護になっては，内地とのバランスがとれなくなる。よそに預けた子供がかえってくるからといってアイスクリームだ，キャンディーだ，シューマイだと1度に与えたら過保護で肥満児になってしまう。本土にも過疎県がある。あまり「沖縄」ばかりさわぐとこれらの過疎県で不満がつのってよい影響を与えない。このことは自治省幹部にも十分配慮するよう話してある。沖縄は本土でいえば一県にすぎないのに"主席"だのなんだのといっているが，まるで中国の主席みたいだ」。[39]

31

第Ⅰ部　果たされなかった経済的自立

　広島や長崎への原爆投下によって，日本の「捨て石」にされた沖縄戦の意味
が軽減されるものではないだろう。琉球は「よそに預けた子供」であろうか。
琉球は元々独立した国家であったが，1879年に日本によって併合されたので
あって，日本の「子供」つまり「固有の領土」ではない。琉球からの要求を「過
保護」だと批判する心性は現在の日本人政治家も共有しており，振興予算が提
供されながら基地を批判する琉球を「甘えている」と切り捨てることが多い。
琉球に対する差別的視線は「ポスト復帰」においても続いている。

　日本政府による対琉球援助は「復帰」前から存在していた。1960年代に入る
と日米協調体制のスローガンの下に，日本政府による琉球に対する財政援助が
始まった。しかし，こうした財政援助も結局は対日輸入のために利用される結
果に終わった。[40)]

　1971年11月，衆議院の返還協定特別委員会において「沖縄返還協定」が抜き
打ち的に強行採決された。これに対し，琉球政府主席の屋良朝苗は「返還協定
の強行採決は沖縄県民に大きな不信を呼んでおり，……最高責任者である首相
に強く抗議する」と訴え，「復帰措置に関する建議書」を手渡した。それに対し
て佐藤栄作首相は「協定のやり直しは事実上不可能である。……沖縄に……あ
のような反対がおきるのは心外だ」と述べた。[41)]

　2016年現在，沖縄県知事，名護市長，そして多くの琉球人が辺野古新基地建
設に反対しているにもかかわらず，日本政府は建設を強行している。「復帰」
の時も日本政府は琉球側と話し合わず，民意を真摯に聞こうとせず，有無を言
わさず琉球の命運，政治体制を決めたのである。

　屋良主席は，「復帰」に伴う米軍資産の買い取り問題に対して次のように反
対した。米軍資産は，琉球人が米政府に預託しているだけであり，日本政府は
これらを買い戻すべきではない。その背景には米軍が琉球人の土地を取り上げ
て基地にしたのであり，その土地資産等は琉球側に属するという認識があっ
た。また大蔵省の柏木雄介に対して屋良は次のように述べた。「沖縄のものを
預けているだけという概念は，所有権がすでに琉球政府に返ってきたというこ
とを意味しているのであり，本土政府においても債務を負うようないわれはあ
りません」。[42)]しかし「沖縄返還協定」の密約によって，日本政府は米政府資産を

400万ドルで買い取った。ここに見られるのは，米政府の意向に従おうとする日本政府の従属性と，自らの歴史に基づいて主張する琉球政府の主体性である。琉球人の土地が米軍によって奪われたという認識が日本政府には欠如しており，琉球人の立場になって「復帰」を進めようとしない姿勢が明らかである。

屋良は柏木に次のように述べた。「琉球政府も返還交渉に加えられるべきではないでしょうか」。それに対し，柏木は「沖縄返還交渉は政府対政府の交渉です。国を代表する話し合いなので，そういうことは不可能でしょう」と答えた[43]。

琉球政府も政府であり，琉球の当事者であり，当然，返還交渉に参加する国際法上の権利があったが，日本政府は交渉過程で琉球を排除したのである。しかも日本政府は，琉球人の民意を踏まえてアメリカと交渉をしたのではなかった。本来は国連の監視下で住民投票を行い，琉球人の民意に基づいて新たな政治的地位を決定すべきであった。それがなされず，沖縄返還協定にも密約が含まれており，現在の「沖縄県」という政治的地位は国際法上，確定したとは言えない。「復帰」前後，台湾の中華民国政府も琉球が沖縄県になることに関して抗議声明を発した。

1969年11月に「佐藤・ニクソン共同声明」が発表され，「復帰」が決定されるのを待っていたかのように在琉米軍基地の合理化が進められた。それは米軍労働者の労働時間短縮（週48時間から40時間に短縮）とパートタイマーの採用，そして解雇であった。軍労務はすべて時給制であった。1972年3月までに約7000人が解雇され，そのうち再就職ができたのは全体の3分の1であった[44]。米軍当局の一方的な決定によって有無を言わさず米軍労働者の労働条件が悪化したのである。米軍基地が前近代的な職場であったことが分かる。

石油ショック，円高ドル安，変動為替制度への移行等，世界の経済が大きく変動する中で「復帰」が行われた。ドルから円へという通貨の変更，そして1ドル＝360円という固定相場から円高の為替相場になった。それによる経済被害を最小限度にくい止めるため，早急にドルを円に切り替えるべきであるという琉球人の訴えに対し，日本政府の当局者は具体的対策を実施しようとしなかった[45]。

第Ⅰ部　果たされなかった経済的自立

　琉球の民意を真摯に受けとめようとしない日本政府の姿勢は，「復帰」時の
経済問題への対応においても見られた。

　「復帰」にともない日本政府は，琉球に対して酒税，物品税，砂糖消費税，
揮発油税および地方道路税，石油ガス税等の軽減措置という税制上の「優遇措
置」を実施した。しかし，琉球と日本との間に大きな所得格差が存在していた
が，所得税，法人税，相続税等の主要税金に対する軽減措置は行わなかった。[46]

　「復帰」は琉球人の民意を踏まえず，日米両政府がそれぞれの国益を確保す
る形で進められた。その過程で琉球人は経済的な被害を受け，倒産，失業，日
本企業への吸収合併等の問題が「復帰」後も続き，構造的な経済問題として琉
球人を苦しめることになった。

　1）　松田賀孝「序―沖縄返還の意味するもの」沖縄県教職員組合経済研究委員会編『開発
　　　と自治―沖縄における実態と展望』日本評論社，1974年，7頁。
　2）　吉村朔夫『日本辺境論叙説―沖縄の統治と民衆』御茶の水書房，1981年，362頁。
　3）　重森暁「沖縄経済の自立的発展と県財政」宮本憲一他編『沖縄21世紀への挑戦』岩波書
　　　店，2000年，98頁。
　4）　同上論文，99頁。
　5）　瀬長浩『世がわりの記録―復帰対策作業の総括』若夏社，1985年，34頁。
　6）　同上書，54頁。
　7）　宮里松正『復帰二十五年の回想』沖縄タイムス社，1998年，16頁。
　8）　同上書，22頁。
　9）　同上書，24～25頁。
　10）　同上書，34頁。
　11）　宮城辰男「外部依存の消費経済」沖縄県教職員組合経済研究委員会編・前掲書，65頁。
　12）　同上論文，66頁。
　13）　軽部謙介『ドキュメント沖縄経済処分―密約とドル回収』岩波書店，2012年，110～
　　　111頁。
　14）　同上書，226頁。
　15）　琉球銀行調査部編『戦後沖縄経済史』琉球銀行，1984年，971頁。
　16）　宮里・前掲書，172頁。
　17）　琉球新報社編『自立への胎動―沖縄経済の活路をさぐる』新報出版，1978年，127頁。
　18）　同上書，128頁。
　19）　同上書，149頁。
　20）　同上書，155頁。
　21）　同上書，220頁。

第1章 「復帰」体制による植民地支配

22) 仲田睦男「望みの持てる糖業」同上書，272頁。

23) 来間泰男「深まりゆく農業危機」沖縄県教職員組合経済研究委員会編・前掲書，108頁。

24) 古波津清昇「行政指導の強化で支援，育成を」琉球新報社編・前掲書，274頁。

25) 照屋林三郎「共同で仕入れ，販売」同上書，284頁。

26) 今村元義「岐路に立つ県内企業―製造業を中心として」沖縄県教職員組合経済研究委員会編・前掲書，132〜134頁。

27) 同上論文，136〜138頁。

28) 知花成昇「本土大手の進出でさらに窮地に」琉球新報社編・前掲書，288〜289頁。

29) 鎌田隆「復帰後の米軍基地と住民の生活」沖縄県教職員組合経済研究委員会編・前掲書，95頁。

30) 吉村・前掲書，180〜181頁。

31) 琉球銀行調査部編・前掲書，1296頁。

32) 同上書，1297頁。

33) 同上書，1025頁。

34) 同上書，1026頁。

35) 同上書，1029頁。

36) 同上書，1039頁。

37) 同上書，1278〜1279頁。

38) 同上書，1279頁。

39) 同上書，913〜914頁。

40) 同上書，1293頁。

41) 同上書，1295頁。

42) 軽部・前掲書，74頁。

43) 同上書，75頁。

44) 久場政彦『戦後沖縄経済の軌跡―脱基地・自立経済を求めて』ひるぎ社，1995年，224〜225頁。

45) 同上書，234頁。

46) 瀬長・前掲書，187〜188頁。

第2章
振興開発が抱える構造的問題性

　2016年現在，日本政府が主導して作成し，実施してきた振興開発の目標である，「本土との格差是正」，「経済自立」が達成されないまま，「復帰」して44年を迎えた。10年毎に策定されてきた振興開発計画も第5次となったが，6年後，琉球経済が自立するという保障は全くない。1995年に発生した琉球人少女を3人の米兵がレイプするという事件後，琉球で反基地運動が盛り上がると，日本政府は琉球に米軍基地を押し付けるために振興予算を流用するようになった。振興開発を利用して琉球を管理する日本政府の体制がより強化された。「設定された目標を実現できない振興開発は失敗である」という事実を多様な角度から考察するのが本章の目的である。振興開発が失敗した原因を明らかにすることによって，新たな経済政策を構築し，経済自立を達成することが可能になる。

1　振興開発計画の虚構性

　振興開発の主体は誰だろうか。「復帰」して44年が過ぎて明確になったのは，その主体は琉球人，沖縄県庁ではなく日本政府であったということである。それは振興計画の作成過程からも明らかである。沖縄振興開発計画は次のように沖縄県庁の原案が日本政府によって書き換えられた。

　「自治権の尊重」について，第1次沖縄振興開発計画の県案では独立の章を設けて「新生沖縄県の建設の方向は，県民自らの意思によって選択されるものである。したがって，この基本計画は県民の総意を反映して作成されたものであるが，その具体的実施計画の策定および実施にあたっては，県および市町村と調整することとし，この計画の施行に伴う自治体の財政負担については，国

第2章　振興開発が抱える構造的問題性

が十分配慮するものとする」と記載されていた。つまり基本計画は琉球人の総意によって作成され，実施計画の策定や実施は県や市町村と調整し，琉球側の自治権を最大限に尊重すべきであると沖縄県は明確に主張した。この点については，沖縄振興開発審議会においても沖縄県側が強く求めたことであった。[1]

しかし，国が決定した計画では，上の独立した章を廃止して「基本方針」の中で取り扱われ，「地方自治を尊重し県民の意向を反映しつつ」という表現にトーンダウンされた。また県案では「軍事基地の撤去を強力に推進し，基地転用計画を早急に策定実施すること」と記載されていたが，国の計画では「米軍施設・区域については，……振興開発をすすめる見地からその整理縮小をはかる必要がある」という表現になり，「撤去」から「整理縮小」に変わり，基地に対する姿勢が弱められた。しかも「振興開発を推進するため」という条件が「整理縮小」に付けられた。[2]日本政府は琉球側が自治権，基地の撤去を強く主張することを禁じたのである。日本政府は振興開発計画を通じて琉球を管理し，自らの意図のままに動かそうとしたことが分かる。

さらに開発計画の県案において，市町村道の整備の遅れは「基地間の軍用道路が主要幹線道路網を形成した経緯にも大きく起因している」とされ，「今後……水需要の増大に対処するため，軍事優先使用をなくし，県の一元的管理運営」を図る必要があると記述されていたが，国が決定した「計画」ではこれらの文章が削除された。[3]1990年代半ばから米軍基地を琉球に強制するために振興開発が流用されるようになった。「復帰」直後において，日本政府は米軍基地の問題を開発計画の中で主張させないという形で，米軍基地を琉球に固定化しようとした。

知事案では「排出基準のみならず排出物総量を規制するきびしい基準を定め……公害の発生に際しては，操業の停止，工場の移転命令をだせるよう知事，市町村長の権限を強化する」と記載されていたが，国が決定した「開発計画」では「公害の監視測定体制を強化し，公害の発生に際しては，施設の使用制限等所要の措置を講ずる」と書き換えられ，抽象的な文言となった。[4]

琉球の環境を破壊する公害問題に対しても，日本政府は琉球に進出する日本企業の立場に立っていたことが分かる。

37

第Ⅰ部　果たされなかった経済的自立

　沖縄振興開発特別措置法（沖振法）において，沖縄県知事は開発計画の原案を
提出することができると規定されている。しかし，実際は振興開発審議会，関
係行政機関の長，総理大臣の手によっていくらでも改めることができた[5]。振興
計画の当事者であるべき沖縄県が計画を実質的に作成できないことが，開発計
画の虚構性を如実に示している。

　振興開発計画は他の都道府県の総合計画と比較しても，その構造的問題性が
明らかとなる。他の地方自治体の総合計画ではまず計画の基本的な枠組みが示
される。そして計画期間における振興開発の方向と各領域の目標等を明示した
「基本構想」，計画期間中に実現されるべき施策，それらが実現された場合の生
活水準を示した「基本計画」，さらに計画期間の各年度毎に個々の施策を示し
た「実施計画」の３つから構成されるのが，他の地方自治体における通常の総
合計画である。沖縄振興開発計画は基本構想に相当するが，「基本計画」や「実
施計画」が欠如した不完全な計画であると言える。計画期間とされる10年間に
どのような施策を実施するのか，各年度に何をするのかの具体的な計画が存在
しない[6]。

　つまり，振興開発計画に記載された通りに国が予算を執行したのか，それと
も国の財政事情等によって計画通りに実施されなかったのかを判断することが
できないのである。第１次沖縄振興開発計画において製造業を中心とする第２
次産業を振興し，第３次産業の比重を低下させるという経済自立策が提示され
た。しかし，その後の琉球の実態経済を見ると観光業が大きく成長し，第２次
産業がさらに衰退し，第３次産業の割合が大幅に増えた。分野別に，計画の目
標達成の有無やその程度を検討する必要があるが，振興計画が欠陥計画である
ために，このような分析が不可能となった[7]。

　琉球の振興計画に「基本計画」や「実施計画」が存在しないことによって，次
のような問題が発生した。琉球に関する施策への中央官庁の介入や支配を招
き，「政府の失敗」に対する責任問題が曖昧になり，琉球の経済自立という目
標を実現するために，より効果のある開発計画の作成を不可能にしたことであ
る。日本政府の官僚が作成してきた振興開発計画には，政策作成や実施上の失
敗に対する自らの責任を回避するための「逃げ道」が組み込まれている。

38

第 2 章　振興開発が抱える構造的問題性

2　振興開発は成功したのか

　1972年から作成された振興計画が掲げた開発目標は達成されたのであろう
か。次に第 1 次から第 4 次までの振興開発計画の内容について検討してみたい。
①第 1 次沖縄振興開発計画 (1972年〜1981年)
目標：各方面にわたる「本土」との格差を早急に是正，自立的発展の基礎条
件を整備，平和で明るい豊かな沖縄県を実現
主な制度：1972年に工業開発地区，自由貿易地域の創設
主要指標 (1972年)：人口約96万人，労働力約38万人，就業者約36万人，失業
率3.0% (全国1.4%)，実質経済成長率 (期間平均) 14.7% (全国3.63%)，「本土」
との所得格差59.5%，観光客約44万人
開発目標：(計画期間中) 人口は100万人を超える，就業者約46万人，県内総
生産 1 兆円程度，産業構成比：第 1 次産業 5 %，第 2 次産業30%，第 3 次産
業65%，1 人あたり所得は基準年次の33万円から 3 倍近くになる。
②第 2 次沖縄振興開発計画 (1982年〜1991年)
目標：各方面にわたる「本土」との格差を早急に是正，自立的発展の基礎条
件を整備，平和で明るい豊かな沖縄県を実現
主な制度：1987年に自由貿易地域の指定
主要指標 (1982年)：人口約113万人，労働力約47万人，就業者約45万人，失
業率4.9% (全国2.4%)，実質経済成長率 (期間平均) 4.3% (全国4.9%)，「本土」
との所得格差73.8%，観光客約189万人
開発目標：1991年で人口約120万人を超える，就業者約51万人を超える，労
働力約53万人，県内総生産約 2 兆4000億円，産業構成比：第 1 次産業 6 %，
第 2 次産業24%，第 3 次産業73%，県民所得約200万円
③第 3 次沖縄振興開発計画 (1992年〜2001年)
目標：各方面にわたる「本土」との格差を早急に是正，自立的発展の基礎条
件を整備，広く「我が国」の経済社会及び文化の発展に寄与する特色ある地
域としての整備，平和で活力に満ち潤いのある沖縄県を実現

39

第Ⅰ部　果たされなかった経済的自立

主な制度：1998年に情報通信産業振興地域，観光振興地域，特別自由貿易地域（1999年指定）の創設

主要指標（1992年）：人口約124万人，労働力約56万人，就業者約54万人，失業率4.3％（全国2.2％），実質経済成長率（期間平均）1.8％（全国1.1％），所得格差68.7％，観光客約315万人

開発目標：2001年で約130万人，就業者約63万人，労働力約65万人，県内総生産約4兆9000億円，産業構成比：第1次産業3％，第2次産業22％，第3次産業75％，県民所得約310万円

④沖縄振興計画（2002年〜2011年）

目標：自立的発展の基礎条件を整備し，豊かな地域社会を形成，「我が国」ひいてはアジア・太平洋地域の発展に寄与する特色ある地域として整備，平和で安らぎと活力のある沖縄県を実現

主な制度：2002年に情報通信産業特別地区，金融業務特別地区，高度産業化地域（工業開発地区の発展的解消）の創設

主要指標（2002年）：人口約134万人，就業者約57万人，労働力約63万人，失業率8.3％（全国5.4％），実質経済成長率（2002年〜2007年）1.1％（全国1.9％），所得格差69.9％（2007年），観光客565万人（2009年）

開発目標：2011年で人口約139万人，就業者約67万人，労働力約70万人，県内総生産約4兆5000億円，産業構成比：第1次産業2％，第2次産業16％，第3次産業82％，1人あたり所得は270万円を超える[8]

1972年から2011年までの振興開発は設定された開発目標をほとんど達成することができず，開発計画としては失敗であった。第3次振興開発計画から開発目標の中に「我が国」という言葉が登場し，日本への琉球の経済的貢献が求められるようになった。

3　新しい振興開発体制

2012年から改正沖縄振興特別措置法が実施され，琉球の振興開発に大きな変更が見られた。改正前と改正後の違いを次に論じる。改正内容については沖縄

第2章　振興開発が抱える構造的問題性

振興審議会とともに，沖縄政策協議会が検討しており，同協議会が琉球の振興開発においても大きな役割を果たすようになった。

　改正前の沖縄振興計画の策定主体は日本政府であり，同計画の内容は振興の基本方針に関するものであった。同計画は，沖縄県知事が案を作成し，内閣総理大臣が沖縄振興審議会の意見を聴き，関係行政機関の長と協議して決定された。期間は10年である。他方，改正後，沖縄振興開発は2つの計画に分かれた。①「沖縄振興基本方針」の策定主体は日本政府であり，その内容は振興開発の意義や方向に関すること，観光・情報通信産業・農林水産業その他の産業振興，雇用促進・人材育成，社会資本の整備等についての基本的なことである。策定過程を見ると，内閣総理大臣が沖縄振興審議会の意見を参考にして，関係行政機関の長と協議して決定する。期間は10年である。②「沖縄振興計画」の策定主体は沖縄県であり，その内容は観光・情報通信産業・農林水産業その他の産業振興，雇用促進・人材育成，社会資本の整備等に関することである。策定過程を見ると，日本政府が決定した基本方針に基づき沖縄県知事が振興計画を作成するが，その中には沖縄県側の努力義務が規定される。国の基本方針に適合しない場合，内閣総理大臣は沖縄県知事に変更を求めることができる。期間は10年である。⁹⁾

　国の基本方針に基づき，沖縄県側に努力義務が求められ，総理大臣が県知事に変更を強制できるなど，改正沖縄振興特別措置法は改正前と同じく日本政府の管理・支配の下で振興開発が実施される体制であることに変わりはなかった。

　同改正法によって次のような変更が行われた。那覇空港内の旅客ターミナル，港湾内の旅客施設や観光地形成促進地域内に設置された特定免税店において観光客が購入し，他の都道府県に持ち出す商品に対して関税が免除されている。今回の法改正によって海路客が新たに特定免税制度の対象になった。また航空機の燃料に関して，全国では1kl当たり1万8000円の航空燃料税が課せられているが，「本土」―沖縄島，「本土」―石垣島，「本土」―宮古島，「本土」―久米島を結ぶ路線について，これが9000円に軽減されている。今回の法改正により，この軽減措置が延長され，従来の「本土」―沖縄島間に加え，「本土」―石垣島，宮古島，久米島間の路線に対する税の軽減措置が追加された。¹⁰⁾

41

第Ⅰ部　果たされなかった経済的自立

　琉球では日本政府からの「恩恵」のように優遇措置が実施されてきたが，同法改正でもそれが行われた。ただ，免税品を主に購入しているのは「本土」に住む観光客であり，「本土」と琉球の間を移動する日本人観光客の利益を重視した優遇措置であることが分かる。琉球における観光業の主体も，大手の航空会社，旅行代理店，ホテルチェーン店等，日本企業であり，それらの企業が琉球で経済活動をしてさらに利益を上げるための優遇措置であり，琉球側はそれを「恩恵」として考える必要はないだろう。

　近年，琉球は全日本空輸（ANA）やヤマト運輸によって日本とアジア諸国を結ぶ物流拠点として注目されるようになった。国際物流関連企業の投資を政策的に支援するために「国際物流拠点産業集積地域」制度が設けられた。これまで存在していた自由貿易地域，特別自由貿易地域は名称を変更して，国際物流拠点産業集積地域として指定されたのである。[11]

　既存の2つの自由貿易地域は多くの企業の投資を呼び込めず，失敗に終わった。このような「政府の失敗」を認めず，名称変更によって，自らの責任を回避しようとしている。経済政策の失敗をカモフラージュするための名称変更と言える。琉球の国際物流業やIT関連産業は民間主導で投資を活発に行ってきたのであり，日本政府による政策を契機にして発展したのではなかった。これまでの振興開発が失敗した大きな原因は，開発の主体が沖縄県ではなく，日本政府であることにある。振興開発が失敗しても策定者である日本政府は責任をとらず，失敗がなかったかのように，名称を変更して新たな装いで振興開発策を琉球人に示しているのである。

　また名護市全域に指定された金融業務特別地区には，40％の所得控除制度が設けられている。これまでこの所得控除を受けるには「専ら当該地区内において金融業務に係る事業を営む法人」が条件とされていたが，同法改正によって，本店または主たる事務所を特区内に設置することを要件にして，特区外に事業所を置くことが可能になった。この金融特区も，ほとんど企業の投資がなく失敗に終わった代物である。「規制緩和策」を小出しにして琉球人に経済発展への期待を持たせようとしている。

　同改正法において沖縄振興審議会は次のように位置付けられた。「沖縄の振

第2章　振興開発が抱える構造的問題性

興に関する重要事項を検討する際に，様々立場や観点からの幅広い意見を聴いて判断するために，内閣府に「沖縄振興審議会」が設けられています。(中略)この審議会は，沖縄の振興に関する重要事項について，内閣総理大臣に対し意見を申し出ることができることとされています」[12]。

　沖縄振興審議会は総理大臣に「意見を申し出ることができる」と記述されているように，従属的な役割しか与えられていない。本改正法は同審議会とともに，沖縄政策協議会においても検討されたが，同協議会には琉球の振興開発の内容を決める上で大きな決定権が付与されていた。同協議会は琉球における「アメとムチ」の政策を実施するために設置された組織である。日本政府は新しい振興法によって，琉球に米軍基地を固定化しようとしていると考えられる。

　沖縄政策協議会は，1996年9月に発出された「沖縄問題についての内閣総理大臣談話」に基づいて設立された。その目的は，米軍基地の負担を抱える琉球の産業振興や雇用の確保など，琉球に関する基本施策を協議することである。内閣官房長官を主宰者(必要に応じ内閣府特命担当大臣(沖縄および北方対策)が代行)とし，総理大臣を除く全閣僚と沖縄県知事をメンバーとし，国と沖縄県が一体となって琉球の将来を協議する場として設けられた。2010年9月には，同協議会の下に関係閣僚と沖縄県知事等を構成員とする沖縄振興部会と米軍基地負担軽減部会が設置された[13]。

　米軍基地負担軽減部会と称されているが，実際は基地機能の強化が琉球では日米両政府によって進められている。墜落の危険性が大きいオスプレイ配備や，滑走路だけでなく軍港や弾薬庫までも建設される予定の辺野古新基地建設等からも基地機能の強化を窺い知ることができる。同協議会によって琉球の開発問題と基地問題がリンクさせられ，米軍基地を拒否する琉球を「アメとムチ」の政策で押さえ込もうとしている。

　次に「沖縄振興基本方針」において，日本政府が琉球をどのように認識しているのかを検討してみたい。同方針のⅠ序文には次のような記述がある。「近接するアジア地域の経済発展や経済のグローバル化，人口減少社会の到来等我が国を取り巻く社会経済情勢が変化する中，沖縄はアジア・太平洋地域への玄関口として大きな潜在力を秘めており，日本に広がるフロンティアの1つと

43

第Ⅰ部　果たされなかった経済的自立

なっている。沖縄の持つ潜在力を存分に引き出すことが，日本再生の原動力にもなり得るものと考えられる[14]」。

　琉球は，日本のアジア・太平洋地域に対する玄関口であり，フロンティアとして存在しており，日本再生の原動力になる潜在力を有しているとして位置付けられている。日本の国益に貢献することを琉球に求めるという，「日本ナショナリズム」が基本方針の柱に据えられているのである。

　同方針には次のような記述もある。「沖縄には我が国における米軍専用施設・区域の約74%が集中しており，その存在は，我が国と東アジア地域の安定に寄与する一方で，土地利用やまちづくり等の大きな制約となって県民生活に様々な影響を及ぼしており，沖縄に集中する基地負担の軽減を進めていく必要がある。このような米軍施設・区域の集中を含む社会的事情も総合的に勘案し，沖縄振興に努めてきたところであり，また，返還される駐留軍用地の跡地は，地域にとって新たに生まれた利用可能な空間となることから，跡地の迅速かつ効果的な利用を進め，当該地域ひいては沖縄全体の振興につなげていく必要がある[15]」。

　日本政府は米軍基地が自国と東アジア地域の安定に寄与している，つまり抑止力として機能していると認識している。基地によって生じる事件・事故が琉球人を苦しめているという人権意識が欠如している。基地負担の軽減策を具体的にどのように行うのかも明示されていない。「軍施設・区域の集中を含む社会的事情も総合的に勘案し，沖縄振興に努めてきた」と述べているように，米軍基地を削減・撤廃するためではなく，基地を固定化する上で生じる住民の「負担を軽減」するために振興開発を流用していることを日本政府も認めている。改正沖縄振興特別措置法にも，琉球に基地を押し付ける「アメとムチ」の構造が一貫して流れていることが分かる。

　2012年度から，沖縄島北部地域における産業の振興や定住条件の整備などのために北部振興事業が再び始まった。同事業の2012年度予算は公共事業分が約25億円，非公共事業分が約25億円であった。これまでも北部振興事業として2000年度から2009年度まで毎年度，公共事業分が約50億円，非公共事業分が約50億円支出された。2010年度から2011年度までは毎年度，公共事業分が約35億

円，非公共事業分が約35億円支出された。[16] 北部振興事業は辺野古に新たな米軍基地を建設するために，北部地域自治体の同意を得ることを目的にして提供されてきた。新たな振興開発計画において同事業が正式に国の開発メニューに加えられたことにより，ここでも「アメとムチ」政策を確認することができる。

次に沖縄県が作成主体となった「沖縄21世紀ビジョン基本計画」（2012年―2021年）について検討してみよう。同基本計画の中の「４つの固有課題の克服」では，「離島の不利性克服と国益貢献」が明記され，「施策展開の基軸等」の中では「日本と世界の架け橋となる強くしなやかな自立型経済の構築」が開発目標とされた。[17] 琉球における固有課題としての「離島の不利性克服」が，なぜ日本の国益貢献とセットにならなければならないのだろうか。

また以下のような記述もある。「③重要性を増す離島の新たな位置づけ　我が国の広大な海域の多くは，沖縄の国境離島をはじめとする外海離島の存在によって確保されている。我が国の領海及び排他的経済水域（EEZ）等の確保や貴重な海洋資源の存在等を踏まえ，国土に準ずる重要な地域として，その保全・管理・振興に対する新たな枠組みの導入を図る。特に有人国境離島については，国土・海域の保全，近隣地域との友好関係など我が国の国益にとって重要な存在であることを踏まえ，定住支援はもとより，近隣諸国との文化・経済交流等を強化し，圏域全体の発展に繋げていく」。[18]

琉球の離島が日本の国益を保持する上で重要な役割を果たしていることが強調され，それが離島振興の必要性を訴える根拠にされている。「島嶼防衛」という国防方針や海洋権益の保持という日本政府の国策を，同ビジョンも踏襲しているのである。

新しい振興開発体制にも「アメとムチ」の構造が組み込まれており，日本政府による琉球統治がさらに強化されたと言える。

4　日本政治と振興開発

琉球における振興開発の決定過程やその執行過程を見ると，政治的な要因が濃厚に反映されていることが分かる。振興開発の実現において大きな役割を果

第Ⅰ部　果たされなかった経済的自立

たした日本の政治家の1人に，山中貞則がいる。山中は1970年に総務長官に就任し，1971年の改造内閣でも留任し，1972年には沖縄開発庁長官になった。つまり「沖縄返還」の準備期，返還時，返還直後において「沖縄担当相」になったのである。[19]　山中は総務長官に就任した直後，振興予算の追加要求を行った。その柱は沖縄島，宮古島，西表島，石垣島，久米島における循環道路の建設であった。[20]　西表島はイリオモテヤマネコが棲む自然が豊かな島であり，循環道路建設の賛否をめぐり議論が激しくなった。その時，山中は「自然保護は当然だが，その前に人間のことを考えなければならない」として，開発優先の主張をした。[21]

　復帰記念式典の後，沖縄島糸満の摩文仁にある洞窟に赴いた時のことについて山中は次のように述べている。「薄暗い地面に手をつき，「ご報告申し上げます」と声に出したあと，無言で牛島中将と魂の会話を交わした。（奥さまから電話をいただき，同じ鹿児島の人間が沖縄を本土に抱き戻す仕事を果たし，牛島中将も喜んでいらっしゃるだろうとおっしゃっていただきました。私のやったことは「後世特別の高配」に値したでしょうか）」。[22]

　鹿児島県の前身である島津藩が1609年に琉球を侵略し，1879年の琉球併合後は鹿児島出身の奈良原繁が県知事として植民地支配の基盤を固めた。また鹿児島出身の牛島満を司令官とする第32軍が琉球で「捨て石作戦」を展開し，同じく鹿児島出身の山中が琉球を日本に再併合する過程を推し進めたのである。琉球と鹿児島との特殊な関係，また「沖縄は日本の一部である」という日本ナショナリズムを踏まえながら，山中は振興開発を準備していた。他方で，戦争を体験し，琉球の歴史に配慮しながら「沖縄対策」を進める山中のような自民党政治家と，近年のように戦争を体験せず，琉球に基地を押し付けるために振興開発を機械的に流用する日本人政治家との対称性が際立つようになった。

　次の事例から，振興予算が決定される過程に対して，自民党政治家の個人的な関係が大きな影響を与えていたことが明らかになる。

　「なぜ米軍は首里城を焼いたのか。米軍はフランスでもパリに無血入城し，シャンゼリゼ宮なども立派に残っている。日本でも京都や奈良の社寺は爆撃せず，皇居にも爆弾を落としていない。それは敵国といえど，その国の伝統や国

第2章　振興開発が抱える構造的問題性

民の思いに配慮したからだ。その米軍が首里城を攻撃したのは，そこに日本軍の守備隊司令部があったからである。首里城正殿が焼失したのは，日本に責任なしと言えるか。私の論理に福田赳夫蔵相は「結果的にはそう言えるかもしれないが，国が元どおりに復元するというのは，あなたの趣味ではないか。だめだ」という。それでもなんとか500万円の調査費を，私の在任中はつけてくれたが，4年目に大臣を辞めると調査費も削られてしまった。再び福田蔵相に会って「よせよ。調査費で復元できるか。本予算をつけてくれ」と抗議したが，「本当に復元する気か。できないよ。君が大臣だったから調査費をつけていただけだ」と素っ気ない。戦法を変えて，独り言のように私は話し始めた。「昔，軍担当の福田主計官という人が，中国の第一線視察の名目で大名行列をして，兵隊が餓えで苦しんでいるときに毎晩ごちそうを食べ，酒を飲んで回っていた」と言うと，「おれのことか」「覚えているかね」。「今，日本の予算に軍人恩給や傷病手当があるが，あれは何だね。一定期間戦地にいたら特例で恩給を支給している。それなのに沖縄に特例を認めないのはおかしいじゃないか」「主計官のときの話を言わんでもいいだろう」「いや，その主計官が大蔵大臣になっても軍人恩給がついている。それなのに犠牲になった沖縄の建物は筋がちがうとは，どういうわけだ」。首里城に司令部を置いた旧日本軍が悪い，全額国費で復元してくれと迫ると，福田氏は「へいへい，えらいところを突かれたもんだな」と，あきらめて国費での復元を認めた[23]」。

　振興事業に対する費用対効果分析等の厳密な検討に従って予算額が決まったのではなく，政治家の交渉，戦時中の個人的問題行動をテコにして予算が決定されたのである。振興開発の「発展」において山中の存在が重視され，山中の政治力によって公共事業が実施された。現在でも琉球の島々において，山中に感謝して建設された，その銅像を見ることができる。

　「復帰」後，琉球には自衛隊基地が建設された。戦時中に日本軍によって虐殺され，集団的強制死等の犠牲になった琉球人は，自衛隊に対する拒否反応が強かった。次のように山中は振興開発による公共事業の過程に自衛隊を導入して，琉球の反自衛隊感情を和らげようとした。伊平屋島に隣接した「野甫島には一周道路を造ることになったが，島の北側は湿地帯で工事がむずかしく，建

47

第Ⅰ部　果たされなかった経済的自立

設会社はとても割に合わないと尻込みする。そこで話を防衛施設庁に持ってい
くと、「工事を請け負うことはできかねるが、隊員の実地訓練としてなら協力
はできる」という。さっそく自衛隊員が3カ月野甫島に駐屯し、海岸の絶壁の
上にまで立派な道路を造りあげてしまった。自衛隊嫌いで、自衛隊に頼むなど
恥と思っていた島民も、工事が終わるころにはすっかり打ち解け、涙で別れを
惜しむほどになっていた」。

　宮古島は「山のない平らな島で、滑走路を造る土地にも困らなかったから、
飛行場は問題なくできあがったが、グラウンドは例によって防衛施設庁を説き
伏せて造らせた。宮古には防衛施設もないのに、なぜ我々が造らなければなら
ないのですかと首を傾げるのを、防衛施設はなくとも宮古の人たちもまた沖縄
県民だ、関係ない、知りませんではなく、島の人たちのために何とかしましょ
うと協力してこそ、全県民の自衛隊に対する理解、協力が得られるのではない
か、と説得したのである」。

　山中の政治力によって自衛隊は本来の任務ではない職務をさせられ、住民の
反自衛隊感情を和らげることで自衛隊基地の琉球への建設を進めようとしたの
である。「自衛隊の政治利用」が振興開発の現場で行われたことを確認してお
きたい。

5　琉球の経済自立とは何か

　米軍統治時代には統治者の高等弁務官側からも「経済自立策」が提示された。
戦前、広く展開されていた琉球独特の輪作体系（甘藷＋穀類＋サトウキビ＋豆類＋
養豚）が、戦後、経済構造が大きく変化したことで「サトウキビ＋株出し＋株
出し」という連作体系になり、その結果、島の地力も減退した。ワトソン元高
等弁務官は、「基地作物論」つまり「基地は沖縄での優等作物だ」と唱えた。基
地周辺で発展した第3次産業に従事する低賃金労働者を、琉球の農村が提供す
るようになった。

　振興開発計画では琉球の「経済自立」が目標とされていたが、実際は、「復
帰」前から日本企業の発展が最重要の国益であると日本政府は考えていた。

第2章 振興開発が抱える構造的問題性

「復帰」前，通商産業省は日本の外資政策を琉球に適用し，外資系のエネルギー工業や電子工業は琉球に進出させない，石油関連企業に対する外資の資本参加を50％以内とし，国内での二重投資は認めないとの決定を下した。アルコアの琉球進出が予想されると，国内アルミ5社に働きかけて，アルコアに対抗する「沖縄アルミ」を設立させた[27]。

　国益を優先する日本政府による振興開発政策に対して，宮本憲一は「特別都道府県制」構想を提示した。特別都道府県とは軍事，外交，裁判，貨幣制度等の国の事務を除く，内政的国政事務と現行の都道府県事務を行うための機関である。財源としては国税を委譲したものとし，自主財源だけでは不足する場合は傾斜交付税を国が支出するとした。起債は自由であり，補助金は負担金を除き廃止される[28]。宮本は特別都道府県制を琉球に適応すべきとしたが，なぜ，「沖縄特別県」の権限から軍事や外交を除いたのか疑問である。それでは米軍基地を固定化しようとする日本政府による支配から脱することができないのではないか。

　宮本は次のように述べている。「この特別都道府県制は，いうまでもないが琉球独立論でもなく，偏狭な排外主義でもない。復帰の際，誤った「自立」主義によって，沖縄県は本土人の優秀な技術者や行政官の協力を拒否した。いわゆるヤマトンチュの一括排撃論である。公害対策などはこのために致命的なおくれをとったといってよい。私は沖縄県民が真に「自治」の気風をもつならば，同じ思想をもつ本土人民の協力をうることにやぶさかであってはならないと思う[29]」。宮本が指摘する「誤った自立主義」，「本土人の優秀な技術者や行政官の協力を拒否した」とは具体的に何を意味するのだろうか。引用論文にはその具体的な記述がない。経済自立策を提言する，日本人としての宮本には，「特別県制」が琉球人だけではできないという差別意識が見え隠れする。「真の自治」を持ちたいなら「本土人民の協力」が必要であるという，日本人の優越意識も垣間見える。

　琉球側で自立経済を提唱した人物として久場一彦がいるが，次のように述べている。

①「一時的な収奪のための乱開発はもちろんチェックされなければならない

49

第Ⅰ部　果たされなかった経済的自立

が，長期的な視点に立った環境整備のための開発，または地域の潜在的な生産力を掘り出す開発は是認され，推進されなければならない。一方また，住民の生活環境にマッチした自然環境の保全，さらに積極的な自然環境の補強は必要である。与えられた自然環境をそのままにしておいたのでは，住民の生活環境が破壊される（洪水・山崩れ・旱魃など）おそれのある場合，それらの自然現象は開発によって積極的に克服されるべきである」[30]。「長期的な視点に立った環境整備のための開発」，「地域の潜在的な生産力を掘り出す開発」という開発概念の規定は曖昧であり，どのような開発をも認めうる内容になっている。開発行為が環境に与える影響が大きい，島嶼という地理的条件を有する琉球では，「与えられた自然環境をそのまま」にしておくことも「持続可能な発展」のために必要なケースも多く存在するであろう。

②「サンゴ礁は決して美しいものとばかりは映らず，実にやっかいな障害物であり，この隆起サンゴ礁のために島の唯一の出入口である桟橋に干潮時には船が着けられず，出船・入船が満潮時まで4，5時間も待たされる不便さ（とくに救急患者が発生した場合など）は堪えがたいものとなっているので，水路を開くためサンゴ礁を破砕し掘削したいのであるが，これについても外部から自然破壊反対の声が強く，航路拡張工事が進めにくいとのことである」[31]。サンゴ礁が「やっかいな障害物」であるという認識から「復帰」後，埋め立て，開発を原因とする海洋の赤土汚染等により，沖縄島周辺に存在していたサンゴ礁の約90％が破壊された。サンゴ礁が島民を津波から守り，飢餓に苦しむ人々の食料源となり，祭りや村行事の場になってきたという「長期的視点」からサンゴ礁を保存すべきではないだろうか。それにより琉球の豊かな自然が残り，水産業，観光業の発展にもつながるだろう。

③「島民独自の力だけでは平均的な所得水準や福祉水準を達成することはきわめて困難なことである。したがって，「国家がその社会的責任として，国民の最低限度の生活水準を保障する」というナショナル・ミニマムの立場から，生活環境および生活基盤の整備については公共のいっそう強力な政策的介入が必要である」[32]。

　琉球の開発を国の責務にすることで，「平均的な所得水準や福祉水準」が達

50

第2章 振興開発が抱える構造的問題性

成されるとするナショナル・ミニマム論が琉球側から唱えられた。これは経済発展の主体になることを自ら放棄し，日本政府に経済的に依存する心性を生み，日本政府による政治経済的支配を正当化したと言えよう。

佐藤学は琉球の経済自立を次のように定義付けている。「沖縄の経済的自立とは，元来不可能な「独立」「自給自足」を目指すのではなく，自分達で，地元の条件に合った経済・産業政策を作り出し，「より良い」方向へ進む自己決定が可能である状態である[33]」。

なぜ独立や自給自足が琉球では不可能であろうか。西表島のように豊かな自然の残る島では自給自足が可能であり，石垣金星のようにそれを実践している人もいる。また琉球独立を「元来不可能」であると主張するには，詳細な理論的，政策的な検討が不可欠であるが，それがなされないまま，「独立は不可能である」と断定されている。これは「琉球は独立できるはずがない」という，合理的な根拠を欠いた，琉球人差別意識の現れである。

琉球開発に関する総理大臣の諮問機関として沖縄振興審議会がある。その場において，琉球社会の特徴の1つである「ゆいまーる（相互扶助関係）」に関して次のような意見が述べられていた。

大澤真委員（日本銀行那覇支店長）「すごく感じるんですけれども，多分，良いユイマールと悪いユイマールがあるような気がします。良いユイマールというのは，確かにマーケットでなかなかサービスを調達できない，それを経済用語で言うと内部化すると言うんですが，そういう形でやっているのがユイマールなんだけれども，時としてそのユイマールというのが問題を隠す，隠蔽をするというか，排他的になってしまう。(中略)悪い面としては，実はさっきのお話の中にあった競争の原理がもうちょっと強く働いた方が沖縄の場合にはいいのかなというふうに私も感じることが多いので，そういう意味では，それをもうちょっと建設的にお互いに頑張りましょうよ，いろいろな知恵がいるからお互い知恵を出し合って，厳しいことも言い合って良くしようというふうに働けばいいんだけれども，時としてなあなあになるというか，そういう部分はあるのかなという気は」。

嘉数啓座長（琉球大学理事・副学長）「従来の振計は，当たり障りのないように

51

第Ⅰ部　果たされなかった経済的自立

書いてあるが，本来はここが核心部分なんです。自助努力とか自立と言った時には，競争的な心構え，精神はどうされているか。これが基本ですよね。やっぱりそこにまで踏み込んでいかないといかんね。美辞麗句を並び立てても自立は全然前進しません。自助努力。マーケットを活かして，努力する者が報われるという。そういう社会をつくっていかないと」。[34]

　「ゆいまーる」には良い面と悪い面があり，後者は「問題を隠し，排他的になり，なあなあな関係」をもたらすと大澤は指摘している。嘉数が求める「自助努力，競争的な心構え，マーケットを活かして，努力する者が報われる」社会像とあいまって，琉球の「ゆいまーる」に基盤をおく社会が否定されている。振興開発が市場原理主義的な社会を琉球に構築しようとしていることが，同審議会の議論の内容からも明らかになる。振興開発は，日本政府による琉球の市場経済への介入を意味するが，それを通じて自助努力に基盤を置いた市場社会を形成しようとしている。日本政府による振興開発を廃止することで初めて琉球において市場経済を構築することが可能になるだろう。

　失業問題について黒川洸は次のように指摘している。

　黒川洸委員（計量計画研究所理事長）「逆に日本国民全体から見ると，こういうもの（若年者の失業率が高いこと：松島注）がミスマッチだという言葉で表現されてしまって今みたいな説明を受けると，何か沖縄の人たちはぜいたくなことを言っているんだなというふうにしかとれないですね。本当に生活できなかったら，自分が嫌だと思ってもやはり収入は得なければいけないという感覚でやるんだけれども，そうではない環境をつくっている。それなのにミスマッチだ，ミスマッチだ，何か施策を出せと言われるようなことで，若干国民的には誤解，ミスアンダースタンディングスが出てしまうような気がするので，もう少し言葉をうまく使っていただいた方がいいのではないかという気がします」。[35]

　琉球人の若者には仕事を自由に選択する権利が保障されているが，生活のために嫌な仕事もすべきだという暴論が述べられている。高失業問題を社会経済的に検討し，解決策を考えるのではなく，琉球人若者は「ぜいたくなこと」を言っているとして，琉球側に問題発生の責任を押し付けている。日本企業による琉球への投資を促すことを柱とする日本政府の振興策により，琉球企業の倒

第 2 章　振興開発が抱える構造的問題性

産や日本企業への系列化を通じて失業者が増加したという構造的な経済問題に
目を向けようとしない。

　日本人の琉球への移住も，琉球人失業者が増加する一要因になっているが，
渕辺美紀は次のように日本人移住者をさらに増加させるべきだと主張した。

　渕辺美紀委員（ビジネスランド代表取締役）「今本当にいろいろな人達が離島に
も来ていて，その地に非常に好意を持った人が根づいていらっしゃる。いわゆ
る移住組ですよね。移住組が人口を上げているのも事実だと思うんですね。い
ろいろ問題があったとしても，その地域の活性化に果たす役割は結構大きいと
思います。人口・数は，やはり地域力になると思うんですね。国防のことから
考えても，いろいろな離島において人口といいますのは，単なる数対策だけで
はなく必要だと思うんです。また例えば，1人の消費額というのは年間100万
円と言われますよね。ですから，人口が1人増えることでその地域への経済の
効果も大きいと思います。何とかそういった過疎化対策も合わせて人口増を，
セカンドライフ政策みたいなもので移住組を快く受けるみたいな，そういうコ
ミュニティづくりと言いますか，そういったものも真剣に考えてもいいのかな
と思います[36]」。

　日本の国防のためにも離島への日本人移住が奨励されている。過疎化した
島々では，移住者を増やすための地域社会作りが求められ，琉球人ではなく，
移住者が主体になった島社会になるだろう。これが本当に琉球の経済自立と言
えるのだろうか。

　以上のように，琉球の経済実態を丹念に分析し，問題を公平な視点で論じ，
琉球人や琉球の企業を主体とした経済発展を実現するような政策提言を行わな
い「識者」が沖縄振興審議会の委員となり，琉球の開発を議論してきたことも
振興開発が失敗した原因として挙げることができる。

　琉球の経済自立を阻害している政府機関として沖縄総合事務局がある。沖縄
県は同事務局に対して次のような問題点を明らかにして，その廃止を求めたこ
とがある。国と沖縄県との間に様々な事務の重複が発生している。また沖縄県
職員において行政上の能力向上もあり，2012年度から始まる「新たな沖縄振興
策」の実施とともに，国が推進する地域主権改革（国の出先機関の原則廃止）に基

53

第Ⅰ部　果たされなかった経済的自立

づいて，沖縄総合事務局の事務・権限の沖縄県への委譲を行うべきである。沖縄振興予算が減る中，国の直轄事業予算のみが一定額を維持され，県・市町村予算が減少している。沖縄総合事務局が発注する公共工事全体の中で県内企業への発注比率が，沖縄県による発注率に比べて非常に低いという問題がある。「全国一律の入札方式の採用」や「県議会のチェックがないこと」から，地元企業への配慮が不十分である。

　同事務局が担っている事務のうち，食品表示の監視・指導等の事務や，産業クラスターの形成に係る事務等については，沖縄県が行う業務との重複が生じていることから，事務の簡素化や効率化のために見直しが必要である。また港湾計画の策定に関する審査協議や流域下水道事業計画の認可等についても，同事務局とほぼ同様の事務手続きを沖縄県が日本政府から求められており，事務の効率化の点から見直しが必要である。

　2002年と2011年における内閣府沖縄担当部局予算の内，沖縄県，市町村，国直轄の事業費と比率の推移を見てみよう。

①県：約1444億円（45.4％）→約913億円（39.7％），②市町村：約741億円（23.5％）→約337億円（14.6％），③国直轄：約994億円（31.3％）→約1052億円（45.7％）

　2008年における国と県の公共工事の発注先企業は次のような金額と比率になる。

①国公共工事が約566億円（うち県外発注分が約291億円，県内発注分が約275億円：48.6％）②県公共工事が約864億円（うち県外発注分が約82億円，県内発注分が約782億円：90.5％[37]）

　民主党政権になり，「地域主権改革」が実施され，沖縄総合事務局の廃止も検討された。しかし自民党と公明党の政権になって，同事務局の統廃合は議論されなくなった。日本政府が世界の発展途上国に提供している政府開発援助は無償資金援助と有償資金援助に分けることができる。前者は建設費を全額日本政府が支出する代わりに，日本企業が事業を受注する。後者は建設費を日本政府が融資し，途上国は返済の義務を負うが，事業の受注は日本企業に限定されない。前者は「ヒモ付き援助」とも呼ばれている。同じような援助スキームが琉球においても確認することができる。国直轄事業の半分以上を日本企業が受

第2章　振興開発が抱える構造的問題性

注しており，琉球の振興開発も「ヒモ付き援助」と呼ぶことができる。日本政府が決定権を有する振興開発体制の下において，琉球が経済自立することは不可能であることが分かる。

6　振興開発の功罪

振興開発の問題として，離島における公共事業への依存度増大を指摘することができる。1995年の各離島における建設業の生産額比率は次の通りである。北大東村が63.6％，南大東村が44.4％，下地町が22.3％，座間味村が42.2％，多良間村が46.7％であった。公共事業依存の離島には同事業によって多くの生産額がもたらされるが，域外に所得の大部分が流出している。離島で公共事業が実施されることで，社会資本整備率が引き上げられ，雇用（臨時採用が多い）の確保など一定の効果があるが，地域全体の所得増加には限界がある。また離島経済において県支出金比率が高いのは，土地改良事業などの農業関連事業が展開されているからである。[38]

例えば，石垣島においては宮良川土地改良事業（国営事業費が約389億円，関連事業が約489億円），名蔵川土地改良事業（国営事業費が約253億円），宮古島においては宮古土地改良事業（国営事業費が約218億円，地下ダムが約272億円，その他関連事業が約400億円）等の事業によって，農業用水の確保，灌漑施設の整備，機械作業の効率化が実現し，営農の近代化が後押しされた。営農近代化のモデルとされたのが南北大東島である。現在，両島の1人当たり所得は琉球内でも上位の位置にある。南北大東島の砂糖キビ労働の主要な担い手であった台湾人労働者が日中国交回復により来島しなくなり，労働力不足に陥った。そこで両島では全面的な機械化が導入された。機械化のモデルとなったのは，オーストラリアの大規模農場で進められていた「サトウキビ生産体制」であった。その結果，両島における営農形態はオーストラリアの大規模経営に類似し，大きな生産性を上げるようになった。[39]

しかし，琉球における農業全体の生産者数，生産額等は減少傾向にあり，振興開発費の中でも一定額の予算を継続的に投下してきたことを考えれば，費用

55

第Ⅰ部　果たされなかった経済的自立

対効果の面で問題があると指摘できる。

　「開発の目玉」と称された特別自由貿易地域，自由貿易地域那覇地区は，日本の関税法の枠内で運用されており，アジア諸国の特区，自由貿易地域等と競争することを前提とした制度ではなかった。[40]

　経済のグローバル化を先取りしたかのような諸制度が琉球で実施されたが，日本の国内法の枠内で各種の「特別制度」が実施されたがゆえに，国際競争力をもたず，失敗に終わったのである。

　振興開発計画において目指されたのは，インフラ整備→日本企業の投資→経済発展という筋道であった。しかし，日本の大型スーパーが琉球各地に進出することで，従来マチャグワーと呼ばれていた個人経営の雑貨店を中心にした零細商店が廃業し，琉球の小売業の統廃合が進んだ。観光業，建設業，運輸業，各種のサービス産業等においても日本企業による経済支配が大きく進んだ。

　振興開発計画の主要目標として設定されたのが「本土との格差是正」であった。それは日本の中心部と周辺部との格差を，同一の領域内における経済的な格差問題とし，その解消を開発によって実現するという政策的意図が背景にある。しかし，琉球と日本は元来，琉球国と日本国という独立した2つの国の関係にあった。それが1879年に日本に琉球が併合され，戦後は日本から切り離され米軍による支配を受けたのであり，政治的に別領域にあるのが琉球なのである。

　琉球と日本とは「格差」として両者の関係を考えるのではなく，支配・従属関係，宗主国・植民地関係として再認識する必要があるのではないか。両者間には権力関係が入るがゆえに，現在でも米軍基地の押しつけという問題が存在し続けることになったのである。琉球が日本の植民地のままで「経済自立」や「格差是正」を目指してきたことに問題がある。実現不可能な目標が設定され，米軍基地を押し付けられてきた。本来の振興開発の目標は，琉球の脱植民地化であり，植民地状態が終了することで，自立経済の歩みが可能になるのである。

7　環境の破壊と島のブランド化

　サンゴ礁によって囲まれた琉球の島々は独自な生態系を持っている。地域の民が自由に出入りでき、自然の恵みを享受できたサンゴ礁はコモンズ（共有地）であり、特定の個人が私的に所有するものではなかった。このような浅海は「復帰」後、「公有水面」と称されるようになり、多くの場合は「産業振興」のかけ声の下に埋め立てられ、人と海との関係性が希薄になった。「公有水面」とは、海、河川、池、沼、その他の公共の用に供する水流または水面で、国の所有となる。「公有水面埋め立て」とは公有水面に土砂、岩石等を埋築して陸地に変更させる行為であり、公有水面埋立法に従って、県知事の許可が埋め立てには必要となる[41]。

　本来、サンゴ礁は琉球人のものであったが、1879年の琉球併合、1972年の「復帰」によって日本政府の国有地とされた。日本政府が琉球のサンゴ礁を略奪したのである。「公共の用」のために公有水面を国は利用することができるという理屈で、琉球人の強い反対の声を無視して辺野古のサンゴ礁を埋め立てて、新たな米軍基地を完成させようとしている。日本政府が主張する「公共」の中に琉球人は入っていない。この新基地建設計画を実現するために1996年以降、多大な振興開発予算が投下されてきたのであり、琉球人の公共空間が破壊されてきた。

　沖縄振興開発審議会の場で説明を行った開発行政の担当者にとって、サンゴ礁は次のような場所であると認識されていた。

　綱木企画課長「工業用地につきまして、全国平均が、例えば内陸でございますと平米当たり3万4780円、沖縄は若干それより高くて、内陸については5万1560円、約1.48倍となっております。造成で臨海については全国平均が8万1950円、これは沖縄が安くて2万6700円ですから全国に比べると約0.3、3割ぐらいということになります。非造成の部分の工場適地につきましては、全国平均が3万3580円、沖縄県につきましては4万8310円となっておりまして、これはやや沖縄が高くて1.4倍ぐらいだろう。それから全工場、造成される全工場

第Ⅰ部　果たされなかった経済的自立

適地としては全国平均が3万6870円で，沖縄は4万7050円でございますので約1.2倍，そうなりますと，造成の臨海が全国平均に比べて3割程度という非常に安くできますが，それ以外については約1.2倍から1.4倍ぐらいになっているところでございます。ただ，この中城湾については，繰り返しになりますが，全国平均の32.5％となっておりますので，値段としては非常にリーズナブルではないかと思います[42]」。

　琉球がサンゴ礁の島であるため，埋め立て費用が安くて済むという認識が伺える。サンゴ礁が有する人間にとっての長期的な，また非経済的な観点からの効用や価値が考慮されていない。中城湾では広大な埋立地ができ，特別自由貿易地域が造成されたが，企業の投資は少なく，広大な空き地が放置されている。

　「復帰」後，琉球に対する公共事業関係費が毎年増額された結果，日本全体の公共事業関係費に占める琉球のシェア（当初）は，1972年度の1.44％から1991年度の2.95％へと約2倍になった。全国の総人口，総面積に占める琉球の割合（人口1.0％，面積0.6％）に比し，高い割合を占めている[43]。膨大な公共事業関係費が短期間に琉球に投じられた結果，自然が大きく破壊されたのである。

　公共事業によってダムが建設され，自然が破壊された。ダムの建設は安定的な給水体制を確立し，広域的な水道を整備することを目的としていた。その結果，簡易水道の統廃合が進み，小規模水道が減少した。1972年度から1991年度にかけて，上水道による給水人口は約76万人から約118万人へと増加したが，簡易水道による給水人口は約12万人から約5万人に，事業体数も202から57に減った[44]。小規模地域内の水供給システムから大規模上水道システムに転換することで，断水問題は解消されたが，その反面，自然の破壊，国の直轄事業への依存という大きな代償が生じた。

　沖縄島以外の琉球の島々が「離島」とされ，それらの島々における経済振興策として日本政府が主導的に進めたのが「美ら島ブランド化」という政策である。その中で離島は次のように位置付けられた。

　「沖縄の離島には，食べ物，生活文化，自然環境，まちなみ等とても素晴らしい資産が数多くあります。数多くありますが，十分に活用されていないという問題があります。素晴らしい資産が活かせていない，そして，伝わっていな

い。とても残念なことです。また，存在感や認知度が足りないのではないかという点も感じました。伝統文化も含めて，もう少し，ちゃんと伝えることが必要ではないかと感じています。素晴らしい資産を活用し，付加価値を高め，これを的確に人々に伝えていくためには，島々を包む大きな1つの傘（グループブランド）の下に，島々の大きな物語（ブランドストーリー）を作り出し，存在感を打ち出すことが有効ではないかと考えます」[45]。

　「美ら島ブランド委員会の提言は，地域全体のブランド化，1つひとつの島のブランド化，そして，それぞれの島の産品やサービスも磨こうというものであり，三重奏になっています」[46]。

　離島には様々な「資産」があるが，それが経済的利益を生まないままであることが問題であると指摘している。離島の人々は自らの生活全般を経済的に開発することを本当に求めているのだろうか。静かで，人との絆を重んじ，自然の中で暮らしたいという生活スタイルを求める人々が離島で生活し続けようとしているのではないか。他者が離島の「資産」が経済的な利益を生まないままであることに対して，「存在感や認知度」が足りず，伝統文化を含めて島の「資産」を「ちゃんと伝える必要」があると教え諭すという上からの目線が感じられる。日本政府が組織化した美ら島ブランド委員会は，離島全体，個々の島々そして島の中のあらゆるモノをブランドとして商品化しようとした。このブランド化作戦により，島全体のコモディティ化を進め，市場競争の中に島を投げ込もうとした。離島の住民は，観光客に島の「資産」を伝え，あらゆるモノを商品として売り込むことが期待された。

　ここで言う「ブランド」について次のような説明がなされた。

　「ブランドとは何でしょうか？　ブランドはお客様の記憶の中に蓄積されているプラスになる体験，あるいはいい印象の総体です。（中略）ブランドを決めるのはお客様です。2点目は，企業や地域がお客様に対して約束をします。お客様は期待をされます。約束を実行することにより，お客様などから共感が返ってきます。この「約束→期待→実行→共感」の繰り返しがブランドになります。（中略）企業であれば社員，地域であればそこにお住まいの皆さん，こういう関係者にとっての誇りの源になるものがブランドです。それぞれの島々の

伝統文化に皆さん誇りを持っておられることと思います。誇りを持っているか？　誇りを持てるかどうか？　そこも大変大事です。（中略）ブランドは土地やお金と違い目には見えませんが，資産です。「高く売れる，たくさん売れる，長く売れる」という形で，皆さんに良いことをもたらします」[47]。

　この離島の「ブランド化」政策は，島民全体をホストにして，観光客の意向や需要に従うことを義務のように求める事業であると考えられる。島にあるモノ，住民の生活そして住民自身もブランドとして位置付けられ，認識され，それが資産として利益を生み出すために，観光客や観光業者のニーズに従い，順応することが求められる。それは精神的，経済的な琉球の植民地化をさらに推し進めるものになるだろう。米軍基地の琉球人への押し付け過程とも類似している。ブランド化の決定権は観光客や観光業者が持っており，住民は観光客が期待するものを提供することを約束させられる。観光客の期待に応えることができなければ共感をしてもらえない。観光客，観光業者そして国の観光方針等に島民が従うという従属性を前提とした施策である。

　日本人移住者が離島において増え，その社会的影響力も拡大している。石垣島において「幽霊人口」と呼ばれる人々による問題が指摘されるようになったのも，日本人移住者の存在感の大きさを示している。「幽霊人口」とは，住民票を定住先の市町村に移さず，住民税等を納税することなく行政サービスを受ける移住者を指す。元々，移住者は何回か観光客として島に来て，移住する場合が多い。観光客のニーズを知る移住者が島において，お土産品ショップ，ダイビングショップ，宿泊所等の観光関連の事業で成功を収め，琉球人業者が廃業に追い込まれるケースが少なくない。日本政府による島のブランド化政策は，経済的植民地化をさらに深化させる結果になるだろう。

8　なぜ振興開発が失敗したのか

　振興開発の柱として喧伝された特別自由貿易地域における，2007年度末時点の立地企業数（24社），製造品出荷額（約53億円），従業者数（503人）とも伸び悩み，分譲用地の分譲率も低いままであった。自由貿易地域那覇地区において，入居

第2章　振興開発が抱える構造的問題性

企業全体の搬出額は約30億円に達したが，搬出先は県内が6割超となっており，開発の目的である「貿易の振興」が実現したとは言えない状況にあった。製造業関連企業が進出しない理由として，物流コストが高いこと，モノづくりの基盤となる産業（素形材産業）の集積度が低いことなどが指摘されている。特別自由貿易地域内で製造された製品の域外への輸送費の一部に対して助成がなされた。また輸送費低減に繋がると期待されるカボタージュ（船舶法第3条）の一部緩和が実施された。しかし，それは自由貿易地域那覇地区，特別自由貿易地域に立地した企業が生産した製品を対象とし，日本船舶運航事業者の外国船籍船に限定されたものであった。[48]

　以上のように，振興開発において製造業を発展させるための特別制度として導入された2つの自由貿易地域は，国際的な競争力をもつ代物ではなかった。アジア諸地域で設置された他の自由貿易地域と競合できる制度設計がなされておらず，「優遇措置」と称せられた制度変更もされたが，多くの企業を呼び込むものにはならなかった。日本政府が法制度の許認可権を握っているという根本的な問題がある。日本の国内法の枠内でしか琉球の経済制度が認められなかった。日本政府の財務省が税金の逃避地として企業が琉球に投資することを恐れて，抜本的な優遇税制を両地域に認めなかった。

　仲井眞弘多（なかいまひろかず）が知事に就任して掲げた経済政策の中に，雇用者数の増大を目標とした「みんなでグッジョブ運動推進計画」があった。これは2007年度から2010年度までに約4万人の雇用を生み出し，完全失業率を4%台にするという内容である。就業者の内訳は①産業振興による就業者数が2万5000人（うち，新事業創出および既存産業の振興等によるものが8000人，企業誘致（製造業，情報関連企業等）によるものが1万7000人），②求人と求職のミスマッチ解消による就業者数が1万5000人とされていた。[49]①，②とも振興開発に依存するところが大きい。

　この公約は実現されたのであろうか。2010年における就業者数は約62万2000人であり，完全失業率は7.6%に上った。[50]沖縄県の経済政策に対する外部監査は次のような評価を下した。「「みんなでグッジョブ運動」の取組みの成果はほとんど達成されていない。（中略）これらの取組みがなければさらなる雇用情勢の悪化を招いていたかもしれないとの主張を耳にすることがあるが，検証不可

61

第Ⅰ部　果たされなかった経済的自立

能な命題であり，論理的には何も言っていないに等しい[51]」。

　植民地経済という琉球の根本的な経済問題に真正面から向き合って，それを解決するための政策を琉球側が主体的に実施する体制が実現しないかぎり，構造的な失業問題は解消されないだろう。

　振興開発計画において，琉球と日本との関係は次のように認識されていた。

　「沖縄振興開発計画は，単に本土との格差是正を目的とするだけではなく，「沖縄」という国土の総合開発計画として，我が国国土の総合開発の一環を成すものである。すなわち，我が国国土に沖縄地域が加わることにより，もたらされる価値を明確にし，その意義を一段と高めるため，沖縄本島及びその周辺の島しょを全国総合開発計画上の独立した１ブロックとして位置づけ，国が沖縄振興開発計画を策定し，沖縄の持つ特性を積極的に活用しながら，責任をもって振興開発を推進することとしたのである[52]」。

　琉球の振興開発が「我が国国土の総合開発の一環」を成すものであり，琉球が日本の国土であることを前提にしている。しかし，本当に琉球は日本の国土の一部なのかという根本的な問題を避けて開発が行われてきたことが問題なのである。

　1972年に振興開発の責任官庁として沖縄開発庁（2001年に内閣府沖縄担当部局となる）が設置されたが，それは次のような業務を行うこととされた。①沖縄振興開発計画の作成，そのための必要な調査，②沖縄振興開発計画の実施，③関係行政機関の事務の総合調整，④沖縄振興開発事業予算の一括計上，⑤沖縄振興開発特別措置法の施行に関すること，⑥沖縄振興開発金融公庫の監督

　沖縄開発庁の指導を受ける，琉球の現地におかれた政府機関が沖縄総合事務局であり，次の業務を実施することとされた。①沖縄振興開発計画の作成に関する調査，②沖縄振興開発計画の実施に関する事務。

　沖縄開発庁は次のような振興開発事業を行う。①補助事業（沖縄県，市町村を通じて，病院，学校，第３種空港，港湾，公共下水道，住宅，農業基盤整備等），②直轄事業（直轄国道，ダム，港湾，第２種空港），③許認可・指導等，④その他（工業開発地区及び自由貿易地域の指定，自由貿易地域内における事業の認定等）[53]。

　琉球側の県，市町村は開発に関して国が決定したことを実施するだけの機関

62

としての機能しか与えられていない。自ら提案し，国と協議して，開発政策を
ともに決め，実施していくという体制にはなっていないのである。国が主導権
を掌握しているのだが，政策が失敗してもその責任を取らないという「無責任」
体制であることも，琉球の振興計画の特徴である。主導権のない琉球側が責任
をとる言われもなく，経済自立を自分の問題として責任をもって実施する仕組
みになっていないことも，振興開発失敗の根本的な原因である。

1） 琉球銀行調査部編『戦後沖縄経済史』琉球銀行，1984年，1279頁。
2） 同上書，1280頁。
3） 渡辺精一「生活環境の改善と自治の復権」沖縄県教職員組合経済研究委員会編『開発
　　と自治—沖縄における実態と展望』日本評論社，1974年，252頁。
4） 松田賀孝「「開発と自治」序章」同上書，27～28頁。
5） 同上論文，26頁。
6） 蓮見音彦「沖縄振興開発の展開と問題」山本英治他編『沖縄の都市と農村』東京大学出
　　版会，1995年，17頁。
7） 同上論文，36～37頁。
8） 沖縄県『「沖縄21世紀ビジョン」概要～みんなで創る　みんなの美ら島　未来のおき
　　なわ』沖縄県，2010年，3頁。「沖縄振興開発計画・沖縄振興計画の概要」(沖縄県資料)
9） 内閣府沖縄担当部局編A『改正沖縄振興特別措置法のあらまし　2012』内閣府沖縄担
　　当部局，2012年，2～3頁。
10） 同上書，7頁。
11） 同上書，12頁。
12） 同上書，24頁。
13） 内閣府沖縄担当部局編B『沖縄の振興』内閣府沖縄担当部局，2012年，7頁。
14） 内閣府沖縄担当部局編A・前掲書，25頁。
15） 同上書，30頁。振興予算による米軍基地跡地開発において，新たな植民地経済が形成
　　されている実態分析に関しては，仲村渠克「新「琉球司令官」降臨」『月刊琉球』NO.14,
　　2014年を参照されたい。
16） 内閣府沖縄担当部局編B・前掲書，39頁。
17） 沖縄県『沖縄21世紀ビジョン基本計画（沖縄振興計画平成24年度～平成33年度）』沖縄
　　県，2012年。
18） 沖縄県『沖縄21世紀ビジョン～みんなで創るみんなの美ら島未来のおきなわ～』沖縄
　　県，2010年，36頁。
19） 山中貞則『顧みて悔いなし：私の履歴書』日本経済新聞社，2002年，89頁。
20） 同上書，90頁。
21） 同上書，92頁。

第Ⅰ部　果たされなかった経済的自立

22）　同上書，134頁。

23）　同上書，163～164頁。

24）　同上書，196頁。

25）　同上書，212頁。

26）　堀口健治・深井純一「農村振興と地域流通」宮本憲一編『開発と自治の展望・沖縄』筑摩書房，1979年，66頁。

27）　宮本憲一「地域開発と復帰政策―歴史的評価と展望」同上書，32頁。

28）　同上論文，59頁。琉球の自治と振興開発体制との関係については，島袋純『「沖縄振興開発体制」を問う―壊された自治とその再生に向けて』法律文化社，2014年を参照されたい。

29）　同上論文，60頁。

30）　久場政彦「離島振興政策の検討」同上書，214頁。

31）　同上論文，215頁。

32）　同上論文，220頁。

33）　佐藤学「問われる沖縄の「自治の力」」宮里政玄他編『沖縄「自立」への道を求めて―基地・経済・自治の視点から』高文研，2009年，175頁。

34）　「第2回沖縄振興審議会総合部会専門委員会議事録」（2006年6月22日開催，議事：(1)計画の進捗状況（沖縄振興計画推進調査報告「沖縄振興計画後期における課題と展望に関する基礎調査」（野村総合研究所），(2)離島振興）。

35）　「第14回沖縄振興審議会総合部会議事録」（2008年1月24日開催，議事：沖縄振興特別措置法に基づく分野別計画について）。

36）　「第2回沖縄振興審議会総合部会専門委員会議事録」前掲書。

37）　沖縄県企画部『沖縄振興一括交付金（仮称）について』沖縄県企画部，2011年，11～12頁。

38）　只友景士「沖縄離島振興策と島嶼経済」宮本憲一他編『沖縄21世紀への挑戦』岩波書店，2000年，181～182頁。

39）　同上論文，185～186頁。

40）　宮田裕「沖縄経済の特異性はどうしてつくられたか」宮里他編・前掲書，123頁。

41）　宮城邦治「沖縄の開発と環境保護」沖縄国際大学公開講座委員会編『世変わりの後で復帰40年を考える』沖縄国際大学公開講座委員会，2013年，148～149頁。

42）　「第36回沖縄振興開発審議会総合部会議事録」（1999年3月18日開催，議事：特別自由貿易地域の指定について）。

43）　沖縄開発庁編『沖縄開発庁二十年史』沖縄開発庁，1993年，123頁。

44）　同上書，296頁。

45）　「美ら島のブランド化に向けた取り組み」『群星』2006年3月号，2頁。

46）　同上誌，3頁。

47）　「美ら島のブランド化に向けた取り組み」『群星』2006年1月号，3頁。

48）　沖縄県『沖縄振興計画等総点検報告書―沖縄県振興審議会意見書（付帯）』沖縄県，2010年，159～161頁。自由貿易地域那覇地区に関して，沖縄県経営者協会の会長であっ

た稲嶺恵一（後に沖縄県知事）は次のように指摘している。「1988年 7 月，那覇市鏡水に
わが国初のフリーゾーンとして県民の期待をこめてスタートした沖縄自由貿易地域は，
いまや壊滅状態にある。参加27企業，全社赤字であり，既に撤退した企業もある。（中
略）沖縄のフリーゾーンは，沖振法にその規定はあるものの，運用規定はなく，関係各
省庁のルールにゆだねられている。世界各地のフリーゾーンと全く異なり，フリーの部
分がなく，名ばかりのフリーゾーンにすぎない」。（沖縄タイムス社編『21世紀への模索』
沖縄タイムス社，1993年，31〜32頁）

49)　『Good Job Press』Vol.1, 2008年 3 月31日，3〜4頁。

50)　田里友治『平成23年度包括外部監査結果報告書—沖縄振興計画に基づき沖縄県が実施
した事業における財務事務の執行について』田里友治，2011年，73頁。

51)　同上書，75頁。

52)　沖縄開発庁編・前掲書，81〜82頁。日本政府による琉球に対する「財政支援」が誇張
されたものでしかないことに関しては，普久原均「沖縄の米軍基地と沖縄経済」松島泰
勝編『島嶼経済とコモンズ』晃洋書房，2015年を参照されたい。

53)　同上書，465頁。

第3章
植民地経済の形成

　琉球は日本の植民地である。いつから植民地になり，どのような植民地支配が行われたのか。世界のほとんどの植民地は，1960年代以降盛り上がった独立運動によって独立を達成した。現在，国連の脱植民地化特別委員会には17の「非自治地域」(植民地) が登録されている。戦後，琉球も非自治地域リストに登録されるべきであったが，統治国であるアメリカはその義務を果たさないまま現在に至っている。沖縄県という現在の琉球の政治的地位は沖縄返還協定によって決定された。しかし，同協定策定の過程で当事者である琉球政府の参加が排除され，日米両政府だけで話し合い，琉球の「日本所属」を決めた。しかも同協定は密約を含んでおり，条約としても不備である。植民地が新たな政治的地位に移行する時は，国連の監視下で住民投票を実施し民意を問うという手続きが必要であるが，琉球の場合それがなされないままである。

　本章では琉球が日本の植民地であることを，歴史的，政治経済的に明らかにしたい。琉球が植民地という政治状況から脱しない限り，日本政府からどれほど公的資金が投じられ，経済政策が実施されようが，植民地経済を強化するだけであり，経済自立を実現することはできない。

1　日本の植民地になった琉球

　1879年の琉球併合によって強制的に琉球は「沖縄県」として日本の一部になった。日本政府は，琉球を「沖縄県」と名付けたが，「琉球」という言葉が持つ，日本による侵略や搾取のイメージを払拭するために「沖縄」という言葉をあえて使用したと考えられる。「沖縄」という言葉は，『鑑真和上東征伝』，『平

第3章　植民地経済の形成

家物語』，新井白石の『南島志』等の日本側の文献に記述されてきたように，日本と親縁性がある言葉である。他方，「琉球」という言葉は中国の文献に記載されただけでなく，「琉球」が転化した「レキオス，レキオ」と欧州の人々から呼ばれ，琉球の王府自らも「琉球国」と自称し，独立国家として存在していたという歴史的事実を喚起させる。琉球の島々が琉球列島と称せられているように，地理的な島々の広がりを明らかにすることも，「琉球」という言葉によって可能になる。

　1609年に島津藩が琉球を約3000の兵をもって侵略し，奄美諸島を自らの直轄領にするとともに，琉球国を経済的に搾取した。そして琉球併合でも軍隊を導入して，国王・尚泰を東京に拉致し，王国を消滅させた。そのような日本による琉球に対する侵略や搾取という加害者性を見えにくくさせるために，「琉球」から「沖縄」へと琉球の名称を置き換えることで自らの統治の正統性を強調しようとしたと考えられる。

　政治的，経済的，社会的，文化的な統一性を有していた琉球国という１つの国を，収奪し，解体し，日本国のシステムの中に組みこもうとする論理とは何なのであろうか。[1] このような問題意識を持ちながら，近代琉球の植民地構造について考察してみたい。

　近代琉球は明らかに日本政府によって収奪されていた。例えば，1924年の琉球における国税納付額は約485万円であったが，琉球と面積や人口で類似した他の県と比較すると，宮崎県が約226万円，鳥取県が約199万円でしかなかった。また沖縄県の全公務員のうち約９割が日本から派遣された人であった。[2]

　1909年，「府県制特例」が琉球で施行され，沖縄県の自治体と組織が機能を有するようになった。しかしそれは沖縄県知事であった奈良原繁が「県民の低い自治意識と乏しい財力にみあった特別県制の制定」を日本政府に求めて実現したものであり，一般の府県制に比べ次の諸点が異なっていた。①県会議員の選挙は郡島嶼においては町村会議員，区においては区会議員が行う。②被選挙権者は，町村会または区会議員の選挙権を持ち，直接国税年額５円以上を納める者。③県参事会はおかず，その権限は知事がこれを行う。他県と比べると，選挙権が制限され，知事の権限が強力であり，議会のそれは弱かった。琉球内

67

第Ⅰ部　果たされなかった経済的自立

から特別県制廃止の声も高まり，1920年になって他府県と同じ一般自治制が施行された[3]。1879年に琉球は日本に併合されたが，1920年までの約40年間，他の自治体と異なる特別制度の下で統治されたのである。

　日本政府の琉球に対する経済政策が失敗したため，1920年代から「ソテツ地獄」と呼ばれる製糖業を中心とする不況が発生し，多くの琉球人が国内外に移住するようになった。ソテツには毒が含まれているが，それしか食することができない程，琉球の民は経済的苦境に陥った。

　1933年になって初めて，日本政府は琉球の開発計画として，「沖縄県振興計画（15年計画）」を承認し，実施したが，戦争になるとともに計画は途中で消滅した。戦前，日本政府は琉球において十分な社会資本を建設せず，琉球人は事実上，開発政策で放置されてきた[4]。

　近代琉球における最高教育機関は師範学校であった。その師範学校が専門学校に昇格するのは1943年であり，戦時中であった。1932年における琉球の中等教育普及率は全国平均の約5割，高等教育普及率は約1割であり，教育政策面においても琉球が差別されていたことが分かる。沖縄県の幹部職員，県政初期時代の教員や警察官には琉球人がほとんどいなかった。琉球併合は琉球と日本との「民族統一」ではなく，「侵略的統一」であったと言える[5]。

　近代期において琉球の出生率は平均で25.0％であり，一貫して全国平均を下回っていた。その原因は，医療，公衆衛生の劣悪な環境，琉球人男性の単身による国内外への流出という，再生産年齢人口における大きな性差にあった。日本政府による1939年の「人口政策要綱」に代表される，国民の「産めよ・殖やせよ」政策により，琉球の出生率は1943年の戦時中に32.6％（全国30.9％）に上昇し，全国水準をやっと上回った[6]。しかし，沖縄戦では乳幼児を含む多くの琉球人が命を落とした。

　海外各地から家族に送られた琉球人移民からの送金は，1911年以降毎年100万円以上となり，1936年には約289万円となった。この時期の県税収入は約50万円から約80万円で推移していた[7]。海外で働く琉球人からの送金が，琉球全体の経済にとっていかに大きな影響力を与えていたのかが分かる。それと同時に，日本の新たな植民地になった琉球に対して日本政府が十分な振興開発政策

68

を実施していなかったことも明らかとなる。

　戦前において琉球人に対する差別は就職，婚姻，居住等の全般にわたるものであった。それを象徴するのが「人類館事件」である。それは1903年に大阪の天王寺で開催された第５回内国勧業博覧会に開設された「学術人類館」において，アイヌ民族，台湾原住民，琉球人，朝鮮人，中国人，インド人，ジャワ人，トルコ人，アフリカ人等の民族が見せ物にされたという事件である。また「本土決戦」を少しでも遅らせるために，琉球は日本の「捨て石」とされ，全住民の４分の１が殺された。琉球諸語を話しただけでスパイ容疑にされ日本軍により虐殺されたこともあった。また琉球各地で日本軍によって集団死を強制されるという悲劇が発生した。琉球人の「軍隊は住民を守らない」という教訓は苛烈な沖縄戦の体験から生まれ，現在の反基地運動の精神的土台になっている。

　日本政府は琉球を「捨て石」として切り離したが，戦後も琉球をトカゲの尻尾のように切り捨てた。1952年４月28日にサンフランシスコ講和条約が発効するにともない，日本は「主権を回復」したが，それと同時に日本政府は琉球を正式に切り離し，米軍統治下に琉球を投げ入れた。現在，日本は米軍専用基地の74％を琉球に押し付けている。日本は自らが生き残るために琉球を犠牲にしてもかまわないという構図は今に始まったことではない。それは歴史的にも繰り返されてきたことであり，「構造的差別」と言われる理由はここにある。

　現在，日本政府は琉球を植民地として認識していない。しかし日本政府がそれを認めるかどうかに関係なく，琉球は実態として1879年から今にいたるまで日本の植民地であることは明らかである。

2　琉球の植民地経済の現在

　「復帰」後44年における琉球経済の特徴は，日本企業による市場支配が確立されたことにある。「復帰」により琉球と日本との間に存在していた法制度上の垣根が取り払われ，日本企業が大挙して琉球に進出してきた。沖縄県総務部がまとめた法人県民税統計によると，1981年度に申告のあった琉球にある法人数は7172社であり，そのうち県内法人が5743社，他府県本店分の分割法人（い

わゆる日本企業）は932社であった。これらの日本企業は支社，支店，営業所という形で琉球に進出していた。琉球企業に資本参加し，現地法人の子会社として進出している企業を含めると2000社から3000社になると言われている[8]。

琉球外に本社がある企業の県内事業所数は2006年には2759事業所に増加しており，1981年時と比べて約3倍となった[9]。

例えば，日本の生保業界が琉球に進出したのは1973年からであった。日本生命は，「復帰」前まで琉球最大の保険会社であった琉球生命と合併した。同社は琉球生命の既契約分に関する事務だけでなく，従業員も全員引き継いだ。1973年に日本生命と琉球生命は日本生命琉球保険代理社を設立し，その後，琉球生命は解散し，1975年に日本生命那覇支社が設立された[10]。

2011年における県内総生産に占める財政支出の割合をみると39.5％（全国24.8％）であった。その内，政府最終消費支出は31.4％（全国20.4％），公的固定資本形成は8.1％（全国4.4％）であった[11]。

財政支出の割合が大きいのは，財政支出に琉球が大きく依存していると言うよりも，むしろ日本政府の多くの出先機関が琉球に設立され，琉球を支配するための「行政サービス」が実施され，公的施設が建設されてきたからであると考えられる。つまり「財政支出への依存度」は琉球の植民地経済を如実に示す指標なのである。

観光業は琉球経済の主要産業であるが，次にその植民地構造について検討してみたい。琉球は「旅行代金が安く，日本から近く，そして短期滞在」という「安近短」の旅行地として位置付けられている。1987年における観光客の平均滞在日数は5.20日であったが，2011年には3.75日へと短くなる傾向にある[12]。

2006年の観光収入は約4083億円，観光客1人あたり消費額は7万1560円，入域観光客数は約571万人であったが，2012年になるとそれぞれ，約3997億円，6万7459円，約592万人となった[13]。琉球の観光業は，滞在日数の減少，観光客1人当たり消費額の減少という傾向が続くなかで，観光客数を増加させることで観光収入を増やすという非常に効率性の悪い特徴を有している。大量の観光客の旅行手配を行い，輸送し，宿泊・飲食させるという旅行代理店，航空会社，ホテル，レストラン等の各業種において資本力のある日本企業が「規模の経済」

第3章　植民地経済の形成

を活用して琉球の市場を支配してきた。

　2009年における観光業の琉球経済に対する「経済波及効果」は約6616億円，観光客の消費額は約4418億円（うち県外客約3617億円＋外国客約108億円＋県民約640億円）であった。観光客による消費のうち県内観光産業に残る金としての「直接効果」は約3815億円となった。観光産業と関連のある産業の売上げ増加等の「1次間接波及効果」は約1783億円である。雇用者所得の増加による消費活動の活発化からもたらされる，更なる県内産業の生産増加の「2次間接波及効果」は約1018億円となった。また直接効果，1次，2次間接波及効果で生まれた雇用効果は7万9468人であり，これは県内就業者数の12.8％に相当した。[14] 観光業の経済波及効果は琉球に大きな影響を与えるまでに増大しており，観光業が琉球の主要産業と称されるまでに成長した。

　しかし，観光業に従事する労働者の労働条件は不安定，低賃金という特徴を有している。2012年における宿泊業と飲食サービス業（事業所規模5人以上）における常用労働者の構成と人数は次のようになる。一般労働者は1万6345人であるが，パートタイム労働者は2万5114人となり，それは全体の60.6％を占めた。

　2012年における宿泊業と飲食サービス業（事業所規模5人以上）における一般労働者，パートタイム労働者の現金給与総額は次のようになる。全産業平均の現金給与額は30万8262円であったが，宿泊業・飲食サービス業の一般労働者のそれは21万5988円であった。また全産業におけるパートタイム労働者の給与額は9万2520円であったが，宿泊業と飲食サービス業のパートタイム労働者の給与額は7万5629円であった。[15]

　観光業界で働く一般労働者は他業種に比べて給与額が少なく，また同業界内のパートタイム労働者の給与額は一般労働者のそれと比較して大きな格差があった。低賃金，不安定な雇用条件を特徴とする観光業が琉球の主要産業になったことから，低賃金労働市場として琉球が固定化され，同じく低賃金，不安定な条件下で働く就業者が多いIT関連産業の投資が琉球において増加する1つの要因になったと考えられる。このように労働条件が不安定である職種が広範に存在することが，高失業問題が長期にわたって解決されないという問題の原因ともなった。

71

第Ⅰ部　果たされなかった経済的自立

　次に琉球の主な観光スポットへの来訪者数の推移について検討してみよう。
旧海軍司令部壕は1978年に41万1614人であったが，2012年には17万7139人，沖
縄県平和祈念資料館（有料展示室）は2000年に48万1018人であったが，2012年に
は37万2129人にそれぞれ減少した。他方，沖縄美ら海水族館は，1978年に52万
4368人であったが，2012年には277万2586人，首里城（入館者）は1992年に37万
344人であったが，2012年には174万7660人，斎場御嶽は2007年に 8 万9453人で
あったが，2012年には41万7770人に激増した。[16]

　戦跡や平和関連施設から，水族館，テーマパーク，「パワースポット」等へと
観光客が求める対象や趣向が大きく変化していることが分かる。斎場御嶽は琉
球王国時代において国家の祭祀を司る聞得大君が儀礼を行った聖地であり，か
つては女性のみが入域できた。同地は琉球の国生み神話において重要な位置を
占める久高島ともコスモロジーを通して繋がっており，琉球人のアイデンティ
ティ形成においても大きな意味を持っていた。しかし，近年，公園整備という
名目で環境が破壊され，観光客が大挙して押し掛け，記念撮影をし，大声を出
すなどして同地の神聖さが損なわれたと指摘されている。琉球の文化，コスモ
ロジーの商品化現象は斎場御嶽に限らず，琉球のいたる場所に広がっている。

3　労働者の身体に見える植民地主義

　「復帰」後，労働者としての琉球人の身体は大きなダメージを受け，心身上
の問題を抱えるようになった。琉球人男子の平均寿命を見ると，1980年が
74.52歳，1985年が76.34歳であり，それぞれ全国第 1 位であった。しかし1990
年には76.67歳で全国第 5 位，2000年には77.64歳で第26位，2005年には78.64歳
で第25位になった。その原因は罹患率の上昇，自殺者数の急増にある。[17]

　1985年以降，40～50代の琉球人男性の自殺率が急上昇しており，2000年にお
いて，40～54歳，60～64歳の年齢層の男性は全国第 1 位の自殺率となった。
1998年において発生した350件の自殺のうち，病苦が100件，精神障害が62件，
経済問題が62件，家庭問題が28件，職場問題が15件，男女問題が13件であった。
男性の20～44歳，女性の15～34歳の各年齢層における死因の第 1 位が自殺で

72

あった。[18]自殺の原因の上位にあるのが健康問題と経済問題であり，琉球人の身体的な問題が深刻になっており，その背景には経済的苦境があると考えられる。

　経済的苦境は琉球人の未婚率を上昇させる一因になっている。1990年代以降，生涯未婚率が高くなっており，2005年において男性の未婚率は全国第1位，女性は第2位であった。また1985年以降，琉球の離婚率は全国第1位であり，「嫡出でない子」(法律上の結婚関係にない男女から生まれた子)の出生数の割合を見ると，1997年において3.6％であり，全国平均の1.4％の2.5倍となった。[19]

　2003年における女性の就業率は43.5％(全国45.9％)であったが，2013年には47.4％(47.1％)に増大した。2007年以降，女性の就業率が上昇した理由は，琉球において医療・福祉業，宿泊・飲食サービス業，情報通信業といった産業が発展し，女性労働者の受け皿になったことにある。2003年に約6万3000人だった医療・福祉業，教育学習支援業の就業者は，2013年には約9万人に増加した。2013年における男性の年間所定内給与額は約251万7000円であり，全国最下位であった。女性が家計を支えるために就業する世帯も多かったのである。2012年における全国の女性の正規雇用率は42.5％であったが，琉球のそれは39.9％であった。同年の全国の男性の正規雇用率は77.9％であったが，琉球のそれは69.5％であった。2013年における全国の男性の勤続年数は13.3年，女性のそれは9.1年であったが，琉球において男性は10.8年，女性は8.6年であった。琉球では中小零細企業が多く，雇用が安定せず，琉球外で一定期間就労していた労働者がUターンし，県内で再就職することなどが短い勤続年数の理由であるとされている。[20]

　琉球において女性の社会進出の機会が拡大した背景には，「低賃金，不安定そして重労働の職場」とされる医療・福祉業，宿泊・飲食サービス業，情報通信業の発展があった。琉球内における所得格差の拡大，低所得・高失業状態の固定化が夫婦共働きを増やし，女性労働者の就業率を高めているのである。

　生活保護を受ける人々も増えており，2007年において那覇市から生活保護を受給された人が8847人，被保護世帯が5904世帯，保護率が28.16‰であった。2011年になると，受給者が1万653人，被保護世帯が7615世帯，保護率が33.55‰へと増大した。[21]県都である那覇市における生活保護率の上昇は，琉球

第Ⅰ部　果たされなかった経済的自立

経済の危機を象徴している。近年，同市内において高齢者だけでなく，家庭の主婦層でも空き缶・瓶等を個人的に収集して現金を得ようとする人の姿が増えてきた。

2013年度における琉球の一般雇用者の平均現金給与総額は23万9817円（全国31万3995円）であったが，その総実労働時間は150.4時間（全国145.7）に及んだ。[22]全国平均の労働者よりも琉球人はより多くの時間働いているにもかかわらず，少ない現金給与しか手に入れていないのである。一般的に言われる「琉球人は働かない」という差別的言説に反して，実際はより多くの時間働いているのである。労働時間に対する給与の割合が少なく，琉球人労働者は企業経営者から搾取されていると言える。

4　琉球経済を巡る言説に見る植民地主義

次に振興開発を巡って発せられる，琉球に対する植民地主義的な言説について検討する。日本経済新聞社記者の大久保潤は，自らの著書の中で琉球経済に対して以下のように述べている。

「本土の側には「これだけ，金を注いでも感謝の気持ちすらない」（内閣府職員）という不満がよく聞かれます。振興策のあまりの多さと使い方のいい加減さを知ってしまうと，辛酸をなめた沖縄の歴史と非人間的な基地被害の現実に対する自然な同情心や申し訳ないという気持ちがスーっと薄れていくのです」[23]。

そもそも振興開発は感謝されるべきものとして琉球に提供されているのではない。沖縄戦の被害，戦後の米軍統治の被害，「復帰」後の広大な米軍基地の存在，島嶼性・亜熱帯性から生じる問題等に対して日本政府の責任として振興開発が始まったのである。「振興策のあまりの多さと使い方」と指摘されているが，振興予算は他の都道府県と比較してもそれほど多いわけでもなく，その使い方は日本政府が決めてきたのであり，責任を琉球側に転嫁している。日本政府に対する感謝の念が少ないと，沖縄戦や基地被害に対する謝罪の気持ちが薄らぐと言っているが，そもそも琉球に対する罪の意識がないからこのような発言になるのであろう。

74

第 3 章　植民地経済の形成

　「沖縄は振興策の減少と官民格差の是正という 2 つの構造改革を迫られているため，公務員にも民間にも焦りがあります。このため，保革が対立するのではなく，その構造改革を推し進める「共通する敵」である日本政府に注文を付けるという構図になるわけです」。[24]

　琉球が一体となって日本政府に抵抗するという構図を示している。しかし実際は民間でも基地と結びついた振興予算を求める企業と，それを拒否する企業が存在している。公務員は構造改革を恐れているわけでもなく，安倍政権になってから日本政府は構造改革ではなく「アベノミックス」という景気浮揚策に力点を置くようになった。この言説から「構造改革に抵抗する既存利益集団」として琉球を位置付けて攻撃し，支配しようとする植民地主義を見出すことができる。

　「04年度の県内給与所得者の平均年収約340万円に対し，県職員の平均年収は722万円と 2 倍以上の格差が生じている」。[25]

　公務員給与は日本全国で同水準であり，琉球だけが高額の給与をもらっているわけではない。民間部門の労働者の給与が少ないのは，失業率が高く，低賃金・不安定の労働条件で働く就業者が多いという，琉球の植民地構造が原因である。

　「革新が公務員の既得権益を守り，勝者の基盤を支え続けています。建設や観光など民間の労働弱者が常に保守系の選挙で票集めに奔走し，政府からのパイプをつなぐ。そして革新系の「基地反対」の理想論を武器に保守系の政治家が政府から振興策を引き出す。この絶妙な相互依存関係が沖縄型保革政治のバランス感覚です」。[26]

　自治労の労働組合組織率も琉球において低くなった中で，「革新が公務員の既得権益」を守るという認識は破綻している。「建設や観光など民間の労働弱者」と階級分類をしているが，むしろ正規雇用者とパート・契約社員等の非正規雇用者との間の所得格差が大きいというのが実態である。また「基地反対」が「理想論」であると断定していることも，著者が植民地主義者であることを示している。

　「沖縄の人が観光と情報関連産業で働きたいと思うだけで失業問題は解決に

75

第Ⅰ部　果たされなかった経済的自立

向います。圧倒的な人気は「一般事務[27]」。

　先に指摘したように多くの琉球人が観光業と情報関連産業で働いているにもかかわらず，失業問題は解決に向かっていないのである。なぜ，琉球人は公務員，教員をはじめとする「一般事務」への志向が高いのであろうか。その一因には，観光，情報関連産業は日本企業の進出が広汎に見られ，琉球人労働者が日本人幹部によって支配される機会が多くなることもあるだろう。また公務員，教員は「安定」した職場であると認識されていることも人気がある理由である。それほど，琉球では日本企業の進出に伴い，激しい市場競争が展開され，低賃金，不安定な職場が増加していることが分かる。

　「沖縄の低賃金体質は本土との格差ではなく，圧倒的に経営者が強い沖縄独特の労使関係に根があります[28]」。

　琉球の低賃金体質が固定化した理由は，激しい市場競争，それによる琉球企業の倒産，そして失業者の増加，移住者も加わった労働市場の中での賃金の低水準化等である。琉球企業の放漫経営だけにその原因があるわけでなく，琉球企業のすべてが放漫経営に陥っているわけでもない。日本側の問題性を隠蔽して，琉球に責任を転嫁している。

　「「沖縄の被害者性」を利用した税金の再配分の仕組みを見直す時期に来ているのではないでしょうか。アメとムチでは沖縄は豊かにもなりませんし，自立もできません。日本＝加害者 VS 沖縄＝被害者という構図は，利権を固定化します。沖縄の人も本土の人も，もうこの構図から解き放たれるべきだと思います[29]」。

　琉球人が自らの「被害者性」を利用して振興予算を得ているのではなく，過去，現在において琉球が受けてきた被害や犠牲の事実を理由にして，日本政府が振興予算を提供してきたのである。もしも振興予算を提供しないのならば，琉球のすべての米軍基地は廃止しなければならない。「アメとムチ」の政策を利用し，琉球に基地を押し付けているのは日本政府であり，琉球はこの政策の被害者である。日本政府が琉球の経済自立を阻んでいるのである。過去，現在において，「日本＝加害者 VS 沖縄＝被害者という構図」が歴然として存在しているにもかかわらず，それを否定する姿勢こそ植民地主義であると言える。

日本人は無意識に植民地主義を行っているという指摘があるが，実際は，意識的に植民地主義を進めているのである。

「戦争，アメリカ支配，過剰な基地という沖縄の被害者性を書けば書くほど，本土側に同情心を芽生えさせ，それが沖縄への振興策を継続させ，結果的に沖縄利権を支える。その構図を知ってしまうと，沖縄の被害の実態を書く意欲がうせてきます。特に振興策が沖縄の自立にまったくつながっていない，税金が無駄に使われている現状をいくつも見てしまうと，この利権の構図に加担することがたまらなく苦痛になってきます」[30]。

このような主張から次のような結論が導かれる。琉球において米軍基地によるどのような問題が発生したとしても，新聞として大きく取り扱わない。なぜならそれは琉球の利権につながるからであり，国税が無駄に使われるから。琉球の地元新聞と比べて，日本の大メディアが琉球が直面している様々な問題を小さく扱う理由がここにある。琉球が受けている様々な被害をなくそうと考えるのではなく，基地を押し付け続けたいという日本人の欲望が現れている。琉球人の多くは利権（振興開発）のために被害者性を売りにしているのではなく，米軍基地による被害や犠牲がなくなるなら振興開発はいらないと考えているのではないか。米軍基地とリンクした振興開発の拒否を訴えた翁長雄志が2014年に沖縄県知事に選ばれた。琉球人が受けてきた被害に対する日本人の関心の低さが，「本土と沖縄との温度差」として表現されることがある。なぜこのような被害が生まれてきたのかを考えず，自らの責任を放棄し，日本政府や日本人が琉球から政治経済的利益を得ようとすることを「日本利権」と呼ぶことができよう。

5　植民地主義の裏返しとしての同化主義

「沖縄21世紀ビジョン」は，「復帰」後初めて沖縄県が作成した振興計画として注目を集めた。これを詳細に検討すると，以下のように日本への同化主義を認めることができる。

「これまでの沖縄振興計画におけるフロンティア創造型の振興策と，民間主

第Ⅰ部　果たされなかった経済的自立

導の自立型経済の構築を継承発展させ，万国津梁の精神を受け継ぎ，日本と世界の架け橋となる強くしなやかな自立型経済の構築に邁進する必要があります」[31]。

　琉球王国時代の琉球はアジア諸国と貿易をする独立国として栄えたが，それは首里城正殿に吊された「万国津梁の鐘」に刻まれた刻銘からも分かる。本来，琉球国は日本とアジアとを結ぶことを目的にした国ではなく，琉球国独自の判断で各国と貿易をしたのである。同ビジョンによって琉球は，日本の一部として「日本と世界の架け橋」なるという同化主義的な立ち位置を宣言していると考えられる。

　「これまでの民間主導による自立型経済の構築に向けた取組を継承発展し，「日本と世界の架け橋となる強くしなやかな自立型経済」を構築するため，リーディング産業である観光リゾート産業や情報通信関連産業の更なる発展を図るとともに，新たなリーディング産業を創出するため，本県が比較優位を発揮できる臨空・臨港型産業を重点的に育成します」[32]。

　「強くしなやかな自立型経済」だけで充分だと思うが，その前に「日本と世界の架け橋となる」という修飾語がついている。そこには，琉球を中心にして世界を考えず，常に日本に言及する被植民者の同化主義を見出すことができる。同ビジョンは沖縄県が策定したが，振興開発に対する予算決定権は日本政府が掌握したままであることから，精神的な植民地主義から脱することができない現在の琉球の状況が反映されている。

　「人口減少社会を迎えた日本の社会構造の変化に適切に対応するとともに，成長著しいアジア諸国をはじめとした海外からの観光客を誘客するため，マーケティングに基づく戦略的なプロモーション活動を推進します」[33]。

　琉球では出生率も全国平均より高く，社会的移動も多いことから人口は増加傾向にある。日本は少子高齢化社会の到来が指摘されているが，その「日本の社会構造の変化に適切に対応する」必要性が琉球にあるのだろうか。日本に関係なく琉球は自らの社会的特性に基づいてアジアとの経済関係をより深化させるべきである。

　「東アジアの中心に位置し，豊富な若年労働者を有するなど本県の特性を最

78

大限に生かし，アジアにおける国際情報通信拠点 "IT ブリッジ" として我が国とアジアの架け橋となることを目指し，沖縄IT津梁パークを中核に国内外からの企業立地促進，県内立地企業の高度化・多様化，人材の育成・確保，情報通信基盤の整備等に取り組みます」[34]。

「"IT ブリッジ" として我が国とアジアの架け橋となる」と述べているが，琉球を拠点にしてアジアとのIT関連投資を促そうという日本政府の国家計画は存在しない。実際はIT関連の各企業が自らの経営判断でアジア諸国に投資を行っているのである。

2015年9月10日，沖縄IT津梁パークにおいてフィールドワークを行った[35]。同パークは「沖縄県が国内外の情報通信関連産業の一大拠点の形成を目指すビッグプロジェクト」であり，「①沖縄県における情報通信産業の推進，②我が国における情報通信産業の活性化と国際競争力向上への寄与，③沖縄県における雇用創出の先導」を目的としている。日本国の経済発展という国益と琉球における雇用創出と情報通信産業の発展が大きな目標として掲げられている。中核機能支援施設A棟が2009年6月に完成したが，2015年9月現在まで約1700人の雇用が生まれた。しかし当初，目指すべき雇用創出数を8000人としていたが，現在はその数値目標は廃止され，企業誘致の推進が主要目標とされた。

同パークの5つのコンセプトは次の通りである。「①我が国におけるIT産業（高度ソフトウェア開発等）の拠点，②我が国とアジアを結ぶITブリッジ（IT津梁）の役割，③我が国のIT産業のテストベッドを提供，④我が国に必要な高度なIT人材の創出と蓄積，⑤我が国のモデルとなる優れたリゾート＆IT就業環境を提供」。

5つのコンセプトの主語は「我が国」つまり日本であり，琉球ではない。これまで琉球で行われてきた特別自由貿易地域，金融特区等の「開発の目玉」策も日本政府主導で策定され，実施されてきた。

2015年9月現在で27社が同パークで経済活動を行っている。企業の投資インセンティブの1つに施設賃貸料の安さがある。例えば中核機能支援施設B棟の場合，業務室の月当たりの賃貸料は1380円／㎡である。また企業集積施設1号棟は1棟全体で月当たり500万円（駐車場代込み）である。

第Ⅰ部　果たされなかった経済的自立

　同パークの主要コンセプトの１つである「我が国とアジアを結ぶITブリッジ」の内容は，アジア人研修員のアジアIT研修センターでの研修と企業での就業であり，2015年９月現在，約70人が研修を受けていた。アジアの企業が同パーク内に投資をしたり，アジアと琉球との間をITで結ぶ事業を展開しているわけではなかった。日本国内においてその就業形態が問題になっているアジア人研修員制度が同パークに導入されていた。同パークの全施設が入退出管理システム，監視カメラ（記録機能付）が配置され，施設内で働いている人々との交流や取材等が大きく制限され，「透明性」のある施設であるとは言えなかった。

　同パーク内にあるコールセンター，情報打ち込み，ソフトウェア開発等の業務を行う労働者の大半が沖縄島の南部地域から自動車で通勤していた。また中核機能支援施設A棟にある食堂施設は2015年９月現在，開店しておらず，同施設１階にあるコンビニで食品を購入して労働者が飲食しているという。精神的なストレスが大きい職場が集積している同パーク内には，娯楽施設や体育館等の福利厚生施設もなく，「優れたリゾート＆IT就業環境」とは言えない状況にある。さらに，同パークは中城湾の埋立地に建設されているが，今後発生する恐れのある地震，津波に対応できるような防波堤も建設されていないという問題もある。沖縄県が主体になって作成した「沖縄21世紀ビジョン」において示された「開発の目玉」である沖縄IT津梁パークも，その建設のための資金を提供した日本政府が主導的にその目標やコンセプトの策定に関与したのではないかと考えられる。

　次に，離島開発に関して「沖縄21世紀ビジョン」で示された認識を検討してみたい。

　「陸域の資源が乏しい我が国にとって海洋資源の開発は，鉱物・エネルギー資源の安定供給を確保する観点から国益に資する重要な分野であるとともに，沖縄県にとっても関連する産業の振興等が期待されることから，中長期的かつ戦略的な取組を進める必要があります。このため，沖縄周辺海域に賦存する可能性が高い熱水鉱床，海底油田・天然ガス等の鉱物・エネルギー資源に関して，国や各種研究機関が行う調査・研究の成果を踏まえ，関係機関等と連携し

ながら，将来の産業化も見据え，我が国の海洋資源調査・開発の支援拠点を沖縄に形成するための取組を推進します[36]」。

　琉球周辺の海域にある海洋資源を巡って日本と中国が対立，競争するという関係にある。そのような政治的争点となっている場所に対して，沖縄県は「我が国の海洋資源調査・開発の支援拠点を沖縄に形成するための取組を推進します」と述べて，日本国側の立場に立つという政治的スタンスを明示している。海洋資源開発に関しても日本政府を主体として位置付けて，開発構想を提示するという従属性が伺われる。

　「沖縄県は，東西約1000km，南北約400kmに及ぶ広大な海域に160の島々が点在しており，その中でも離島地域は国土，海域の保全，排他的経済水域（EEZ）の確保並びに航空機や船舶の安全な航行等，我が国の国益に重要な役割を担っています。こうした離島地域が果たしている役割・重要性について，県民のみならず国民全体が理解を深め，離島の負担を分かち合い支え合う仕組みづくりに取り組みます。また，離島地域からアジア・太平洋地域への国際協力・貢献が可能な分野への取組を促進し，新たな離島振興モデルを構築します[37]」。

　琉球内の離島が「我が国の国益に重要な役割を担っています」と述べることで，沖縄県自らが離島の軍事的価値を評価し，現在進んでいる自衛隊基地の建設を暗黙のうちに認めるという問題性がある。自衛隊と米軍との共同訓練が進み，集団的自衛権に基づき自衛隊が世界で戦争をするようになれば，離島の自衛隊基地が攻撃の対象になり，再び戦場になる恐れが非常に高くなるだろう。

　「いわゆる国境離島を含む沖縄の離島地域は，日本の領空，領海，排他的経済水域（EEZ）の保全など国家的利益の確保に重要な役割を果たしています。また，広大な海域に存在する様々な海洋資源は，今後の我が国の経済発展に寄与する可能性を有しています[38]」。

　上の文は「離島の条件不利性克服と国益貢献」という項目の中で記述されている。離島の「条件不利性の克服」が，離島が有する「国益貢献」の可能性と結びつけられている。離島は日本の「国家的利益の確保に重要な役割」を果すことによって，その不利性克服のための公的支援を受けることができるという論理につながるだろう。沖縄県自らが日本政府の「島嶼防衛」政策を進んで受け

第Ⅰ部　果たされなかった経済的自立

入れる土台が形成されている。

「中国や台湾と近接する与那国町や石垣市の尖閣諸島をはじめ，竹富町の波照間島など，我が国の国土及び海洋権益保全の観点から極めて重要な面的広がりを持っています」[39]。尖閣諸島を巡って日本と権益上の対立をしている中国や台湾に近い八重山諸島が，とくに日本の国益保全の上で重要であると強調されている。日本政府側の外交方針に軸足をおいて，中国や台湾と琉球との関係を位置付けようとしている。

「我が国の安全保障を支える米軍基地が，沖縄県のみに集中している現状を改善してほしいと県民は強く願っています」[40]。

「我が国の安全保障を支える米軍基地」という言葉は，在琉米軍基地が琉球にとっても安全保障上の役割を果たしているという政治的立場の表明である。実際は米軍基地から生まれる様々な事件事故によって被害を日常的に受けている琉球人にとって，在琉米軍基地は本当に自らの安全を保障する存在であるのだろうか。琉球人の安全と，米軍基地の日本にとっての安全保障上の役割が乖離した状況があるにもかかわらず，沖縄県は米軍基地が「我が国の安全保障を支える」というイデオロギーを同ビジョンの中に挿入している。

「本計画は，沖縄21世紀ビジョンで県民とともに描いた将来像の実現を目指し，県が主体的に策定した計画です。しかしながら，沖縄の特殊事情に由来する課題の克服を目指す施策分野，すなわち，国の責任において取り組まれる施策や国の支援を得ながら県や市町村によって推進されるべき施策を包含しています。また，アジアのダイナミズムが沸騰する中，日本経済の牽引力としての沖縄の可能性を顕在化させる施策を包含しています」[41]。

琉球以外の日本国内にある離島の経済開発を規定する法律が「離島振興法」であるが，次のような内容を有している。①国が対象地域を指定する，②基本方針を国が定める，③国が定めた方針に基づき都道府県が振興計画を定める，④事業の実施主体は国と地方自治体，⑤事業への国庫補助率の特例を設ける[42]。

「沖縄21世紀ビジョン」も国が基本方針を定め，沖縄県が振興計画を策定し，国と沖縄県が実施主体になり，国庫補助の特例を受けるという離島振興法と同様な構造になっている。琉球の経済振興は日本の他の離島のそれと構造的に同

じレベルのものとして日本政府が位置付け，国内の開発体制の中に琉球を取り込もうとしている。

「沖縄21世紀ビジョン」は沖縄県が県民の意見を聞いて，主体的に策定された計画とされているが，日本と琉球との関係性，琉球とアジアとの関係性，「抑止力」としての米軍基地の位置付け等に関して琉球人の総意を反映したものとは言えない。また本計画は日本政府からの経済支援を前提としており，沖縄県が財政自主権を獲得し，分権化を完全な形で進めることで主体的に計画を策定し，実施するという体制にはなっていない。

琉球は広大な米軍基地を押し付けられるというコストや犠牲を負っているが，同ビジョンではさらに「日本経済の牽引力としての沖縄」としての役割を自ら果そうとしている。沖縄県が主体的に作成した計画であるならば，「琉球人の琉球人による琉球人のための経済発展」という琉球人や琉球企業の利益を最優先にした発展のための計画にすべきであった。「アメとムチ」の政策を通じて，沖縄県に対する予算配分・執行権を有している日本政府への従属性が払拭できていない経済計画であると考えられる。日本の国益に対する琉球側の配慮を記述させようとする同化主義的圧力を，この計画全体から看取することができる。

1）　山本英治『沖縄と日本国家―国家を照射する〈地域〉』東京大学出版会，2004年，1頁。
2）　山本英治「都市・農村関係の変化と特質」山本英治他編『沖縄の都市と農村』東京大学出版会，1995年，124頁。
3）　「5月11日沖縄県初の県会議員選挙（1909年）」沖縄公文書館ホームページhttp://www.archives.pref.okinawa.jp/publication/2013/04/100-2.html　2015年10月13日確認。
4）　宮本憲一「地域開発と復帰政策―歴史的評価と展望」宮本憲一編『開発と自治の展望・沖縄』筑摩書房，1979年，6～7頁。
5）　山本・前掲書，39頁。
6）　若林敬子『沖縄の人口問題と社会的現実』東信堂，2009年，6～8頁。
7）　同上書，82頁。
8）　『琉球新報』1983年4月26日。
9）　南西地域産業活性化センター編『復帰後の沖縄経済の構造変化と政策課題に関する調査研究報告書』南西地域産業活性化センター，2010年，44頁。
10）　『琉球新報』1983年4月30日。

第Ⅰ部　果たされなかった経済的自立

11）　沖縄振興開発金融公庫編『沖縄経済ハンドブック2014年度版』沖縄振興開発金融公庫，
　　　2014年，15頁。
12）　沖縄県文化観光スポーツ部観光政策課編『平成24年度版観光要覧』沖縄県文化観光ス
　　　ポーツ部観光政策課，2013年，13頁。
13）　同上書，21頁。
14）　同上書，23頁。
15）　同上書，50〜51頁。
16）　同上書，93頁。
17）　若林・前掲書，36〜38頁。
18）　同上書，43〜47頁。
19）　同上書，48〜49頁。
20）　「県内女性の社会進出」『りゅうぎん調査』No.540，2014年10月，32〜34頁。
21）　那覇市企画財務部企画調整課統計グループ『第52回平成24年版　那覇市統計書』那覇
　　　市，2013年，10頁。
22）　「数値でみる沖縄県・全国の経済動向（雇用・企業倒産②）」『おきぎん調査月報』
　　　No.480，2014年9月，35頁。
23）　大久保潤『幻想の島　沖縄』日本経済新聞社，2009年，38頁。
24）　同上書，72頁。
25）　同上書，74頁。
26）　同上書，76頁。
27）　同上書，93頁。
28）　同上書，95頁。
29）　同上書，162頁。
30）　同上書，231頁。
31）　沖縄県『沖縄21世紀ビジョン基本計画（沖縄振興計画平成24年度〜平成33年度）』沖縄
　　　県，2012年，14頁。
32）　同上書，55頁。
33）　同上書，59頁。
34）　同上書，62頁。
35）　以下の数値や事実関係は，沖縄県沖縄IT津梁パーク施設管理事務所『沖縄IT津梁パー
　　　クのご紹介—日本とアジアを結ぶ架け橋リゾート＆ITの戦略拠点』沖縄県沖縄IT津梁
　　　パーク施設管理事務所と，事務所担当者へのインタビュー内容に基づく。
36）　沖縄県・前掲書，71頁。
37）　同上書，92〜93頁。
38）　同上書，117頁。
39）　同上書，156頁。
40）　同上書，116頁。
41）　同上書，162頁。
42）　川瀬光義『基地維持政策と財政』日本経済評論社，2013年，161頁。

第4章
基地経済の実態分析

　琉球の経済は基地経済に大きく依存しているという仮説が日本で流布されているが，実際はどうであろうか。米軍統治時代の基地経済と「復帰」後のそれとでは，大きな違いがある。同時に両時代を通じて米軍基地が琉球の経済に対して与えた影響や役割を客観的に検証してこそ，米軍基地と琉球経済との関係を明らかにすることができよう。1995年の琉球人少女暴行事件以来，日本政府は振興開発を提供する代わりに米軍基地の受け入れを要求するような振興政策を実施してきた。軍用地代収入，基地従業員の給料，軍人・軍属・その家族の消費の合計である基地関係収入は現在，県民総所得の5％程度でしかない。本来，振興開発と米軍基地は無関係であるはずだが，両者をリンクさせることで，日本政府は基地経済の内容を変容させ，それが琉球経済に与える影響力を高めようとしてきた。

　2014年に沖縄県知事に選出された翁長雄志は辺野古新基地建設反対とともに，「誇りある豊かさ」を主張した。琉球人の人間としての誇り，人権が損なわれるなら，基地にリンクした振興開発はいらないという世論の高まりが翁長知事誕生の背景にあったと考えられる。本章では琉球における基地経済が歴史的にどのように変容し，社会全体に影響を与え，琉球人の基地に対する意識を変えてきたのかを検証する。

1　米軍統治時代の基地経済

　サンフランシスコ講和条約第3条の「信託統治条項」において，琉球は将来，アメリカの信託統治領になる予定であったが，信託統治領にはならなかった。

第Ⅰ部　果たされなかった経済的自立

しかしアメリカは「併合の利益」を全面的に享受し，琉球に対する実質的，全面的な統治権を獲得し，琉球を軍事的に自由に利用した。アメリカ下院軍事委員会の報告書は日本の琉球に対する潜在主権を次のように定義している。「それは，主権にたいする形式的な権限の一種以上の何ものでもなく，日本に対して真の主権を行使するいかなる権利も与えていない。あからさまにいえば，琉球に関し日本が保持しているのは，アメリカが沖縄をふくむ琉球をいかなる第三者にも引渡さないと期待する権利といえよう[1]」。

　琉球の米軍統治時代に日本が有していたとされる「潜在主権」は，実質的に本来の「主権」とは関係がないことを米政府自身が認めていた。国際法で定められたように琉球が信託統治領になったら，国連の信託統治理事会の監視下におかれ，将来は住民投票によって完全独立，自由連合国，対等な立場での宗主国への統合という新たな政治的地位を獲得することができたはずである。しかし米政府は琉球を信託統治領に移行させなかったのであり，国際法に違反したと指摘することができる。

　琉球が米軍統治下におかれたということは，日本としては「実体的な領土権の政治的割譲」を余儀なくされた事態であり，アメリカへの日本の国家的＝政治的従属を表徴するものであった[2]。

　戦後の琉球のあり方は，敗戦国・日本のアメリカへの従属性を象徴するものであり，その従属性は，広大な米軍基地の存在，不平等な日米地位協定，「思いやり予算」等で明らかなように21世紀の現在まで続いている。琉球から米軍基地を一掃すること，また琉球が独立することで，日本はアメリカの従属国から脱して，本当の意味での独立国になることができる。

　他方で，「属地的管轄の点からはアメリカの施政権がおよぶが，ほんらいの日本人として，属人的管轄の点では日本の管轄権がおよんでいる，といった空論的見解（宮崎繁樹「沖縄分断の法的構造」）」が展開されていた[3]。

　これは，琉球人が「ほんらいの日本人」であるという日琉同祖論に基づいた見解でしかない。琉球人は元々琉球国という独立国の住民であったことからすれば，琉球人は「ほんらいの日本人」であるとは言えない。また米軍統治時代において，日本政府は米軍による事故や事件の犠牲になった琉球人を救済し，

米軍人の攻撃から琉球人を守るなどせず，何ら国としての責務を果さなかった。

　1960年に開催された第2回アジア・アフリカ人民連帯会議（コナクリ）において，アジア・アフリカの民族解放運動からの提起として，①〜⑤のうちいずれかが認められる場合，民族が真に独立していないと指摘された。①立法権がない場合，②外国軍隊の駐屯，外国軍事基地の設置，③植民地主義国が指導する共同体への参加，または帝国主義国との軍事同盟への参加，④行政権その他の権限がない場合，⑤世界人権宣言の規定する基本的人権が尊重されていない場合[4]。現在の日本は②，③が認められ，アジア・アフリカの人々の視点からみても，真に独立しているとは言えない。日本は本当の独立を実現するためにも琉球にある米軍基地を一掃する必要がある。そうすることで独立国家として名実共に世界から認知されるであろう。日米同盟体制を強化しても，アメリカとの従属関係がさらに深まったとしか世界の国や人は考えないだろう。

　米政府は地政学的理由から琉球に米軍基地を集中させたと考える人がいるかもしれない。しかし実際は，1950年代において，在日米軍基地に対する住民の反基地運動の盛り上がりに手を焼いた日米両政府が，アメリカの軍事植民地である琉球にそれを移動させたのである。地政学的理由ではなく，政治的理由で琉球に戦後，基地が押し付けられた。

　米海兵隊は，キャンプ岐阜とキャンプ富士（山梨）に司令部がおかれ，横須賀市，御殿場市，大津市，奈良市，和泉市と堺市，神戸市等に各部隊が駐留していた[5]。現在はこれらの司令部，各部隊ともに琉球に移された。

　1971年度末の在日米軍基地は103施設あり，その広さは約1万9699haに及んだ。「復帰」した1972年度末になると，それは165施設，約4万4600haへと増大した。その内，琉球の米軍施設は83施設，約2万7800haであり，全体に占める割合を見ると，施設が50％，面積が62％であった。その5年後には，日本「本土」の米軍基地面積は約1万ha減少した。その理由は，府中空軍施設，キャンプ朝霞（南部分），立川飛行場，関東村住宅地区，ジョンソン飛行場住宅地区，水戸空対地射撃場が返還され，横田飛行場に米軍基地を集約する「関東平野空軍施設整理統合計画」（関東計画）が実施されたからであった。これらの6つの基地面積は普天間基地の4つ分以上に相当した。関東計画は1972年の「佐藤・

第Ⅰ部　果たされなかった経済的自立

ニクソン合意」で決定され，1978年に完了した。佐藤首相は「外国の兵隊が，首府のそばにたくさんいるような，そういうような状態は，好ましい状態ではない」と述べた。これらの基地の移設費は日本政府が負担し，約450億円になった。[6]

　首都圏から米軍基地を減らすために「復帰」が利用されたのである。反基地運動の沈静化，首都圏からの外国軍隊の排除という日本政府の都合によって，1950年代，「復帰」後において日本から米軍基地が琉球に移動したのである。米政府は在琉米軍基地の米本土や韓国への移動を日本政府に提案したこともあるが，日本政府が琉球への米軍基地の固定化を求め，現在の琉球への基地の集中という状況になった。

　「復帰」前において，琉球政府は米軍基地に対する課税権がなく，基地，その付属物，米軍人，その家族から税金が取れなかった。基地の多い市町村では，本来取得すべき土地，家屋，償却資産等からの固定資産税収入を得ることができなかった。用地，用水，交通手段，エネルギー等に関する重要な社会資本を米軍が管理し，無料あるいは安いコストで利用していた。[7]

　1963年に那覇市と琉球水道公社との間で結ばれた「分水協定」の内容からも，琉球の従属性が明らかであった。1958年に高等弁務官令によって設立された琉球水道公社は米国民政府管轄下におかれた。その業務は，米陸軍が運営する水道施設から住民や民間施設等への送配水に限定されていた。雨量が減少すると住民の宅地では時間給水，隔日給水となった。同じ市域内にある米軍住宅では芝生の上にふんだんに水が撒かれていたが，琉球人はバケツ1杯の水の配給に行列をつくるという対照的な光景が見られた。住宅地への給水価格も日本一であり，上水1㎥につき45円から70円であった。当時，東京の一般家庭ではそれが20円前後であったから，日本と比べても水道代は2倍から3倍以上高かった。[8]

　米軍基地を優先する形で上水道が配水され，住宅に供給される上水量に限りがあったため，その価格も上昇した。また民間地に水を供給するためのインフラ整備に米国民政府が力を入れなかったことも，価格高騰の原因となった。当時，日本政府は「潜在主権」を行使して琉球に対する公共事業を実施しようと

はしなかった。

　1973年 3 月の琉球における有収水量は約60万㎥であったが，その内の15万㎥
が米軍基地に配水された。電力に関しても米軍優先の配電が実施された。「復
帰」後の1973年度の上期における全販売電力量10億437万 kw 時の内，3 億1462
万 kw 時（30.2%）は米軍基地に配電された[9]。

　琉球という面積が狭い島嶼に広大な基地が建設されたために，次のような問
題が発生した。自らの土地を基地建設のために奪われ，生活の糧を失った琉球
人が大量に発生した。米国民政府は「過剰労働力」問題を解決するために，ボ
リビア等の外国に琉球人移民を押し出そうとした[10]。「過剰労働力」問題は米国
民政府自らが生み出した問題であった。海外移民策は，琉球人を米軍基地が造
成された沖縄島や伊江島から海外に追い出して，基地を建設し，安定的に運営
する手段として位置付けられた。

　琉球内の島々への「過剰労働力」移動策は次のような経過を辿った。1947年
に，食料不足問題を解決するために琉球列島「米穀生産土地開拓庁」が開設さ
れた。宮古・八重山両民政府の斡旋で1948年から入植政策が実施され始めた。
1952年に設立された琉球政府の中に資源局八重山支局が設置され，本格的な八
重山開拓移住計画が推進された。それは米軍によって土地を奪われた農家の保
護救済措置の一環として実施された。西表島の 4 地区に132戸，石垣島の14地
区に554戸が移住した。開拓地への移動費，渡航費はすべて琉球政府によって
支給された。その結果，1950年における八重山諸島の人口は 4 万3986人であっ
たが，1959年には 4 万9913人に増大した。その内の約12%（農家の約30%）が移
住者で占められた[11]。

　米国民政府が「銃剣とブルドーザー」によって琉球人から土地を奪い，地代
の一括払いを実施しようとした時，全琉球的に発生したのが「島ぐるみ闘争」
であった。米国民政府は琉球人の抵抗運動に譲歩し，1959年に地代の一括払い
方式を取りやめ，地代価格を引き上げた。地代総額は，1953年に提示された金
額の 6 倍である約21億円となった。その結果，約 3 万人の地主のうち約80%が
賃貸借契約を結んだ。1971年に公用地暫定法が定められ，軍用地使用期間が 5
年間となったが，その時点で賃貸契約拒否の地主は2941人であった。軍用地料

第Ⅰ部　果たされなかった経済的自立

総額はこれまでの6倍となる約126億円になった。同年，契約拒否地主による「権利と財産を守る軍用地主会」（反戦地主会）が結成された。契約拒否地主には，強制使用されている土地の地代が一括前払いされる。その結果，1年間の所得が多額になることから重課税の対象となった。また補償金を受け取ると，土地は担保価値がないものとして評価された。1982年に一坪反戦地主会が結成されたが，1991年には普天間基地の土地20坪も一坪反戦地主の共有地となった。1992年に阿波根昌鴻は「反戦地主重課税取消訴訟」を起こしたが，1998年に最高裁は上告を棄却した。[12]

　軍用地の価格をつり上げて，基地の固定化を図るという米国民政府の植民地政策は，「復帰」後，日本政府にも継承された。日本政府は，毎年，琉球の軍用地借地料を3％程度上昇させている。その結果，低金利状態が続く中，軍用地は毎年の上昇が見込める「優良投資物件」として認識され，琉球内外からその購入が跡を絶たない。1950年代半ばの米国民政府による「一括払い」政策は消えたのではなく，日本政府によって「反戦地主」に適用され，基地を受け入れさせる手段として利用されている。

2　辺野古新基地建設と振興開発

　日本政府は権力システムを使って琉球に対して辺野古の海上基地建設の承諾を迫ってきた。それに関して，1997年後半から1998年前半にかけて日本政府は琉球に次のような政策を実施した。①辺野古への海上基地建設の承認を普天間基地閉鎖の条件にした。②海上基地建設と振興開発をセットにする形で各種の振興事業を実施した。③名護市民投票において那覇防衛施設局職員を戸別訪問させ，市民が基地建設賛成票を投じるように仕向けた。④基地建設賛成派を動員して，市民投票において大量の不在者投票を行わせた。[13] 民意を明らかにするのが住民投票の趣旨であるが，日本政府は権力組織を使って住民投票の結果を自らの政策にとって有利になるように導こうとした。振興開発は琉球の基地負担を軽減するためにも実施されるはずであったが，辺野古の場合は，基地負担の強化を受け入れさせるために振興開発が流用された。

「アメとムチ」政策に対して，次のように名護市の一部住民がそれを積極的に受け入れる姿勢を見せた。1997年4月，辺野古区活性化促進協議会が結成され，海上基地建設受け入れの条件として次の4点を示した。①宅地造成により住民の転出を防ぐ。②企業誘致を促し若者に職場を与える。③辺野古一周道路を造成し，上下区の再開発を行う。④ゴミ捨て場，下水処理場の建設。⑤農漁業の振興。⑥平島に行楽施設を建設する。⑦一部埋め立てにより出島を造り，観光客の誘致を図る。[14]

辺野古がある名護市において1987年の農業生産額は約93億円であったが，1997年には約70億円に減少し，建設業と第3次産業の比重が増大した。「復帰」後，名護市役所の職員として，「逆格差論」に基づく地域発展に情熱を燃やして実践してきたのが岸本建男であった。しかし農業，食品加工業が衰退する中で，岸本は名護市の助役になった時，リゾート産業と大学の誘致を押し進めた。だがいずれの事業も市財政の赤字を増大させた。[15]

当時，早稲田大学大学院の学生であった私は，岸本に「逆格差論」による地域発展についてインタビューをしたいと考えて名護市役所に行ったことがある。岸本は「逆格差論」ではなく，リゾート企業の進出先が明示された，名護市の地図を私に見せて，観光開発の可能性について語った。同時に名桜大学を北部市町村の支援を得て名護市に開学することで，若い人材の地域からの流出を防ぎ，ホテル等の観光業者を誘致することで学生の職場を確保することができると述べていた。

沖縄県の第三セクターとして名護市に建設された超高級ホテルの「ブセナ・リゾート」はバブル崩壊後，苦しい経営を強いられた。1994年に開学した名桜大学の総事業費約66億円のうち約52億9700万円を名護市の財政で負担し，市財政運営が著しく困難に陥った。このため，辺野古の新基地を引き受ける見返りに，それとリンクした振興開発を導入せざるを得ない状況になった。[16]

1997年9月に「名護市活性化促進市民の会」は，北部地域が中南部地域に比べて生活基盤や産業基盤整備の面で遅れており，この問題を解消するために「沖縄本島における南北の二極構造，いわゆる沖縄北部地方拠点都市の実現」を訴えた。その具体策として「名護市振興開発計画」を打ち出し，名護市街地

第 I 部　果たされなかった経済的自立

再開発，北部振興拠点港湾整備，やんばるドーム建設，NTT電話番号案内セ
ンター，国立工業高等専門学校の誘致を挙げた。[17]

　「復帰」後，「本土との格差是正」が琉球の振興開発の目標に据えられた。名
護市は「復帰」直後の1973年に，「逆格差論」に基づいた「名護市総合計画・基
本構想」を提示し，自然環境の豊かさに基づく第6次産業（第1次産業，第2次
産業，第3次産業が相互関連した総合的産業）の発展を開発目標としていた。しか
し1990年代半ば以降，「沖縄島中南部との格差是正」を旗印にして振興開発の
重点的配分を求めるようになった。

　日本政府は，在琉米軍基地の一部縮小と県内移設・統合を決めたSACO報
告を米政府とともに提示し，一連の振興策を打ち出した。沖縄県知事の辺野古
埋め立て代行応諾の直後，沖縄政策協議会が発足した。一連の振興策とは1996
年の「第3次沖縄振興開発計画・後期展望」の策定，1997年の「沖縄特別振興
調整費」の計上，1998年の「新全国総合開発計画・21世紀の国土のグランドデ
ザイン」（五全総）への琉球の将来像明記等である。「五全総」の中に琉球を新た
な国土軸の1つに組み入れるにあたり，「沖縄に関する特別行動委員会
（SACO）の最終報告の内容を着実に実施」することが条件付けられたように，
日本政府による新たな振興策はSACO報告の実行，琉球における安保再定義
とセットにされていた。[18]

　日本政府に対して沖縄県側が要望したのは，国の法律・制度の特例的運用，
規制緩和による特別自由貿易地域の創設，外国人旅行者に対する査証手続きの
緩和，ノービザ制度等であった。立法・行財政上の権限の包括的，抜本的委譲
を要求しなかった。[19]

　1999年に英政府から大きな権限を勝ち取り，独自な政府と議会を設立したス
コットランドと琉球との違いは明らかである。対等な政府や議会を樹立し，分
権化を確立して，自由裁量の範囲が広がってこそ，経済自立が可能になるので
ある。日本政府から規制緩和策や経済的特別制度が小出しに琉球に提供されて
きたが，それらの多くが使いものにならないということが何度も繰り返された。

　日本政府が「アメとムチ」を明示した政策として，防衛省管轄の米軍再編交
付金がある。2006年5月，日米安全保障協議委員会（2+2）において「再編実施

のための日米のロードマップ」が示され，在日米軍再編の内容が決定された。在日米軍の再編は，米軍の抑止力を維持しながら，基地所在市町村の負担を軽減するため，在日米軍や自衛隊の配置を見直すというものである。琉球では普天間基地の移設・返還，在琉海兵隊のグアム・ハワイ・オーストラリアへの移転，嘉手納基地以南の整理統合等の再編が予定されている。米軍再編交付金は，米軍再編から生じる負担を受け入れた市町村による「我が国の平和と安全への貢献」に対して国として応えること，そして再編の円滑かつ確実な実施を目的としている。同交付金は再編に伴う防衛施設の面積の変化，施設整備の内容，軍用機等の数の変化，人員の変化等を点数付けし，その加点と減点の合計で市町村毎の負担を数値化する仕組みである。この点数と再編事業の進捗の段階に応じた進捗率（指定のみ：10％，環境影響評価への着手：25％，工事への着工：66.7％，再編の実施：100％）に基づいて，年度の予算の範囲内で交付金が各自治体に投下される。

　同交付金の対象事業は次の通りである。①住民に対する広報（米軍再編広報パンフレット，説明会の実施），②国民保護，防災および住民生活安全の向上に関する事業（緊急通報システム，防犯カメラの設置），③情報通信の高度化に関する事業（住民と行政とのオンライン化推進），④教育，スポーツ，文化の振興に関する事業（公民館・図書館の設置，技能教育セミナーの実施），⑤福祉の増進および医療の確保に関する事業（託児所，巡回介護車の配備），⑥環境衛生の向上，環境の保全に関する事業（ゴミ減量化対策，サンゴの保護・育成），⑦交通の発達・改善に関する事業（道路建設，コミュニティバスの運行），⑧公園・緑地，良好な景観の形成に関する事業（公園・街路樹の設置，空港周辺の緑地帯の形成），⑨企業の育成および発展を図る事業（特産品開発支援等の事業），⑩その他生活環境の整備に関する事業で防衛大臣が定めて告示するもの。[20]

　米軍再編交付金は，在日米軍の再編によって生じる負担そのものの防止・軽減・緩和を目的にしたものではない。この再編に反対する各自治体の住民を懐柔するために国費を投じたものでしかない。支出項目からも分かるように，支出金の使途は各分野にわたり，財政状況が苦しい自治体につけ込んでいる。基地と住民との「共存」を実現するため，軍事基地の日常化，永続化を国民に受

第Ⅰ部　果たされなかった経済的自立

け入れさせるための振興資金である。同交付金は，日本政府の米政府に対する従属度をさらに深める結果になった。

3　国際都市形成構想と米軍基地とのリンケージ

　辺野古新基地建設と振興開発とのリンクを日本政府が明確化したのは，大田昌秀県政の時に提示された国際都市形成構想の頃からであった。大田は，同構想を実現するための政策的支援策として独自な関税制度の導入，輸入の自由化，那覇港のベースポート指定，ノービザ制度の拡充，那覇空港のハブ空港化，ストックオプションの拡充等を日本政府に求めた。牧野浩隆は，「こうした遠大な政策的要求を可能にしたのは，いわゆる"政治力学"であったことは否めないであろう」と指摘している[21]。

　米軍基地と振興開発とのリンケージを，牧野は「政治力学」と呼んだ。このリンクを琉球側がどのように利用して，経済発展を実現するのかが，県政の統治能力を試す試金石になるとされた。「政治力学」を利用して琉球側が得ようとするのは経済的諸制度の優遇措置等であり，自治権の拡大という本来の政治的統治能力の獲得は主張されなかった。2009年に沖縄道州制懇談会は仲井真弘多知事に「特例型単独州」の提言書を手渡し，地域主権の確立を求めたが，その後，沖縄県が日本政府に同提案の実現を強く要望したことはなかった。

　1997年に「特別調整費（沖縄特別振興対策調整費）」50億円が補正予算として承認された。これは国際都市形成構想のための各種プロジェクトに関する可能性調査，実施手法等の調査を目的とする予算措置であった[22]。

　国際都市形成構想とは，米軍基地を琉球から一掃した後に全島を自由貿易地域にして，シンガポールや香港のような都市を形成する将来計画である。しかし，同構想を実現するための資金を日本政府に期待するという大きな問題を抱えていた。日本政府が同構想を実現させる裁量権を握っていたと言える。しかし，米軍基地の存在を最大の国益と認識する日本政府が，基地の撤去を前提とする開発計画を認めるわけもなく，同構想は日本政府によって基地を押し付けるための「アメとムチ」策として利用されることになった。

94

第 4 章　基地経済の実態分析

　同構想のための振興予算の提供は条件付きであった。日本政府はSACO合意に基づく普天間基地代替施設の県内建設を前提にして，各種の振興開発策を実施してきた。しかし大田知事が辺野古新基地建設に対して拒否の姿勢を示すと，振興予算の提供が止められた。牧野は次のように述べている。「大田知事がはなばなしく行使してきた"政治力学の威力"は，"受け入れ拒否"により何ら実体を伴わない"虚構"であることを知事自らが示すことになり，その虚構性は無惨にも"崩壊"したのである」[23]。牧野は大田知事と知事選で闘った稲嶺恵一のブレーンであったが，「政治力学」をいかにして手に入れるのかを琉球政治の大きな争点として位置付けた。「基地受け入れによって政治力学が実体をもつ」という論理が全面に出るようになり，日本政府への従属性が深まった。

　日本政府は沖縄政策協議会を通じて琉球をコントロールしようとした。1996年9月に第1回の協議会が開催され，同年内で3回，1997年内に5回開かれた。しかし1997年11月の第8回協議会をもって開催が止められた。協議会開催の中断にともない日本政府側の琉球担当の事務官の数が大幅に削減された[24]。日本政府の中で琉球担当の事務官は通産，外務，防衛，大蔵，沖縄開発庁からの常駐審議官5人を含め15人体制であったが，常駐の審議官2人を含めて8人に半減された[25]。

　このように，琉球に対する振興策を議論する協議会を開催するかどうかの決定権は日本政府が掌握している。協議会を開催しないだけで，国際都市形成構想の進展が危ぶまれるという，同構想の脆さが露呈した。同構想は琉球独自の財源的裏付けがない経済計画でしかない。琉球を依存させて，抵抗したら締め付けるという日本政府の植民地政策が，同構想を介して展開された。

　牧野はこのような事態を受けて次のように述べた。「受け入れ拒否は，沖縄県と政府の協調関係の上に構築されてきた，沖縄振興策の最大の"柱"が破滅したことを意味したのである」[26]。琉球側が基地を受け入れることによってしか，日本政府との協調関係が作れないような関係とは何なのだろうか。協調関係ではなく，琉球人の意志や主体性を投げ捨てた従属関係でしかない。

　また牧野は次のように指摘した。「事業展開の方針が決まらないまま翌年度予算要求の取りまとめは可能か否か，むしろ「政策協議会が開けないと，来年

95

第 I 部　果たされなかった経済的自立

度の予算要求も難しくなる」との認識が一般化し，危機感が強まった[27]」。

　基地を拒否すると予算を組むことを事実上断念せざるを得なくなるのが，中央集権国家・日本の実態である。つまり，予算編成という権力を行使して，地域を国の意図の下に縛り付ける体制なのである。

　日本政府は，琉球に対して圧力をかけるために沖縄政策協議会の非開催とともに，振興開発に関する法案の国会への非提出という手段を用いた。「沖縄振興開発特別措置法の一部を改正する法律」という法案を閣議決定したにもかかわらず，1998年2月に大田知事が辺野古新基地建設を拒否したことを理由にして国会提出が保留された。一度閣議決定された法案の国会提出が見送られるのは極めて異例なことであった[28]。

　沖縄県が提示した「国際都市形成構想」，「規制緩和等産業振興特別措置に関する要望書」を踏まえて，日本政府は沖縄特別振興調整費の提供，沖縄政策協議会の設置を決定した[29]。また①特別自由貿易地域制度の創設，②既存の自由貿易制度の拡充，③沖縄型特定免税店制度の創設を目的とした，沖縄振興法の一部改正手続きが進められていたが，大田知事の辺野古埋立て拒否によって，その改正手続きを日本政府が中止させたのである。また琉球の将来構想として琉球人が期待していた「沖縄経済振興21世紀プラン」の策定も凍結された[30]。

　このような一連の推移を見ると，日本政府は本気で国際都市を琉球に形成することを望んでいたのではなく，沖縄特別振興調整費，沖縄政策協議会を通じて，琉球人の意志や行動を縛り，辺野古新基地建設を強行しようとしていたことが分かる。

　知事が拒否した同じ日に，沖縄開発庁長官は「基地問題と振興策は一体」であり「振興策と基地問題は大いにリンクする」ことを主張して，2月10日に予定していた同法案の国会提出を中止し，自民党内に設置された「沖縄振興委員会」，「沖縄県総合振興特別調査会」，そして沖縄開発庁長官の3者の預かりとした。同委員会や同調査会の合同委員会において法案について議論された際，大田知事に対する批判が相次ぎ，国会提出反対の声が大勢を占めた[31]。

　このような事態を受けて牧野は次のように論じた。「数多くの振興策に期待する130万県民を，突如として閉塞感に突き落とした"県政不況"，危険性を

96

十二分に認識していながら，その打開策から逃げ出した普天間飛行場の"移設拒否"――そこには諸々の政策の諾否を決定する大田知事特有の"独善的な判断尺度"が存在する[32]」。振興策を梃にして基地を琉球に押し付ける国に問題があると考えるのではなく，琉球人の生活や生命を重視して辺野古新基地を拒否した大田知事に問題があるとする，琉球人の「植民地主義的な心性」を牧野の言葉は如実に示している。

　辺野古移設を容認する稲嶺恵一が沖縄県知事に選出されると，日本政府は手のひらを返したように，琉球に対して振興策を提供するようになった。それを受けて牧野は次のように述べた。「沖縄県にとって1998年12月11日は，沖縄振興策が"再生"した極めて意義深い日であった。小渕恵三内閣総理大臣が，これまで放置されてきた基地問題の解決や経済振興策の策定にあらためて強力に取り組むと宣したからである[33]」。

　本来，振興策は過去，現在において多大な犠牲を受けてきた琉球に対して日本政府が国の責務として行うべき性質のものである。その中には，他の都道府県に対して実施している事業や予算も含まれており，琉球だけが特別に多額の振興予算を配分されているわけでもない。それが，辺野古問題だけを理由にして，振興予算が止められたのである。これは「国家犯罪」とも呼ぶべきものである。牧野は「沖縄振興策が"再生"した」と自然に同予算が復活したかのように述べているが，実際は，日本政府が意図的に予算措置を止め，琉球が自らの意図に従うと見定めてから，それを復活させたのである。琉球が被害者であり，日本政府が加害者であるという植民地主義的関係性に対する認識が抜け落ちている。

　稲嶺県政誕生に対する「褒美」のように，日本政府は1年ぶりに第9回の沖縄政策協議会を再開させた。1999年度予算において総額100億円の特別調整費を日本政府は計上した。再開された沖縄政策協議会において稲嶺知事は「沖縄県経済の閉塞状況を打破し，県民の不安をなくすため，基地問題をはじめ沖縄の諸問題の解決については，国との連携を図ることにより，相互の信頼関係を築き，理解しあうことが重要である」と述べた[34]。国との信頼関係を構築するには基地の受け入れしかないという，日本と琉球との従属関係が浮かび上がるよ

第Ⅰ部　果たされなかった経済的自立

うな発言である。「相互の信頼関係」というが，大きく譲歩したのは琉球側であり，日本政府からの歩み寄りはない。本来，「沖縄県経済の閉塞状況」や「県民の不安」を発生させたのは日本政府であった。日本政府の琉球に対する植民地主義的な認識や政策が変更されない限り，琉球経済の閉塞状況や琉球人の不安はこれからも続くであろう。

　牧野は「「振興策と基地問題のバランスある解決」を公約とする稲嶺県政の誕生」として，稲嶺県政の政治的役割を認識している[35]。振興策を得ると同時に，米軍基地の建設や存在を認めることが「バランスある解決」ということであろう。琉球は振興策の提供か，基地の拒否かという二者択一に追い込まれ，基地問題が膠着すると琉球側に問題があるとされ，責任を負わせられるという植民地構造の中に置かれている。

　琉球国側に問題がないにもかかわらず，1879年の日本政府による琉球への侵略と王国の解体を「琉球処分」と表現してきた日本政府の認識と類似している。加害者側の問題性が隠蔽され，被害者に責任を押し付ける植民地主義は，1879年の琉球併合から現在まで続いている。

　これまで振興開発計画は日本政府が主導して作成，実施してきた。しかし大田知事の時に，振興開発計画とは独立した形で，沖縄県として初めて自前の経済構想である「21世紀グランドデザイン―国際都市形成構想」が策定された。それは2015年までに米軍基地を撤去して，国際都市を形成しようとするものであった。それに対抗して，振興開発計画が存在するにもかかわらず，日本政府は「沖縄経済振興21世紀プラン」を作り，基地押し付けのための手段とした。振興開発計画は10年を計画期間としているが，新たな計画を作ることで，期間に関係なく，より柔軟に基地を押し付けるために振興予算を流用しようとしたと考えられる。

　稲嶺知事は無条件で辺野古新基地を認めたのではなかった。次のような移設条件を示した。代替施設は民間航空機も就航できる軍民共用空港とし，将来にわたって「地域や県民の財産」にするために，米軍による施設の使用期限を15年間とした[36]。

　しかしキャンプ・シュワブの海岸線の区域をL字型に延長する形でサンゴ礁

を埋め立てて，普天間代替施設を設置する沿岸案が，日米安全保障協議委員会の合意結果である「日米同盟：未来のための変革と再編」に盛り込まれた。そして2005年10月に辺野古の沿岸が代替施設の具体的建設場所として決定された。この決定過程で日本政府は，代替施設の使用期限や軍民共用という沖縄県の受け入れ条件，基地使用協定の締結等の名護市の受け入れ条件を無視した。1999年12月，日本政府は「普天間飛行場の移設に係る政府方針」を閣議決定し，①軍民共用空港を念頭に整備する，②使用期限問題を米政府と協議する，③使用協定の締結等を琉球人に約束していたのである。[37]

　日本政府は琉球人との約束を反古にして米政府の要求を受け入れた。日米両政府は代替施設の耐用期間を約200年とし，その土地を国有地にして米軍の専用施設にする方針を固めた。さらに普天間基地の代替施設は本来，空港のみとなるはずであるが，辺野古新基地の場合，軍港や弾薬庫も併設され，明らかに軍事機能の拡大・強化となる。琉球人の子や孫，またその後の世代まで基地被害を受けることが，辺野古新基地建設計画によって明らかになった。

　建設条件の順守を求める沖縄県を飛び越えて，日本政府は名護市と直接，基地建設の受け入れを交渉した。そして2006年4月，名護市長は額賀福志郎防衛庁長官の戦略に誘導されたかのように新基地建設に合意し，「普天間飛行場代替施設の建設に係る基本合意書」を日本政府と取り交わした。そして沖縄島北部12市町村からなる「北部市町村会」は，臨時総会において「米軍普天間飛行場代替施設建設に関する声明」を決議した。その中には「北部12市町村が将来にわたりさらなる発展を確約する上から，現在の北部振興事業の継続と新たな振興事業制度等の創設に向けて政府と地元との協議機関を早期に設置し，強力な支援策を講ずる」ことを求めるとの文言があった。[38]

　名護市を始めとする北部12市町村に対して，日本政府から基地建設同意に向けた強い働きかけがあった。「アメとムチの構図」が形成されて行く中で，アメを県よりも先に手にしたいという欲望が北部市町村に生まれたと考えられる。牧野が言う「振興策と基地問題のバランスある解決」を実現するための主体が，沖縄県から北部12市町村に移行した。

　名護市は住宅地域上空における軍用機飛行の回避，北部振興策への配慮等を

第Ⅰ部　果たされなかった経済的自立

条件にして，日米両政府が提示したV字型滑走路案を受け入れた。[39]

　北部広域市町村圏事務組合，北部市町村会そして北部振興会は，2006年5月，「沖縄県北部地域振興の継続及び発展について」を決議し，内閣総理大臣，財務大臣，沖縄および北方対策担当大臣，内閣官房長官，防衛庁長官，自由民主党沖縄振興委員会に対して次のような要望を行った。北部地域は中南部地域に比べて多方面で遅れているという現状を改善するために，北部地域に対する更なる振興を継続し，発展させる必要がある。[40]「本土との格差是正」が沖縄振興開発計画の主要目標の1つであったが，21世紀に入ると沖縄島の北部と中南部との格差是正論が北部市町村から提示されるようになり，それが辺野古新基地建設の受け入れ条件になった。

　先の北部3団体は，2006年6月に，日本政府に対して「北部振興事業の継続発展について」を提示し，①概ね10年間で1000億円の北部振興事業制度の継続，②2007年度以降の継続事業や新規事業の着実な実施，③新たな協議機関の早期設置とその開催を求めた。[41]

　北部市町村側が沖縄県を飛び越えて日本政府との間に協議機関を設けて，北部振興事業を初めとする北部地域を対象とした振興策の策定と実施を要求するようになった。沖縄県と北部市町村との分裂は修復できないほど進んだ。「分断して統治する」という植民地主義政策が，21世紀の琉球において展開されていたのである。

　稲嶺県政を誕生させ，その政策策定に係ったブレーンとして「沖縄イニシアチブ」グループと呼ばれる人々がいた。その活動はまず知事選挙の公約作りから始まった。稲嶺知事誕生を望む沖縄経営者協会会長や同会専務が，稲嶺知事候補の選挙公約の策定を琉球銀行調査部で長年琉球経済の分析をしていた牧野浩隆に依頼した。経済学者の真栄城守定・琉球大学助教授，政治アナリストの比嘉良彦の協力を得て公約の骨格がまとめられ，歴史家の高良倉吉・琉球大学教授が新たに加わり，その最終的なまとめが行われた。「県政不況」，「問題解決のできる実行型県政の実現！」のような選挙用のキャッチフレーズもこの4人が作成した。「県政不況」とは次のような内容を意味した。「県政の拒否によって全ての沖縄振興策が凍結されたため，沖縄は閉塞感と不安感に包まれ，

第 4 章　基地経済の実態分析

基地問題の行き詰まり，不況のひろがり，失業問題のさらなる悪化など，日一日と深刻さは加速しているにもかかわらず，行政機能のマヒにより沖縄県はなす術を失っていた[42]」。

　比嘉は沖縄県の政策参与，牧野と高良は副知事にそれぞれ就任した。また稲嶺知事 2 期目の公約策定には，経済学者の大城常夫・琉球大学教授が加わった[43]。

　基地と振興開発をリンクさせて，経済的締め付けによって琉球人を不安にさせた日本政府にその責任を問うのではなく，琉球人同士で争い，「基地を拒否」した大田が悪いのだとする植民地主義の歪んだ社会状況を写す鏡として，沖縄イニシアチブグループの存在と活動は琉球史の汚点として刻まれるであろう。

4　ヒモ付きの振興開発で地域は発展したのか

　名護市等の沖縄島北部の12市町村に対し，概ね10年間で総額1000億円の特別予算措置がとられ，公共分野と非公共分野でそれぞれ年50億円ずつの予算が確保された。北部振興事業は2000年度から導入され，2009年が最終年度とされたが，その後も実施されている[44]。

　稲嶺が知事に選出されると，1998年12月の沖縄政策協議会において「さらなる沖縄振興策の効果的な展開が可能となるよう総額100億円の調整費」の計上が決定され，1999年度以降の予算から沖縄特別振興対策調整費が設けられた[45]。

　日本政府はカネを提供して琉球を手懐けようとしたが，同時に法改正により沖縄県知事の権限を制限した。辺野古新基地建設用地の強制使用手続きの代理署名を大田知事が拒否したため，期限切れにともない一部民有地を国が不法占拠する事態となった。1999年に米軍用地特措法が改訂され，市町村長や県知事に委託していた代理署名，公告縦覧を国の直接執行事務とした[46]。

　次に基地とリンクした振興開発事業の主なものの経済効果について検討してみたい。島懇事業（島田懇談会事業。正式名称は沖縄米軍基地所在市町村活性化特別事業）は1997年度から実施された。同事業の多くのケースにおいて，関係自治体の財政が圧迫されていた。施設の建設費は国からの予算で賄われるが，その

第Ⅰ部　果たされなかった経済的自立

運営，維持管理費は自治体の負担になるからである。うるま市に同事業費で建設された「きむたかホール」の維持管理費の年間2000万円前後は，自治体から補填されていた。[47]

　沖縄市に建設されたコザ・ミュージックタウンの施行主は独立行政法人「都市再生機構」である。その総事業費は約71億円であるが，そのうち約31億円は島懇事業費から投下された。沖縄市は2007年から同施設の運営費として，年間約4500万円から約5400万円を支出した。同施設の独立採算制への目処は立たず，期待された周辺商店街への波及効果もみえない状態が続いた。[48]

　島懇事業の実施過程を見ると，地域住民で構成される「チーム未来」からの要望を受けて首長が事業を選択する形で実施された。しかし事業の多くは「箱物」の建設であった。同事業の大半において採算がマイナスとなった。自治体の自立度が阻害されたという意味で，同事業案件を審査した島田懇談会の委員や予算を拠出した日本政府側にも問題があると考える。[49]

　島懇事業では21市町村の38事業，合計約842億円の11％に当たる約96億円が名護市に投下された。同事業を活用して，名桜大学にある人材育成センター，市マルチメディア館等が建設された。北部振興事業は，2000年度から10年間で約909億円の予算を使い，北部12市町村と北部広域市町村圏事務組合において実施された。そのうち34％に当たる約311億円が名護市での事業であった。島懇事業，北部振興事業とも補助率は10分の9であるが，残りの10分の1も交付税の算定に加味された。[50]

　名護市の歳入総額に占める基地関連収入の割合（基地依存度）は1996年度以前は6～7％で推移していたが，1997年度から増加し，2001年度は29.7％，2008年度は23.7％，2009年度は17.4％となった。2003年度の市債残高は約238億円となり，島懇事業実施前の1996年度よりも約54億円増加した。同市の失業率を見ると，1995年は8.7％（県平均10.3％），2000年は10.0％（県平均9.4％），2005年は12.5％（県平均11.9％）となり，失業問題はかえって悪化した。生活保護率（1000人当たり）を見ると，1997年度は7.81‰であったが，2009年度は15.38‰となった。1996年度の法人税収入は約4億7000万円，2009年度は約4億5000万円であり，4億円台で推移した。[51]

102

第4章　基地経済の実態分析

　基地とリンクした振興予算によって名護市の財政問題や失業問題は解決されず，かえって悪化した。それが2010年に辺野古新基地を拒否する稲嶺進が名護市長に選出される経済的な要因となった。

　ここで北部振興事業について検討してみたい。その事業趣旨は次の通りである。「沖縄県北部地域は，県内の他の地域に比べ1人当たりの所得が最も低く，過疎地域が多く存在する地域であり，更なる振興が必要な地域である。沖縄振興計画（平成14年度〜23年度）においては，北部圏域は地域の豊かな自然環境を保全・活用しつつ，産業の振興による雇用機会の創出や，魅力ある生活環境の整備を図ることが必要であるとされている。この計画に基づき，基地受け入れと切り離して，県土の均衡ある発展を図る観点から，北部地域における活性化と自立的発展の条件整備として，産業の振興や定住条件の整備などに資する事業を実施する」。（下線は引用文のママ）[52] 沖縄島北部が中南部と比べて経済的に遅れているという認識に同事業が立脚していることが分かる。「基地受け入れと切り離して」と書かれているが，実際は基地と明確にリンクしていたことはその成立や執行過程を見れば明らかとなる。

　同事業は次のような予算規模で実施された。1999年12月の閣議決定「普天間飛行場の移設に係る政府方針」に基づき，北部地域における振興を目的とした特別予算措置として，2000年度予算に100億円（公共事業50億円，非公共事業50億円）が計上された。同年度以降10年間で1000億円の特別予算措置を確保することを官房長官が発表した。事業主体は，北部12市町村つまり，金武町，恩納村，宜野座村，名護市，東村，国頭村，大宜味村，今帰仁村，本部町，伊江村，伊平屋村，伊是名村および沖縄県等であった。対象事業は，「雇用機会の創出」や「定住条件の整備」等，北部地域の発展に結びつく実効性の高い事業とされた。2000年度から2009年度までの間，非公共事業（補助率10分の9）が121件で約491億円，公共事業（高率補助）が75件で約298億円，合計約789億円に及んだ。また同事業により，2010年9月1日現在で約2100人の雇用創出（直接雇用）となり，2000年10月から2010年10月までの間，北部圏域全体で約4500人の人口増加になった。[53]

　しかし，先に論じたように同事業によって北部地域に経済発展がもたらさ

第Ⅰ部 果たされなかった経済的自立

れ，中南部との経済格差が解消することはなかった。

内閣府沖縄担当部局予算は基本的政策企画立案等経費と沖縄振興開発事業費等に大別できるが，前者に琉球における産業・科学技術振興関係経費，普天間飛行場等駐留軍用地跡地利用推進関係経費，沖縄米軍基地所在市町村活性化特別事業費，沖縄北部特別振興対策事業費等が含まれる[54]。

北部振興事業が日本政府主導の振興開発の中に位置付けられていることが分かる。内閣府沖縄担当部局内において，政策の策定やその実施において実質的な決定権を有しているのが政策統括官である。同統括官は①琉球に関する諸問題に対処するための基本的な政策，②琉球の自立的な発展のための基盤の総合的な整備，③その他の琉球に関する諸問題への対処を職掌としている[55]。

「琉球に関する諸問題」の中には米軍基地問題も含まれており，振興開発を梃にして基地を固定化するための政策を実施することが可能な体制にあることが分かる。それを象徴する事業の１つが北部振興事業である。

北部振興事業は名護市を巻き込みながら，次のような経過を辿ってその実施が決定された。1996年６月に普天間基地移設候補地の１つとして辺野古が初めて浮上し，同年12月に同地への移設が決定した。1997年12月21日に代替施設受け入れの是非を巡って名護市住民投票が行われ，反対が過半数となった。その３日後の12月24日に比嘉鉄也市長は上京し，基地受け入れと同時に，辞任を表明した。比嘉市長は橋本龍太郎首相との会談において基地受け入れを前提にして振興策を強く求めた。会談直前には，日本政府から基地建設を条件として北部振興策が提示されていた。それは2000年から100億円を10年間提供するという内容であった。稲嶺恵一は1998年の県知事選挙において使用期限付きで軍民共用飛行場を辺野古に建設させることを公約して当選した。1999年11月，稲嶺知事は新基地に関して次のような条件を提示した。①キャンプ・シュワブ海域に軍民共用空港を建設，②北部振興策の早急な実現，普天間の跡地利用における立法措置等の対策，③移設合意は15年後に見直す。知事によるこのような条件内容について，事前に日本政府がシナリオを描いて知事に提示したと言われている。2002年７月，沖合2.2キロのリーフ上に埋め立て工法による2000mの滑走路を軍民共用空港として建設する計画が決定された。しかし2005年10月，

104

使用期限や軍民共用の条件は無視され，住宅地から 1 km沖合に1600mの滑走路 1 本を作ることに日米両政府が合意した。そして2006年 5 月には名護市の要望を受け入れる形で，2 本の滑走路を組み合わせたＶ字型滑走路案に修正された。2007年 5 月，環境アセス法に反する事前調査（環境現況調査）が辺野古海域で実施されたが，その際，海上自衛隊掃海母艦「ぶんご」が投入された。2011年12月28日に「評価書」を沖縄防衛局が基地反対派の阻止行動を避けようとして午前 4 時すぎに県庁に搬入した。その評価書においてMV22オスプレイの辺野古配備が初めて公表した。[56]

　北部振興事業が実施されたにもかかわらず，2001年度と2010年度における北部地域全体の純生産は，約2617億円から約2422億円へと10％も減少した。[57]

　辺野古新基地建設に反対する意思が示された住民投票の結果を覆すために，日本政府は北部振興策を準備した上でそれを名護市長に提示し，基地受け入れを求めたのである。また稲嶺知事による新基地建設に関する条件内容は，日本政府が事前に知事に示していたものであった。その中には振興開発とのリンクが明示されていた。当初，日本政府は稲嶺知事の条件を認めていたが，米政府との協議の過程でその条件を反古にした。環境アセス法に反する事前調査が実施されるなど，その後の法手続きや建設過程においても様々な違法行為を日本政府は冒してきた。

　名護市全体を対象地域とした金融特区において，法人税率35％控除という特例措置によって投資企業の実効税率は26％になった。しかし，世界のタックスヘイブン地域では非課税または課税率10％でしかない。シンガポールのようにキャプティブ保険（一般事業会社が保険子会社を設立することができるもの）は認められなかった。[58] 同特区の制度を活用して投資しようとする企業はほとんど存在しなかった。世界の他の市場と競争しうる経済合理性がなく，辺野古新基地を受け入れさせるための「みせかけの経済政策」でしかなかった。

　先に論じた島懇事業の目的は，たとえ米軍基地が市町村に存在していても経済自立が可能であることを示すことにあった。つまり琉球における米軍基地の存在を前提とし，その固定化を図る振興策であったのである。

　『沖縄米軍基地所在市町村に関する懇談会提言の実施に係る有識者懇談会報

第Ⅰ部 果たされなかった経済的自立

告書』の中の「(5) 地元との良好な関係維持」,「2. 沖縄の在日米軍と地域社会
との関係」の項目において次のように米軍の役割を評価する記述があった。
「沖縄における在日米軍を構成する各軍が,県内において「良き隣人」関係の更
なる発展のために多大な努力を継続している。とりわけ海兵隊の努力は重要で
ある。海兵隊は,地元との関係を発展させるために,平成9年にG5(外交政策
部)を設置し,また,沖縄における各海兵隊のキャンプに地元との関係を担当
する部署も設置した。これらの部署には,地域社会との「良き隣人」関係の構
築に資するような適切な能力を有する人員が配置された[59]」。

　しかし2015年,キャンプシュワブのゲート近くに設置された米軍の監視カメ
ラで撮影された映像を,辺野古新基地建設賛成派の市民に流したとして,在琉
海兵隊外交政策部次長であったロバート・エルドリッジが解任,解職された。
島懇事業が,米軍による「良き隣人」関係政策を積極的に評価するというスタ
ンスに立って,実施されていたのである。

　1996年11月19日に示された『沖縄米軍基地所在市町村に関する懇談会提言』
の中の「ふるさとづくりモデル地区(仮称)整備(金武町)」の項目において次の
ような記述があった。「金武町においては新開地区の環境整備も併せて行う必
要がある。暗く,さびれた状況の中では事件や事故も起きやすいので,アメリ
カ的色彩を生かした明るい交流の場づくりが行われるべきである[60]」。米軍によ
る事件・事故の発生は「暗く,さびれた町」の人々の責任なのであろうか。「ア
メリカ的色彩」とは何を意味しているのだろうか。米軍基地が狭い島に集中し
ていること,日米地位協定が改正されないこと等の問題の本質を直視せず,表
層的な解決策を同事業によって実施しようとしていたと考えられる。

　同事業は25市町村(合併により21市町村)を対象とし,1997年度から2007年度
まで38事業,47事案のプロジェクトが実施され,約821億円が投じられた[61]。先
に検討したように,各種事業において運営上の問題が発生し,基地所在市町村
の経済発展に貢献したとは言えない。

　米軍基地と結びついた公的資金として「9条交付金」がある。その予算全体
の約7割は,基地面積や市町村の人口数に基地の訓練度合いや騒音回数等に応
じた「運用点数」を加味した計算式で算定して支出される。つまり基地の面積

第4章 基地経済の実態分析

が大きく，その周辺の人口が過密であり，基地の訓練や軍用機の離発着回数が多いほど，同交付金は増加する仕組みになっている。しかし，同交付金予算の残りの約3割は防衛大臣の裁量，基地負担の受け入れによる「特別交付額」によって加味される。[62]

　その交付に当たり次のような問題が指摘されている。宜野湾市の2006年から2010年までの5年間における平均交付額は約6000万円であった。他方，普天間基地と比べて基地面積が3分の1程度の自治体，つまり浦添市の約1億6700万円や，北中城村の約7700万円に比較して宜野湾市の方が少ないのである。浦添市の牧港補給地区には主に物資の貯蔵管理倉庫，北中城村のキャンプ瑞慶覧には主に司令部と米軍人住宅があり，双方とも騒音が少なく，危険性は低いと言える。普天間基地と面積が同程度のうるま市の約1億6700万円と比較しても少ない。沖縄防衛局は「普天間飛行場は防衛大臣が指定するジェット機が離着陸する飛行場ではないから，9条交付金が少ない」と説明している。しかし，普天間基地では嘉手納基地所属のP3C哨戒機，米海兵隊岩国基地から飛来するFA18戦闘攻撃機などの外来機が訓練，旋回飛行を繰り返しており，沖縄防衛局の説明は矛盾している。元来，「9条交付金」は基地被害への対策費としての性格を有していた。しかし同交付金の中にSACO交付金が入ったことで，基地負担増加への見返り資金という性格が強くなった。県内16市町村に配分される「9条交付金」の総額は1992年度から1998年度までは約18～21億円程度であったが，1999年度から増加し，2002年度には約49億1000万円となりピークとなった。[63] つまり政府の意図で「9条交付金」の増減が可能になったのである。ここでも日本政府から支出される公的資金の「軍事化」を確認することができる。本来，振興開発は米軍基地の固定化とは関係がないにもかかわらず，基地を押し付けるために振興開発と基地をリンクさせることを，振興開発の「軍事化」と呼びたい。

　軍事基地が存在しなければ基地所在の自治体が得ることができた税金収入を補填する形で，公的資金が投下されている。しかし米軍基地や自衛隊基地を抱える自治体に配分される，固定資産税の代わりの財源となるはずの基地交付金は，同税相当額の5割にも充たない。[64] 基地がない方が自治体の税収も増えるの

107

第Ⅰ部　果たされなかった経済的自立

である。

　基地交付金のうち助成交付金は固定資産税の代替的性格を有する。米軍や自衛隊の施設がある市町村に対し，使途制限のない一般財源として交付されている。他方，助成交付金の対象にならない米軍資産に対する見返り措置として，国は基地所在市町村に調整交付金を提供している。調整交付金は「復帰」前の1970年から実施され始めたため，琉球対策費としての性格が強いとされている[65]。

　通常，自動車税は総排気量３ℓ以下の乗用車で２万9500円から５万1000円であるが，米軍関係者の車両である「Yナンバー」乗用車の場合は，7500円でしかない。軽自動車では，通常が7200円であるが，米軍の場合は500円となる。さらに自動二輪車は通常は1000円から4000円となるが，米軍の場合は一律1000円となる[66]。米軍関係者も琉球で生活する住民であるにもかかわらず，日米地位協定によって経済的にも優遇措置が講じられ，その分，自治体の税収が減少した。

　2013年度における日本政府の防衛関係費は約４兆6804億円であったが，そのうち「基地対策等の推進」経費は約4381億円を占めた。同経費の内訳は，①基地周辺対策経費，②在日米軍駐留経費（思いやり予算），③施設の借料・補償経費等となる[67]。

　日本政府が支出する防衛関係費は，米軍基地が存在することで発生する様々な問題の「対策費」でしかない。琉球の自立経済ではなく，基地の固定化が前提とされており，同経費がどれほど増加しても，琉球の経済は自立的に発展しないだろう。

　日本政府の2012年度予算は，2011年に発生した東日本大震災からの復旧・復興関係の予算が最優先で計上されるべきであったが，琉球関連予算が前年度比27.6％もの異例の増額となった。「復帰」後40年が経過し，大震災という国家の危機的状況が生じてもこのような「特別措置」が継続されたのは，日本政府による琉球に対する経済政策が失敗していることを示している。それとともに，琉球に米軍基地を固定化しようとする日本政府の強い思惑が反映されている[68]。

　近年，韓国では米軍基地が大幅に削減されているが，日本では過去約30年

108

間，米軍基地がそれほど減少していない。日本はドイツを凌ぐ，米国外におけ
る「米軍基地大国」になった。[69] 2015年9月，集団的自衛権を認める法案が国会
を通過するなど，日本はアメリカへの軍事的依存度を深め，基地の拡大や，そ
の機能の強化に邁進している。

　2012年3月現在の米軍専用施設は全国で83施設，3万893haがあるが，その
うち琉球には33施設，2万2807haが置かれており，「復帰」時と比較して面積
は19％しか減少していない。他方，全国に占める米軍専用施設の比率は「復帰」
時の62％から74％へと増大した。「復帰」後最初に日本政府が取り組んだのは，
琉球での基地削減ではなく首都圏にある米軍基地の大幅縮小であった。「復
帰」時の国会決議や，琉球政府が提出した「復帰措置に関する建議書」で主張
された基地の縮小・撤廃の声は無視された。[70]

5　基地がもたらすコスト

　狭い島に米軍基地が占拠することで次のような諸問題が発生し，経済発展を
阻害している。2005年現在，那覇市内における朝夕ピーク時の走行速度は毎時
約14kmであり，全国ワースト1を記録した。その原因の1つが米軍基地が沖
縄島の重要拠点を抑えているために，車の東西南北への移動を制限しているか
らである。公的予算を投じて，米軍基地を避けて縫うように，島の東西方向に
「はしご道路」が建設されている。それは沖縄島を縦断する国道58号線，329号
線，沖縄自動車道を3本柱とし，柱の各段となる東西の連結道路である。しか
し，「はしご道路」は米軍基地を回避する形でしか連結できないため，いびつ
な交通網となり交通渋滞の解消にはなっていない。[71]

　米軍関係者が基地の外で居住する宅地を「基地外基地」と言うが，それが琉
球人のコミュニティを破壊している。米軍基地の外に住む米軍関係者は2007年
の1万319人から，2010年には1万2671人に増大した。在琉米軍関係者に占め
る基地外居住者の割合も近年は25％台で推移している。[72]

　「基地外基地」での米軍関係者の住居費も日本政府が支出している。住宅内
の光熱水費も2000年度まで日本政府が思いやり予算で全額負担していた。[73]

109

第Ⅰ部　果たされなかった経済的自立

　北谷町に住む米軍関係者の基地外居住者は2010年3月末で3441人を数えた。町の全人口比で12.5％となった。軍人，軍属，その家族は自治体に居住の届けをする義務が免除されている。さらに日米地位協定によって，米軍人・軍属の住民税が免除され，自動車税が軽減されている。人口約2万7000人の北谷町に，住民税を払わないが行政サービスを受ける「幽霊人口」（米軍関係者）が約12％存在していることになる。[74]米軍関係者は所得税，住民税，固定資産税が免除されている。他方，米軍関係者は自治体内での居住にともなう行政サービスを無料で受けている。[75]

　石垣島でも指摘されている「幽霊人口」問題と同じことが，沖縄島の米軍基地所在市町村で発生しているのである。住民票を移さないで石垣島に移住した日本人は市に住民税等を収めず，市から提供される行政サービスを受け，自治体財政にとって「幽霊人口」が大きな負担になっていると批判されている。北谷町では米軍関係者という「幽霊人口」が全人口の12％も存在することの財政負担は大きい。税金を払わない住民のためにもゴミ処理費，上下水道の整備費等を支出しなければならないのである。

　北谷町砂辺区の松田正二区長は次のように述べている。「砂辺こそアメリカン・ビレッジだよ。区民は出て行かざるを得ないのに，米軍人が高級住宅にどんどん入る。このままでは本当にアメリカ村になってしまう」。日本政府は米軍機による「騒音問題解消のため」として住宅地の土地を買上げる政策を実施してきた。1978年には558戸あった集落では，これまで224戸の住民が自らの土地を国に売った。[76]

　防衛省は1978年以降，嘉手納基地周辺で騒音の激しい第二種区域（WECPNL90以上）の移転希望者を対象にして，建物の移転補償，土地買い上げを進めてきた。嘉手納町内の土地買い取り面積は2008年度末で約1万7000㎡となった。国有地には家を建てることができない。[77]

　基地所在市町村における地域共同体（コミュニティ）の崩壊を日本政府が推し進めているのである。米軍基地の縮小を図るのではなく，基地周辺住宅地を減少させて基地の固定化を国税を使って進めている。少子高齢化時代を迎えて，日本政府は地方の人口を増加させるための施策を実施しているが，琉球の基地

110

所在市町村においては住民人口を減少させようとしている。住民を排除することにより、「負担を軽減した」と日本政府は自らの施策を正当化するのであろうか。むしろコミュニティの破壊という形で住民に犠牲を強いているのである。住民の数を減少させ、住民同士の関係性を切断することで、琉球人による基地反対の抵抗力を弱めようとしている。

米軍基地は琉球の土壌環境に対しても悪影響を及ぼしている。米軍基地であったキャンプ桑江の跡地において、米軍が処分した危険な廃棄物の発見と原状回復が繰り返し行われてきた。武器、不発弾、油、鉛、アスベスト等が発見されてきた。[78] 2013年には沖縄市のサッカーグラウンド場からダイオキシン、PCB等の猛毒物質が入ったドラム缶22本が発見された。同地は元々米軍基地であったが、1987年に返還されサッカーグラウンド場として再利用されていたが、スプリンクラー用のパイプ敷設作業の過程でそれらのドラム缶が発見された。ドラム缶を地中に埋めた米軍当局は、日本政府にその事実を伝えず、日本政府も跡地利用整備の過程でそれらを発見できなかったのである。

米軍基地返還地の整備は振興開発費によって実施されるが、その無駄使いが日米両政府によって行われている。その原因の１つが基地返還前に基地内に立入って土壌調査ができないという問題がある。

猛毒物質で土壌が汚染された被害者である日本政府は、加害者である米軍にその責任を問い、汚染土壌の原状回復をさせることが日米地位協定に阻まれてできない。このような協定がある限り、米軍による土壌の毒物汚染は続くであろう。日本政府は琉球人の健康に配慮せず、「米軍の犯罪行為」に加担しているのである。

米軍基地が生み出す騒音は琉球人の心身や生活にも被害を与えている。軍用機の爆音によって、特に基地周辺に生活する住民は難聴、不眠、高血圧症の多発等の身体の機能障害、会話の妨害、TVやラジオの視聴不能、家畜生産効率の異常低下、小学校６カ年間のうち１年３ヵ月間の授業妨害等の問題に苦しんでいる。[79]

また琉球では2500g未満の低体重児出生率が一貫して高く、1998年の全出産に対するその割合が全国8.1％に対し、琉球10.3％であり、しかもそれは増加傾

第Ⅰ部　果たされなかった経済的自立

向にある。[80]

　また嘉手納基地周辺地域でも，聴力の損失，低体重児の出生率の上昇，幼児の身体的・精神的要観察行動の多さが確認されている。以上のような問題を踏まえて，2002年，普天間爆音訴訟が日本政府と普天間基地司令官を被告として行われた。しかし，裁判所は，普天間基地司令官は「損害賠償責任を負わない」として免訴にした。日本「本土」での基地騒音公害訴訟においても，日米安保条約に基づく米軍の軍事活動は「公共性」があるとして，軍用機の飛行差し止めは認められていない。受忍限度を越える被害が発生した場合でも，損害賠償は日本政府が米政府に代わって行ってきた。[81]

　日本政府や裁判所は，国民である琉球人の健康や生活よりも米政府の意向を重視し，日本国民である琉球人を守らない機関でしかないことが分かる。裁判所が言う「公共」の中には琉球人は含まれていない。

　「嘉手納爆音訴訟」が1998年に確定した際，日本政府は次のように主張した。「（夜間飛行の）差し止め請求は，政府の権限が及ばない第三者である米軍の行為の差し止めを求めるもので，主張自体妥当性を欠く」。これは「第三者行為論」と言われる仮説である。また裁判所は「夜間飛行差し止め請求棄却，騒音と健康被害の因果性は断定できない」という判決を下した。[82]

　米軍機による騒音問題は日本国内で発生した事案であり，日本政府は日本国内において国家としての主権を行使できるはずであるが，米軍に対しては「政府の権限が及ばない」と自らの被植民地性を晒している。基地による健康被害については先に論じたように科学的な調査結果が出ているにもかかわらず，その因果関係を日本政府は認めてない。琉球人の人権侵害過程において，日米両政府の「共犯」関係を確認することができる。

　イタリア，ドイツ，オーストラリアに駐留する米軍の施設内に対しては，それぞれの駐留国の国内法が適用されている。[83]

　当然ながら，米国内の米軍の施設に対しても米政府の法律が適用されることは言うまでもない。しかし，日本においては，米軍の施設内に日本国の法律は適用されない。また2004年の沖縄国際大学への米軍機の墜落のように米軍の事故が発生すると，その周辺地域も米軍によって封鎖され，日本の国家権力を行

112

使する警察も立入ることが許されなかった。これが琉球の現実であり，米軍基地が琉球に存在する限り，植民地主義は琉球から消えない。

1） 吉村朔夫『日本辺境論叙説―沖縄の統治と民衆』御茶の水書房，1981年，169頁。
2） 同上書，169頁。
3） 同上書，170頁。
4） 同上書，171頁。
5） 川瀬光義『基地維持政策と財政』日本経済評論社，2013年，49頁。
6） 同上書，51頁。
7） 宮本憲一「地域開発と復帰政策―歴史的評価と展望」宮本憲一編『開発と自治の展望・沖縄』筑摩書房，1979年，23頁。
8） 同上論文，27～28頁。
9） 鎌田隆「復帰後の米軍基地と住民の生活」沖縄県教職員組合経済研究委員会編『開発と自治―沖縄における実態と展望』日本評論社，1974年，69頁。
10） 若林敬子『沖縄の人口問題と社会的現実』東信堂，2009年，6頁。
11） 同上書，70～72頁。
12） 山本英治『沖縄と日本国家―国家を照射する〈地域〉』東京大学出版会，2004年，118～120頁。
13） 同上書，187頁。
14） 同上書，208～209頁。
15） 佐々木雅幸「都市と農村の持続的内発的発展」宮本憲一他編『沖縄21世紀への挑戦』岩波書店，2000年，165頁。
16） 同上論文，166頁。
17） 横倉節夫「地域自治と住民参加」同上書，217頁。
18） 加茂利男「沖縄・自治モデルの選択」同上書，267頁。
19） 同上論文，274頁。
20） 沖縄防衛局総務部報道室編『はいさい（沖縄防衛局広報）』第102号，沖縄防衛局総務部報道室，2007年。2010年1月に辺野古新基地建設に反対する稲嶺進が名護市長に当選した。稲嶺は2010年度予算編成に関して，再編交付金を活用した新規事業は計上しないが，前市長からの継続事業に関しては計上する方針であった。しかし防衛省は，継続事業に関する2010年度分の約9億9000万円，2009年度内示分の約6億円を不交付とした。（川瀬光義「再編関連特別地域支援事業補助金にみる基地維持財政政策の堕落」『都市問題』vol.107, 2016年2月号，17頁）
21） 牧野浩隆『バランスある解決を求めて―沖縄振興と基地問題』牧野浩隆著作刊行委員会，2010年，50～51頁。
22） 同上書，87頁。
23） 同上書，118～119頁。
24） 同上書，124～125頁。

第Ⅰ部　果たされなかった経済的自立

25）　同上書，258頁。

26）　同上書，128頁。

27）　同上書，132頁。

28）　同上書，132頁。

29）　同上書，236頁。

30）　同上書，254頁。

31）　同上書，133頁。

32）　同上書，192頁。

33）　同上書，272頁。

34）　同上書，273〜274頁。

35）　同上書，276頁。

36）　同上書，452頁。

37）　同上書，546〜549頁。

38）　同上書，643〜647頁。

39）　同上書，648頁。

40）　同上書，727頁。

41）　同上書，734頁。2015年11月，日本政府は辺野古，久志，豊原を対象にした「再編関連特別地域支援事業補助金」を創設し，2015年度において3地区に合計3900万円を上限とする補助金を投下することを決めた。中谷元・防衛大臣は「三区は（新基地建設で）最も影響を受ける。影響を緩和し，住民生活の保全，安全にきめ細かく対応するため」と説明した。同補助金は国会の審議を経たものではなく，2015年度分は在日米軍等駐留関連諸経費から支出する。（『東京新聞』2015年11月27日夕刊）辺野古新基地建設に反対する沖縄県，名護市を飛び越えて，基地周辺の「地縁団体」に日本政府が直接，補助金を提供して基地を押し付けている。

42）　同上書，792頁。

43）　同上書，794頁。

44）　渡辺豪『基地の島沖縄　国策のまちおこし─嘉手納からの報告』凱風社，2009年，74頁。

45）　同上書，75頁。

46）　同上書，130頁。

47）　同上書，179〜181頁。

48）　琉球新報社編『ひずみの構造─基地と沖縄経済』琉球新報社，2012年，141〜143頁。

49）　渡辺・前掲書，184頁。

50）　琉球新報社編・前掲書，99頁。

51）　同上書，104〜108頁。

52）　内閣府沖縄総合事務局編『沖縄振興の概要』内閣府沖縄総合事務局，2011年，20頁。

53）　同上書，22〜23頁。

54）　内閣府沖縄総合事務局編『沖縄の振興─沖縄総合事務局の取組』内閣府沖縄総合事務局，2004年，14頁。

55）　同上書，9頁。

第 4 章　基地経済の実態分析

56)　『琉球新報』2013年12月22日。

57)　川瀬・前掲書，148頁。

58)　高原一隆「沖縄の産業政策の検証」宮本憲一他編『沖縄論―平和・環境・自治の島へ』
岩波書店，2010年，199頁。

59)　『沖縄米軍基地所在市町村に関する懇談会提言の実施に係る有識者懇談会報告書』2000
年（http://www.kantei.go.jp/jp/singi/okinawa/review/report.html 2015年10月15日確
認）。

60)　『沖縄米軍基地所在市町村に関する懇談会提言』1996年（http://www.kantei.go.jp/jp/
singi/okinawa-1127.html 2015年10月15日確認）。

61)　内閣府『沖縄米軍基地所在市町村活性化特別事業（沖縄懇談会事業）に係る実績調査
報告書』内閣府，2008年，1頁。

62)　琉球新報社編・前掲書，144頁。

63)　同上書，145〜148頁。

64)　同上書，163頁。

65)　川瀬・前掲書，75頁。

66)　琉球新報社編・前掲書，165頁。

67)　川瀬・前掲書，1〜2頁。

68)　同上書，9頁。

69)　同上書，12頁。

70)　同上書，53頁。

71)　琉球新報社編・前掲書，71頁。

72)　同上書，36〜37頁。「基地外基地」問題については，友知政樹「沖縄（琉球）における「基
地外基地」問題について―在沖米軍人等の施設・区域外居住の問題」松島泰勝編『島嶼
経済とコモンズ』晃洋書房，2015年を参照されたい。

73)　同上書，40頁。

74)　同上書，156頁。

75)　川瀬・前掲書，74頁。

76)　琉球新報社編・前掲書，38〜39頁。

77)　渡辺・前掲書，154〜155頁。

78)　琉球新報社編・前掲書，194頁。

79)　高良有政「進みゆく環境破壊―沖縄開発と公害対策」沖縄県教職員組合経済研究委員
会編・前掲書，212頁。

80)　若林・前掲書，10頁。

81)　宮本憲一「「沖縄政策」の評価と展望」宮本他編『沖縄論』・前掲書，21〜22頁。

82)　山本・前掲書，108頁。

83)　砂川かおり「米国における軍事基地と環境法」宮本他編『沖縄論』・前掲書，164頁。

第 II 部　経済的自立への布石
——内発的発展と自己決定権を踏まえて

第5章
琉球の内発的発展

　琉球人は日米両政府による植民地支配に屈服し，その意のままに従ってきたのであろうか。そうではなく，日米両政府の琉球に対する不当な扱いに対して，琉球人が抵抗してきたのが琉球の戦後史でもあった。現在も日米両軍の基地が増大している琉球にとって，島の上で戦争は未だに続いており，戦後はまだ到来していない。むしろ新たな戦争が準備されつつある，「新たな戦前時代」に突入していると言えよう。

　植民地・琉球はかつてアジアの中で交易活動をしながら繁栄した独立国家であった。小さな島嶼ではあるが，数百年にわたり国家を運営してきたという民族の誇りも現代の琉球人に受け継がれている。独自な歴史や文化，そして豊かな自然を活かしながら，「ゆいまーる」という人間の相互扶助関係を踏まえた「もう1つの経済活動」（内発的発展）を琉球の島々で確認することができる。

　「イデオロギーよりもアイデンティティ」を唱えて2014年に沖縄県知事に選出された翁長雄志を勝利に導いた背景の1つに，辺野古新基地建設に反対する琉球民族資本が翁長を支援したことを挙げることができる。これまで琉球の産業界は基地問題に対して反対の姿勢を明確にすることはなかった。しかし辺野古問題以降，基地に反対するようになったのは，基地跡地の方が基地よりも大きな経済効果を生み出している事例が次々に明らかになったからであった。琉球の経済自立にとって基地は阻害要因であるという認識を，多くの琉球人が共有している。基地を返還させて，自らの力で内発的に琉球を発展させることができるという自信を琉球人が持つようになった。

　また琉球人というアイデンティティが経済活動にも大きな影響を与えている。近年，アジア諸国と琉球との経済関係強化が，琉球人のアイデンティティ

119

第Ⅱ部　経済的自立への布石

を強めるという相互作用を生んでいる。

　本章では琉球の内発的発展を様々な角度から論じ，それが経済自立を実現する上でどのような可能性を持つのかを明らかにする。

1　内発的発展と共同売店

　内発的発展論とは，西川潤，鶴見和子，宮本憲一等によって深められた経済発展論である。地域が抱える諸問題を住民が主体になって解決する，具体的な実践例に基づいた実証研究から生まれた。私も早稲田大学大学院時代に指導教授の西川潤から内発的発展を学んだが，アジア太平洋地域でのフィールドワークや研究会における地域住民との交流や意見交換を通じて内発的発展の可能性を確認してきた。その研究成果は西川潤編『アジアの内発的発展』(藤原書店，2001年) にまとめられた。内発的発展は空想論や理想論ではなく，現実の世界に実在している発展方法であり，住民はそれぞれの内発的発展の手法を使って地域の様々な経済問題を解決してきたのである。

　琉球の内発的発展は，ミクロとマクロの2つの局面で展開される。その主体は琉球人，琉球の企業や組織である。琉球の歴史や文化を踏まえ，自然と調和しながら琉球人が主体的に経済自立を進めることを内発的発展という。その発展の場所は琉球という島嶼である。それとともに，琉球と歴史的に関係が深いアジアとの経済的ネットワークの形成も，琉球の内発的発展にとり大きな意味をもつ。

　地域経済が自立するには次の3つの要素が不可欠であると，経済学者で沖縄協会会長の清成忠男は指摘している。

①内部循環の拡大。地域資源，未利用資源，廃棄物，ローカルエネルギー等を可能な限り活用する。地域経済の前方連関効果，後方連関効果に配慮し，新しい産業連関を形成し，範囲の経済性を実現する。それは規模の経済性を追求するモノカルチャーとは異なる。

②域際収支のバランス。可能な限り域内循環をはかるとしても移入は避け難いが，支出入収支のバランスをはかる。そのために地域にとって比較優位

第5章 琉球の内発的発展

のある産業を育成する。

③地域形成にあたっての意思決定の自由。企業城下町の形成を避ける。地域
　外の企業によって地域形成に対する意思決定が左右されるという状況は望
　ましくない。[1]

　また地域の創成は，地域住民の精神的・経済的自立によって可能になる。地
域にある伝統的な文化や精神的風土を尊重し，住民の誇るべき地域を創り出す
ことが地域創成となる。[2]

　地域創成の主体である琉球人が自らの歴史や文化に誇りを持ち，発展の過程
で主導的な役割を果たし，地域経済の内部循環を促して域際収支を改善してい
くことで，琉球の経済自立を着実に達成することが可能になる。44年間の振興
開発は，このような経済自立の考え方とは全く逆の方法で進められたために，
失敗に終わったのである。

　なお，本書における経済自立の定義は，上で示した清成のそれに基づく。

　次に琉球における内発的発展の具体的な実践例として，宮古島の共同売店に
ついて考察してみたい。1906年に共同売店は沖縄島北部にある奥部落で初めて
誕生したが，その後，琉球各地に設立されるようになった。共同売店とは地域
住民が資金を出し合って設立した売店であり，その運営も住民によってなさ
れ，売店の売上げは住民に均等に配分される。共同売店では地域の産物が販売
され，地産地消が促されるだけでなく，住民が交流する場所にもなっている。

　宮古島は敗戦直後，混沌とした状況や物資不足に陥った。同島にある狩俣地
区の部落会では会費徴収もままならず，部落会の運営費が不足したため，部落
活動にも支障をきたすようになった。そこで部落会では運営費，活動資金を確
保するために，「金の生る木をつくろう」というかけ声の下，購買組合設立案
が1947年8月に役員会において提案された。そして各戸の分担拠出金は10円と
された後，同年11月に狩俣購買組合店が開店した。開店後6ヵ月目からすべて
の部落会活動費を賄い，年中行事や学校行事への寄付を行うまでになった。[3]

　狩俣自治会の財政が苦しかった時期において，同購買組合の収益金によって
自治会運営が支えられたこともあった。現在，購買組合からの財政支援を得て
いるのは自治会だけではない。老人クラブ，青年会，体育協会，交通支部，防

第Ⅱ部　経済的自立への布石

犯支部，消防分団等への毎年の活動助成，狩俣小学校・中学校への援助等も行われている。同購買組合の社会的機能は次の通りである。

①購買組合には狩俣自治会構成員の約250世帯に関する情報が集積されている。住所を知らなくても，名前だけで家を訪ねることができる。冠婚葬祭，子供の命名祝い，法事，体調を崩していること，旅行に行っていること等の情報を知ることができる。村の落とし物もここに集まる。

②小学校の入学祝い，成人の日，敬老の日の祝い，正月のお年玉，1000円札が必要な時に，購買店に行けば両替ができる。正月のお年玉用として300～400万円分の1000円札が準備される。

③購買店に行くと，店の職員の他に必ず知人が数人いることが多い。特に1人暮らしの高齢者にとっては「おしゃべり」，情報交換，ストレス解消の場となる[4]。

　購買店で買い物をすると，お通い帳に代金を記入し，旧盆と正月に各家庭に対してそれぞれの購入額に応じて購買店の利益の一部が還付される[5]。

　個人が他者と切断されて存在しているのではなく，購買店を拠点として村人の情報が集まり，互いを気遣い，助け合う仕組みが形成されている。両替，「前借りによる購買」等，共同売店は金融機関の役割も果たしている。また独居老人の孤独問題を解消する福祉施設としての機能も持っている。

　狩俣購買組合規約の第2条には同組合の次のような目的が記されている。「本組合は狩俣地域社会の経済発展と組合員の相互扶助による連帯と共存共栄の精神を培い福利増進と生活の向上をはかる事を目的とする[6]」。

　相互扶助機能の最大の特徴が「サガリル」（売り掛け）である。貨幣の持ち合わせがない時でも商品を手に入れることが可能である。レジの横には御通帳（おとおりちょう）と呼ばれる小さなノートが並べられた棚がある。貨幣がない時には，御通帳に日付，買上げ金額の横に「¥○○不足」と記載すれば，商品を購入できる。230人の組合員が御通帳を持っている。しかし，他の地域に住んでいる準組合員の約100人は「サガリル」ができない。店舗には3000点以上の商品があり，定休日の水曜日以外，朝7時から夜9時まで開店している[7]。

　同購買店の年商は年ごとに増大してきた。1980年には両店舗で約1億円の年

第 5 章　琉球の内発的発展

商となり，1993年には年商約 2 億円となった。[8]

　しかし近年は大型スーパーの進出，コンビニの増加が目立つようになり，経営環境も大きく変化するようになった。同購買店もパソコン導入による経営の管理システム化を進めるとともに，顧客へのきめこまかい対応，地域の情報発信，御通帳による記帳システム等を続けてきた。現在，宮古島にある購買組合は狩俣地区と島尻地区の 2 店舗が確認されている。[9]

　相互扶助は琉球では「ゆいまーる」と呼ばれている。地域社会における人と人との関係の強さという社会的特性は，「ゆいまーる」という「もう 1 つの経済活動」を琉球に定着させ，島人の生活を保障してきた。島人を主体にして発展してきた内発的発展であると言える。

2　地域共同体に埋め込まれた内発的発展

1　郷友会

　1950年から1960年頃までの時期において沖縄島北部地域の出身者が，新たな移住地において郷友会を結成した。他方，宮古・八重山諸島，沖縄島周辺離島の出身者による郷友会結成の時期は少しおくれ，1950年代の後半から1970年頃に集中した。[10]

　日本の村においては，村人が離村して都会に行くと，通常，在村者は彼らを「よそ者」として認識する場合が多い。その結果，離村者と郷里との関係は希薄になる傾向がある。しかし，琉球では，離村者は自分が故郷で生活していた時とほとんど変わらない関係を持ち続け，故郷の村人も離村者の発言や行動を柔軟に受け入れる傾向がある。離村者と在村者とを区別する意識はほとんどなく，両者の一体感が保持されている。[11]

　琉球人が日本や世界で働くために琉球の島々を出る時，「旅に出る」という表現を島に残された家族が使うことが多い。故郷との関係は切れず，いつかは戻って来るという期待がそこにはあり，人と人の絆の強さが現れている。

　郷友会は，都会において離村者同士の運動会，敬老会，学事奨励会（文房具を与える等）等を開催し，母村の年中行事，祭り等にも定期的に参加してい

第Ⅱ部　経済的自立への布石

る。例えば，西表島祖納の節祭や竹富島の種子取祭においても，郷友会のメンバーによる準備や参加が前提となって祭りが運営されている。

2　青年会

　一般的には，明治時代以前の琉球の農村では，「二才揃」，「二才連中」，「二才頭」，「若者揃」等と称せられる青年集団が，村の規範である村内法に従ってそれぞれの役割を果たしていた[13]。

　2006年末現在，琉球には青年会が421団体，存在する。その特徴は次の通りである。①集落，シマ（伝統的な集落単位）ごとに青年会が活動している。②民俗芸能（エイサー等）を媒介にして地域社会と深く関係している[14]。③たとえ特定の村の青年会が衰微し消滅したとしても，シマ社会が存続している限り，青年会再生の道は残されている。離村した住民によって形成された「郷友会」という同郷結合組織によって民俗芸能の継承をはじめとして，母村の社会的機能の維持を可能にしてきた。青年が青年会に入るということは，将来的な地域社会の担い手が育成されることを意味している[15]。

　都市において青年会活動が活発になる契機として，「青年会がエイサーを始めたのではなく，エイサーが青年会を始めさせた」と称せられるように，エイサーという民族舞踊が果す役割が大きい[16]。

3　公民館・博物館

　琉球の共同体における住民の伝統的な組織であった村屋が，公民館の始まりであるとされている。1970年に本格的な公立公民館として，読谷村中央公民館が設立された。戦後の米軍統治時代において，米国民政府直轄の琉米文化会館（那覇，石川，名護，平良，石垣の5館，名瀬は1953年まで）が図書館を併置した大型公民館として機能していた[17]。1階に那覇市立図書館，2階に那覇中央公民館がある，那覇の旧琉米文化会館の建物は2016年2月現在も残っており，様々な公民館活動が活発に行われている。

　集落（字）公民館は1955年において109館あったが，1971年には645館に増加し，1997年には895館になった。公立公民館は2000年において97館が確認され

ている。琉球において公民館は地域社会の自治活動にとって不可欠な場所であ
り，戦後を通じて現在も発展し続けている。

　次に２つの公民館の歩みを紹介したい。金武町並里公民館がある並里区で
は，かつて農地を住民が共同で耕作し，水の管理を行っていた。金武町には地
区ごとにサーターヤー（砂糖小屋）があり，住民は共同で製糖作業に携わってい
た。杣山（地域共有の山）での木々の伐採，肥培管理，植栽等の作業において，
「タキダキブー」（各世帯から同じ条件での人数の参加）や「スーンジブー」（各世帯
から１人が地域の清掃に参加するもの。参加しないと罰金を払う）が義務付けられて
いた。1899年にハワイに初めて移民を送り出したときも，渡航費用は間切長（村
長）が村人から集め，10名の若者に与えた。このような地域社会の相互扶助活
動を調整し，推進してきたのが公民館であった。

　読谷村大添公民館を建設するにあたって，建設業者の選定，館内の設備設置
において住民側の要望が自由にならない等の理由で，大添地区の住民は防衛施
設庁資金を受け取らないという決定を下した。読谷村役場からの補助金1000万
円，積立金800万円を建設資金とした。1998年６月に同館が落成されるまで，
日曜日毎に「ゆいまーる」と称して，区住民が自発的に建設過程に参加した。
その延べ人数は800人余になるが，区民の総人口は約1000人であるから区民の
ほとんどが参加したことになる。技術職人が自らの技術を提供したり，ブル
ドーザー等を無料で貸し出した。

　公民館と同じく，地域の人々の社会参加を促す施設として博物館がある。琉
球にある博物館の中でも特に注目される活動をしてきたのが名護博物館であ
る。1971年から博物館設立のために各世帯からの資料蒐集活動が始まった。青
年会や老人会のメンバーが資料を収集した。「復帰」前に沖縄国際海洋博覧会
の開催が決まり，その開発に伴って文化財や自然の破壊が急速に進むのではな
いかという危機感が地域住民の間で共有され，資料の収集が積極的に行われ
た。それとともに「やんばるの自然を守る会」も結成された。現在も博物館の
事業として実施されている，伝統的な「バーキ（竹製の笊）づくり」教室もその
ころ始まった活動であり，30年以上も続いている。博物館設立準備室が開設さ
れ，琉球の在来家畜に関する調査が実施され，そのほとんどが絶滅寸前である

第Ⅱ部　経済的自立への布石

ことに市職員は危機感を覚えたという。在来の犬，馬（宮古馬，与那国馬），山羊，豚の収集と保存に着手した。犬は名護市で繁殖させて全琉球に配布し，豚は市内の農家に分けて飼育してもらった。馬と山羊は博物館の近くで飼育した。在来犬は県指定の天然記念物になり，在来豚（アグー）は保存会が設立され，その保存と活用に関する取り組みが行われた。[21]

　現在，アグーは「高級豚肉」というブランドを確立し，飲食店での消費が一般化するようになった。博物館の活動から琉球を代表する食文化や観光資源の素材が生まれたのである。

4　地域史作り

　琉球における内発的発展の主体は琉球に住む民衆である。琉球の人々は地域の歴史を学ぶことで，主体としての自覚を持ち，琉球の社会発展の過程に積極的に参加することが可能になる。沖縄県地域史協議会の発足後，「住民のために」という目的を掲げて市町村史をつくることが琉球全体で広がるようになった。地域史編纂の過程で様々な形で住民が参加し，完成本は住民が身近に利用できるように編集上の工夫もなされた。[22]　研究者が「研究のための研究」を目的として地域史を編纂するのではなく，住民が中心になって先祖の歩みを確かめ，現在の地域のあり方を考え，地域の未来を展望するために地域史を自らの手でまとめたところに琉球の地域史作りの特徴がある。

　字誌作りは，地域社会の最小の纏まりである字（集落，シマ社会）の住民（出身者を含む）が編纂過程に参加する，字の公的な事業として行われた。その目的は，地域の歩みと自らの人生や経験を重ねながら，地域の歴史的事象を「発見，検証，評価，叙述する共同作業」を通して，「字誌」として出版し，字に住む次の世代に伝えていくことにある。字誌には次のような特徴がある。①住民が主体，②字（行政区）の公的事業，③1970年代から始まった新しい地域の文化活動，④琉球各地での実施，⑤多くの住民のボランティアによる作成，⑥書籍としての出版，⑦市民学習，市民研究，社会教育，生涯学習としての役割。地域の総合的な記録が収められているという「狭義の字誌」は約200点，古謡や民謡等の特定のテーマ研究は約150点，記念誌や郷友会誌など字の部分的な記録を

第 5 章　琉球の内発的発展

収録したものは約50点，合計400点以上が確認されている。 地域に住む人が地域の歴史を学ぶことで自らのアイデンティティを確認することが可能となる。住民は生き甲斐を感じながら字の歴史編纂作業に参加する場合が多い。高齢の住民が作業の中心になるが，青年や壮年の人々も編纂の過程に携わっている。字誌作りを通じて，「生涯学習，人作り，社会教育の活動」も同時に行うことになった。字誌作りは，地域社会における人々の関係性が強いことが前提となる。字誌の編纂作業を通じて，地域の人間関係がさらに強固になる。[23]

　次に読谷村楚辺の字誌について紹介してみたい。1988年12月に字史編纂に関する合同調査が実施された。明治，大正，昭和初期に生まれた住民を対象とし，朝，昼，晩と1日3回の調査を延べ7日間実施した。 約300人から民俗関係，民話，移民，出稼ぎ，戦争体験等のインタビューを行った。インフォーマントが最も多くの時間を使って語ったのが「戦争体験」であった。 1999年6月に字楚辺誌の『民俗編』が完成し，全字民に配布された。 明治以降から現在までの字に住むほとんどの人々の歴史が本書に収まっている。[24]

3　読谷村の内発的発展

　「復帰」の時点で読谷村全土地の約73％が米軍基地によって占められていたが，村民の息の長い反基地運動，土地返還運動により，現在は45％にまでその割合が減少した。[25]

　1970年に読谷補助飛行場の外周部が細切れに返還されたため，跡地利用は非常に困難になった。 そのような土地返還に対して，山内徳信村長は「そこ（補助飛行場）はアメリカ軍のものではない。基地であっても読谷村民のもの」であり，こここそ「文化・スポーツ・福祉・行政の中心地」になるべきだと主張した。山内の言葉通り，1979年に「総合福祉センター」，1981年に「伝統工芸センター」（読谷村の伝統織物の花織関連施設）が，返還された外周部の土地に建設された。その他の基地跡地にも，1978年に「読谷村運動広場」，1981年に「勤労者体育センター」，1986年に「読谷多目的広場」，「読谷村平和の森球場」，「読谷村駐車場」が建設された。 1997年に読谷村役場，1998年に文化センターが米軍

127

第Ⅱ部　経済的自立への布石

基地の中に設置された。それにより，読谷補助飛行場の基地としての機能を無化させることができた。[26]

　1978年，読谷村にあった不発弾の処理場が村民の反対運動によって閉鎖され，土地が返還された。この闘争は村民による米軍基地との闘いの原点となり，読谷村の反基地運動，軍用地返還運動の方向性を決定したと言われている。同村の反基地運動は次のような方針で進められた。①村役場の幹部や職員が村民と一体になって行動する，②常に冷静沈着に整然と行動し，非暴力の闘争を行う，③村役場が作成した計画の下で文化的・平和的な跡地利用をはかる。[27]

　村役場の活動を支えているのが，村の中の自治的組織である。読谷村には23の字，3つの自治会が存在する。古くからある22の字は属人的な住民自治組織という特徴を有する。1945年に米軍が上陸すると，村の約95％が基地として占領された。元々住んでいた居住地に戻ることができた村民は少なかった。居住地内において字を形成することができず，属人的に村民は字に再組織化された。つまり他の字の中に旧字の名称を持つ公民館が建設され，字共同体が維持されたのである。例えば，長田は字大木に公民館を設置し，牧原は字比謝内に公民館がある。両字は現在においても元々の集落が米軍基地内にあるため，住民は居住地に戻ることができず，他字内に公民館を建設するしかないのである。[28]

　読谷ではすべての字に公民館が設立され，ボーナスを含む手当が支払われる専任区長，書記，用務員，会計等の専従職員がそこで働いている。祭り，運動会，子供会や婦人会活動，伝統行事等が属人的な公民館を中心に行われる。[29]

　毎年11月の最初の土日の2日間，「読谷まつり」が役場と村民あげて開催されてきた。それは村民自らが生活の中で習得してきた文化的活動の成果を披露する場であった。一部のプロ集団が芸を見せるのではなく，三線演奏，琉舞，棒術，エイサー，ダンス，歌，漫才等を村民自身が演じて，互いに鑑賞し，楽しむのである。村の歴史に題材を求めた創作劇も演じられる。会場の中には，村内の農産物等の物産を展示即売する大型テントが設置される。また小中学校のPTA，字行政区，障がい者施設等のテントも設営され，展示会，飲食物の

128

販売が行われる。村の体育館では小中学生が描いた絵が展示され，各字行政区の子供会の活動が紹介され，村民が創作した各種の作品展も開かれる。隣の広場では少年野球チームの試合が行われ，高校生のバンド演奏も披露される。「読谷まつり」は「地域に根ざした産業・経済・文化・芸術の発展」をテーマにして開催されているのである。[30] 2日間の祭りの中に村民の生活，経済，生き方が濃縮して表現され，互いにそれらを確認し合い，字共同体の相互扶助関係を強めるという役割を果たしていると考えられる。

読谷村の基地跡地利用策の基本理念は「文化による地域おこし」である。読谷村の第2次基本計画基本構想は沖縄語（ウチナーグチ）で記述されている。[31] ウチナーグチ自体の中に島の文化や歴史が凝縮されており，その言葉で村の基本構想が書かれていた。

読谷村において1975年に沖縄県最初の歴史民俗資料館が設置され，1988年には字誌づくり連絡会が設立された。[32] 内発的発展とは，地域住民が土地の歴史や文化を知り，地域の過去・現在・未来を考えるなどして，地域に対して深い愛情を持つことから始まる。

山内村長も「文化（創造）がなければ人もこない，企業もこない，交流もおこなわれない」と述べた。[33]

島外から琉球に投資する観光関連企業は資本の論理に従って経済活動を行ってきた。その結果，観光関連企業による地元経済への波及効果が小さく，利益が島外に流れるという植民地経済が形成された。しかし，読谷村では，村役場が観光関連企業の経済活動に一定の方向性を示し，村経済との相互連係を強めようとしている。

村役場は，村内にリゾート用の貸地を用意し，土地の所有権を確保することで，地代収入という収益を得ることができた。またリゾート企業に対して地元民優先の採用や，地元農産物の優先的利用を求めた。その結果，リゾート企業関連会社であるコインランドリー社は約50人の地元の障がい者を雇用することができた。村内のゴルフ場開発においても，外部資本にまかせるのではなく，地元地主が共同出資して会社が設立され，地元民48人を採用した。[34]

1988年に村内に最初のリゾートホテルが開業した。村役場は「リゾート開発

第Ⅱ部　経済的自立への布石

にあたっては，むらづくりの一環として位置づけ，本村の生活・地域文化の発展と共存共栄する適正な開発の誘導をはかる」ことを進出企業に求めた。ホテルのビーチは，プライベート・ビーチのように住民を排除した囲い込み方式ではなく，ホテルが造成したビーチは村に寄贈され，村民に開放された。地元民が設立した雇用斡旋会社を通じて，ホテルで約250人の地元民が就業することができた。[35]

4　経済主権回復のための抵抗

　1978年に西銘順治が沖縄県知事になり，座喜味彪好が副知事に登用された。「復帰」前に，屋良朝苗が琉球政府行政主席であった頃，米軍基地に供給される上水道を安価にする契約が取り交わされた。その契約書の内容を見ると，米国民政府が「政府」，屋良主席が「請負業者」として位置付けられていた。米国民政府は契約の改正を求めることができるが，琉球政府はそれができないとされていた。座喜味が外務省の北米局課長にその問題を訴えると，「そういう契約したお前達が悪い」と米軍側と同じような言葉を投げつけられた。両者は次のようなやり取りをした。

北米局課長　「これは沖縄の司令官ではどうにもならない，ハワイの軍司令部でもできない，場合によってはワシントンまでいくはずだ」。

座喜味　「出先の下水道料金の話をワシントンまで持っていかなければ解決できないようなシステムでの司令官では，アメリカは戦争なんかできない」。「沖縄側から改正申し込みはできないことは承知しているが，正義に反する。これでは沖縄は正直持たない，知事も困っているので，なんとかして欲しい」。

北米局課長　「沖縄がそういう契約したんだから，できない」。

座喜味　「そこを頼んでいるじゃないですか。改定ができないのなら米軍向けの水道の栓を全部閉めます」。

北米局課長　「そんなことは地位協定上できない」。

座喜味　「それは沖縄が復帰する前の協定にそう書いてあるだけでしょう。物理的に栓を締めることはできる」。

第5章　琉球の内発的発展

北米局課長　「やってみろ」。

座喜味　「じゃ，あんたがそう言っていることを沖縄のマスコミに発表する」。

北米局課長　「勝手にしろ」。

座喜味　「外務省はアメリカの霞ヶ関出張所ですか」。

　座喜味が琉球に戻ると西銘知事に次のように言われた。「外務省から電話があったよ，あの副知事はけしからんと。辞めさせろということのようだ」。それに対して座喜味が知事に自らの進退を訪ねると，「お前が正しい，いいから栓を締めなさい」と知事が答えた。座喜味が記者に「栓を閉めさせる」と話すと，それが新聞やテレビで報道された。その直後，座喜味と面会した琉球の米軍を統括する四軍調整官が「ほんとに締める気か。地位協定上できない」と述べた。座喜味が「紙の上でできなくても，栓は締めれば締まる」と主張すると，四軍調整官は「契約を一部修正しましょう」と提案してきた。

　外務省は座喜味を呼び出し，北米局課長が薄暗い資料室で座喜味と面会した。本棚と本棚の間の狭い場所にパイプ椅子が置かれ，沖縄県の副知事が「尋問」される形になった。同課長が「2人だけで話したことを報道機関にバラスとは不愉快だ，けしからん」と詰問したのに対し，座喜味は「貴方には不愉快かも知れないが公表しますよと言ったでしょう」と答えた。座喜味が東京から帰ってきたら四軍調整官から修正の提案があり，沖縄県側の求めがすべて実現した。[36]

　「復帰」後，米軍基地に提供する上水道および下水道は沖縄県の管轄になっていたが，「復帰」前の極めて安価な料金で提供させられていた。座喜味は同料金の値上げを沖縄開発庁に要望したが，管轄外として拒否され，防衛庁でも問題が解決されず，外務省では同料金の値上げは日米地位協定の改定につながり，それはできないとの返答であった。[37]

　日本政府が米政府の従属下にあることが上の事例からも分かる。また日本政府は琉球が自らの影響下にあり，圧力を加えれば意に従うと考えていた。しかし，琉球側が米政府と直接交渉すれば問題解決の道が開けたのである。日本政府は日本国民である琉球人の福利向上のために米政府と直接交渉をしようともしなかった。日本政府は，琉球側が長年訴えている日米地位協定の改正要求に

131

第Ⅱ部　経済的自立への布石

未だに耳を貸そうとしない。琉球人の生活や民意を無視する日本政府の植民地主義は現在も続いている。

5　琉球人アイデンティティと経済

　琉球人が経営する企業には，日本人経営の企業にはない，琉球人アイデンティティと企業経営との強い関係性を見出すことができる。次にその具体的な事例を挙げてみたい。

　食品，香料，雑貨等を製造販売している「オキネシア」代表取締役社長の金城幸隆は，新商品をたんに開発するのではなく，「沖縄人の誇りをどのように構築していくか，という大きな動機が背景にあり，商品１つひとつにそれを感じる」と評価されている[38]。

　金城は次のように述べている。「私は沖縄に生まれ育ったのですから，自分のアイデンティティがあります。それを意識するか，しないかで，企業活動は全然違う方向へ向かうと思います。これから沖縄の若者が仕事や事業を始めるなら，アイデンティティや自分の軸足を持ってやってほしい。（中略）日本の中に沖縄がある。均一化させないで，風化させないで，独自性を大切にする。別にナショナリズムでもない。民族主義でもない。ルーツをきちんと正しく大事にするということは基本です。県外へ出た沖縄の若者のUターン率は高い。帰ってきた若者は潜在的にパワーを持っています。そのパワーを発揮できる所が無数にあるほうがいいわけです。そういう若い人材に接触した時に，何かしら刺激になるような企業が多くあったほうがいいし，わが社も若者を刺激する企業になりたいですね[39]」。

　琉球人アイデンティティが企業活動を発展させる原動力であり，琉球人意識を強めて島に戻った若者は企業が発展する上でも可能性を持っていると考えている。特に「琉球をアピール」するような商品を企画，製造，販売する上で，琉球人アイデンティティは有効に働くだろう。2014年に翁長雄志が知事に選出された時のように，琉球人アイデンティティを持つことは政治的に重要であるだけでなく，経済的にも琉球企業を発展させる大きな要因になるのである。

第5章　琉球の内発的発展

　海に囲まれた琉球では，塩焚職人によって海から作り出された塩は「マース（島の真塩）」と呼ばれていた。「シンナー（塩庭）」という塩田が泡瀬，豊見城等の沿岸域に広がっていた。しかし「復帰」後，日本の塩専売法が琉球にも適用され，これまで琉球で行われてきた海水からの製塩が禁止された。製塩方法がイオン交換膜製法に切り替わり，製塩業者は廃業に追い込まれた。同製法による塩の塩化ナトリウムの純度は高いが，ミネラル分がほとんど存在せず，琉球の伝統食の味を引き立てないという問題があった。琉球企業の青い海社は日本専売公社（現日本たばこ）から輸入天日塩を購入し，それを加工して，1974年に「沖縄の塩　シママース」を販売した。1997年に塩専売法が廃止され，海水から直接，塩をつくることが可能になった。その後，琉球の海水100％を原料にした「沖縄の海水塩　青い海」を製造販売するようになった。[40]

　「復帰」後，琉球に押し付けられた化学的な塩により「塩蔵するスクガラス（琉球の伝統料理）が漬からないで腐る」，「鯉のダニを取るために，今まで自然塩をまいていたが，鯉が腹を上にして死んでいた」，「みそ汁が辛くなった」等の問題が生じていた。「青い海」という社名は「われわれの命を育む海，海はわれわれの先祖の源であり母である。「海を汚してはいけません」との願い」から命名された。[41]

　塩は人間の食生活において欠かすことのできない食物である。塩を生み出す海は，琉球人の命を育ててくれた「先祖の源であり母」であるという琉球人アイデンティティが社名に反映されている。

　海水から作られ，多くのミネラル分を含み，生活習慣病を抑え，人間の自然治癒力を高める効能のある「ぬちマース」を，独自な製法で開発した高安正勝は次のように述べている。「沖縄が世界一長寿なのは，なぜか。要因は台風です。台風は海から海水を陸上に運びます。つまり，沖縄の土地に台風がミネラルを運んでくるわけです。ということは，沖縄の大地で育った野菜にはミネラルが豊富にあるわけです。牛や馬は自然とミネラルを含んだ草を食べる。そうすると肉はミネラルを豊富に含んだものになるわけです。沖縄のすべての食材がミネラル豊富な食材ということになります」。[42]

　これまで琉球が島嶼であることは，経済発展を進める上で大きな阻害要因で

133

第Ⅱ部　経済的自立への布石

あると考えられてきた。しかし島嶼は，ミネラル分が多いため健康に良く，し
かも無限に近い量の海水に囲まれているという，地理的な有利性を持っている
のである。琉球の島々を抱く美しい海は観光資源になるだけでなく，食品製造
業にとっても安価で高価値の生産要素にもなりえる。つまり，高安は琉球人の
生活の場である海と経済との関係を根本から捉え直して，新たな商品を生み出
したのである。宮古島の「雪塩」，久米島の海洋深層水等，海関連の商品が次々
に生産されるようになった。

　宮古島の地層は琉球石灰岩から構成されている。それはサンゴと同じく固い
岩でありながら，無数の穴があり，これが天然の濾過装置となり，不純物を取
り除くとともに，サンゴからカルシウムが溶け出し，島の地下に海水をためて
いる。地下海水を活用して製造されたのが「雪塩」である。通常の塩と比べて
顆粒がきめ細やかであり，製造過程において「にがり」も出ず，海水の成分に
近い塩である。雪塩を製造しているパラダイスプラン社は島出身の西里長治が
26歳の時に創業した。[43]島特有の地下海水を活用して新たな特産物を作ったので
ある。

　その他に太モズク，ウコン，熱帯フルーツ，ゴーヤー，海ブドウ，アグー，
泡盛，黒糖等，琉球の独自な風土や島嶼性から生み出された特産物が評価さ
れ，販売額を増やしている。琉球の島嶼性を経済発展の阻害要因としてではな
く，かえって琉球の経済自立を促す要因に変えた琉球人起業家が増えてきた。

　2014年の沖縄知事選挙において辺野古米軍新基地建設に反対する翁長雄志を
当選に導いた一因に，琉球の主要企業グループである金秀グループからの支援
があった。同グループの創業者である呉屋秀信は次のように述べている。「荒
廃した故郷に今，求められているのは食料。そのために1番必要なのはくわや
かま，それになべ，釜だ」。[44]

　沖縄戦で徹底的に破壊された琉球の復興の基礎になる，生活の道具である鍋
や釜という金属製品の生産が同グループ創業の最初の目標となった。その後，
建設業，小売業，ホテル業，健康食品の製造・販売等，多角的経営を行う企業
グループに成長した。

　次のような「琉球のちむぐくる」を経営理念として掲げている琉球の企業の

第5章　琉球の内発的発展

１つが，ホテルマハイナウェルネスリゾートオキナワである。「沖縄の"ちむ
ぐくる"をもってお客様をおもてなし致します。私達は，"ちむぐくる（肝心）"
とは，「心の奥底から湧き出る，身体全体で相手を思う気持ち」と考えます。
また，沖縄の歴史や文化，伝統に根ざした奥深いホスピタリティでもあると考
えます。お客様に癒しと喜びと満足を感じていただくために，常に"ちむぐく
る"をもっておもてなし致します」。同ホテルは全客室を禁煙にし，食事も宿
泊者の健康増進を目的にしたメニューを用意するなど，「ウェルネス観光」の
実現を目指している。ウェルネス観光とは健康と観光を結び付けたものであ
り，それと「肝心」という琉球人の生活思想を融合させているところに同社の
経営方針の独自性がある。

　5年に1度開催されている「世界のウチナーンチュ大会」には世界に住む琉
球人が一同に琉球に集まり，交流を深めている。琉球人としてのアイデンティ
ティを互いに強め合うだけでなく，経済的な協力関係の構築も進められてい
る。2011年，第5回世界のウチナーンチュ大会開催中にビジネスマッチングイ
ベントとして「ワールドビジネスフェア」が開かれ，バイオ，IT食品，環境関
連企業等の11分野から75社が出店し，特設のビジネスプレゼンテーションブー
スも設置された。同ビジネスフェアで行われた基調講演において，香港を中心
にアジア各地において飲食店23店を展開している「ENグループ代表」の琉球
人，又吉真由美は，「沖縄のチムグクルを世界に届けたい」と語った。又吉も
「肝心」という琉球人の生活思想を踏まえた経営を重視しながら，アジア各地
と琉球との経済関係を強化している。

6　アジア経済の中の琉球

　琉球が独立国であった頃，アジア諸国と貿易活動を行い，国の経済基盤を固
めていた。琉球併合後，琉球人は日本の植民地になった台湾，ミクロネシア諸
島等に移民として渡り，郷里の家族に送金するという形でアジアとの経済関係
が形成された。戦後，米軍統治下に置かれた後，自由貿易地域が設置されアジ
アとの投資や貿易が推進された。この自由貿易地域は1958年に公布された高等

第Ⅱ部　経済的自立への布石

弁務官布令第12号「琉球列島における外国貿易」に基づくものである。那覇港に近接する約8000㎡の敷地に2棟の倉庫が置かれ，1959年2月に同地域が開所された。琉球の域外から同地域内に部品材料を持込み，加工組み立てをして輸出すれば関税が非課税となる仕組みであった。アメリカ向けトランジスターを生産する日本企業が進出した。しかし，日本側の半製品輸出規制，同地域の面積の狭隘さ，労働コスト上昇，台湾高雄（1970年6月スタート，面積70ha）等の本格的な輸出加工区の登場等が原因となり，同地域は大きく発展することはなかった[47]。

「復帰」後，那覇空港近くに自由貿易地域那覇地区が設立されたが，企業進出は期待通りに進まなかった。1999年には中城湾の埋立地に，122haの特別自由貿易地域が設置された。外国貨物である部品や原材料を加工，製造し，その製品を外国に輸出すると，関税や消費税が免除される仕組みである。法人課税の実効税率はシンガポール（17％）並の17.9％になった。しかし分譲地の大半は空き地のままとなった。同地に進出した企業関係者から次のような声が聞こえた。電気代が日本「本土」に比べて高いものの冬の暖房代がいらず，東アジアにも近く，若い意欲的な人材が豊富であるという利点がある。他方で，部品や材料等の周辺産業が乏しく，輸送コストが大きいというデメリットもある[48]。

　国主導の施策である自由貿易地域那覇地区，特別自由貿易地域とも，アジア地域にある自由貿易地域や経済特区と対等に競争しえる法制度ではなかったため，多くの企業進出を実現することはできなかった。

　しかし，全日本空輸（ANA）が那覇空港に日本とアジア各地を結ぶ物流拠点を置き，ヤマト運輸も同事業に参加するなど，民間主導で琉球がアジア物流の拠点になりつつある。夜中に日本から物産を琉球に空輸し，その物産を琉球で積み替えてアジア諸地域に航空機で輸送するという事業である。これは琉球国時代の中継貿易を連想させる。その当時は東アジア，東南アジア各地から様々な物産を琉球国に集積させ，それを主に東アジア諸国に再販売するという経済活動であった。琉球がアジア経済との連結性を深めれば，現在の日本—アジア諸国間の中継地点としての物流事業は将来，アジア諸国間を相互に結ぶ形に発展すると考えられる。

136

第5章　琉球の内発的発展

静岡県知事の川勝平太が提唱する「西太平洋多島海文明」(川勝平太『資本主義
は海洋アジアから』(日本経済新聞社，2012年)) の要として，琉球が経済的役割を
果たす日が来るだろう。

アジア各地からの観光客も増加傾向にある。琉球を訪問した，2010年から
2013年までの国籍別入域観光客数は次のような推移を見せた。韓国が1万
8500→9万8400人 (531.9%増)，中国が2万3800人→6万8700人 (288.7%増加)，
香港が5万900人→9万2400人 (181.5%増加)，台湾が11万6900人→25万4100人
(217.4%増加)，その他の外国が7万2700人→11万3600人 (156.3%増加)[49]

また香港からの観光客は4泊以上宿泊する人の割合が大きい。[50]長期滞在のた
め，琉球内での消費活動も活発になる。外国人観光客1人当たりの消費額推計
を国籍別で見ると，中国人が最も多く，12万5181円であり，韓国人が最も少な
く，6万4404円である。中国人の中では，マルチビザ取得者が12万9181円とす
べての外国人観光客の中で最も多い消費額となった。費目別では中国人の土
産・買物費の多さが際立っており，6万337円である。飲食費では香港人が最
も多く，2万4579円であった。[51]

外国人観光客の方が日本からの観光客よりも滞在日数や消費額が多く，観光
客による琉球内での経済効果という面で大きな影響を与えており，今後も外国
人観光客の増加が期待される。現在，琉球を訪問する観光客の大部分は日本人
であるが，日本は少子高齢化，人口減少化時代に入っている。アジア諸国の経
済発展が現在の傾向で続くなら，琉球に来島する外国人観光客の比率はさらに
拡大するだろう。外国語による説明・案内板の設置，通訳の養成等，琉球はこ
れまで以上に観光の国際化を余儀なくされ，アジア経済との連結性が深まるこ
とが予想される。

琉球を訪問した観光客の域内での支出は地元の収入になる。輸・移出産業が
乏しい琉球にとって，観光業は外から収入を得る大切な機会となる。琉球企業
である沖縄ツーリスト社は2012年に350人のムスリム観光客を琉球に迎え入れ
ることができた。旅行会社によるムスリム団体の受け入れは全国初めてであっ
た。同社は2013年にはムスリムに向けた観光情報誌「ムスリム・フレンド
リー・オキナワ」を製作し，発売した。ムスリム観光客には独自な食事 (ハラー

137

第Ⅱ部　経済的自立への布石

ル）や礼拝所の確保等の特別な配慮が求められる。同社は1960年代初めにおいて米軍人や軍属をアジア各地に案内する事業を手がけていたが，現在は，国内客とともに外国人観光客の琉球への受け入れに力を入れるようになった[52]。

　琉球物産のアジアへの輸出も活発になってきている。香港で販売されている，約200の琉球物産が定番化してきている。この物産数は日本の都道府県の中でもトップクラスである。外国への琉球産食料品輸出の86.5％が香港向けであった[53]。

　琉球産のオリオンビールは，香港に2011年から本格的に出荷されるようになった。その販売量は2013年度12月末時点において前年度比で58％増しの198klとなり，2011年度比で約10倍に増加した。香港のローカル小売店ウェルカム約200店舗のほか，セブンイレブンでもオリオンビールが販売された。現在，香港にある約400店舗の小売店で同ビールが販売され，約70店舗の飲食店で同ビールを飲むことができる[54]。「made in Ryukyu」の琉球物産が，香港を中心にしたアジアに輸出されていることの意味は大きい。

　生産拠点をアジアに展開している琉球企業も増えた。琉球人が経営するタイガー産業という住宅・建材関連の製造，卸商社がある。東京，大阪，仙台，福岡に営業拠点を置き，琉球，大阪そして江西チワン族自治区に生産工場を設置している[55]。

　1996年に「トランスプランツインドネシア」という琉球企業がインドネシアに設立された。同社は，菊の苗を安定的に供給するために，台風の少ないインドネシアにおいて菊の大規模な生産拠点となった。多くの地元民を雇用し，地域経済にも貢献している。冬場の12月から３月は，日本国内で消費される小菊の９割以上が琉球産であった。当初，冬場の菊は台湾から輸入されていたが，1980年代から琉球産のそれが日本市場を占めるようになった。琉球の温暖な気候を利用して，日本各地の産地に比べて冬場の生産コストを抑えることができた。その利点を活かして市場シェアを伸ばすことが可能になった。開花調整技術の向上や輸送の大量化等によって菊の安定供給が実現したため，琉球は一大産地となった。しかし近年，中国，マレーシア，ベトナム等のアジアからの菊輸入が増加するようになった[56]。

第 5 章　琉球の内発的発展

日本の菊市場を巡りアジア間競争が激しくなっている。その中で琉球の菊生産業者は生産拠点の一部をインドネシアに移すことでコスト削減を図ろうとしているのである。

琉球がアジアとの経済関係を強化する過程において，大きな役割を果たすことができると考えられているのが，琉球とアジアとの間に形成された歴史的な親族関係である。琉球王国時代に，現在の中国福建省から多くの中国人が琉球に渡り，那覇の久米村に定住し，王国の外交，貿易に携わった。琉球人との間で親族関係が結ばれながら，特定の中国人祖先を共有する同一の親族集団（門中）として，現在もその相互の強い関係性をアジアにまたがって保持している。2013年における門中アンケート調査によると，法人として登録されている久米村系の門中は次の通りである。公益社団法人は久米国鼎会（毛氏），一般社団法人は蔡（崇）氏門中会，金氏門中会，久米梁氏（嵩）呉江会，阮氏我華会である。専用の事務所を所有するのは，久米国鼎会，久米梁氏（嵩）呉江会，阮氏我華会である。清明祭と呼ばれる中国に起源をもつ先祖祭祀において，参加者が最も多いのが久米国鼎会の約350人であり，次に阮氏我華会が約140人，鄭氏義才門中会が約120〜130人，久米梁氏（嵩）呉江会が約90人，王氏門中会が約80人と続く。これらの門中は，清明祭の他，敬老会，学事奨励会（学用品贈呈，奨学金制度）等を年間行事として挙行するほか，鄭氏義才門中会は謝名親方利山（1609年の島津藩琉球侵略の際，同藩に抵抗して処刑された王国の三司官）の慰霊祭を毎年実施している。中華系琉球人はアジア各地の同族同士との交流も活発に行っている。蔡（崇）氏門中会は世界の蔡氏が集まった，福建省での「蔡襄生誕千年祭」に参加し，また台湾に住む蔡氏と交流した。鄭氏義才門中会は，福建省において自らのルーツを訪ねる交流事業を行った。久米梁氏（嵩）呉江会は福州市に住む梁氏との交流を行うとともに，祖庁落成式に参加した。阮氏我華会は福州市に住む阮氏と交流したほか，台湾に住む阮氏の家庭にホームステイするなどして同族同士の交流を深めた。王氏門中会や陳氏華源会も，福州市を訪問して同族間の交流事業を展開した。[57]

なお，門中や清明祭は中華系琉球人だけでなく，他の琉球人も広く共有している親族制度や祭祀である。シーサー，亀甲墓や破風墓，媽祖・孔子信仰等の

139

第Ⅱ部　経済的自立への布石

中国に由来する文化要素も琉球に残っている。

　孔子廟が那覇市内にあり，琉球人だけでなく，中国や台湾の観光客も団体で参拝している。1610年に久米村総役の喜友名親方が進貢使として明国に派遣された際，山東省曲阜の孔子廟を参拝し，孔子，四配の絵像を持ち帰り，久米村において輪番で祭礼を挙行するようになった。1719年から王府の高官である三司官が祭主をつとめ，経費は公費で賄われた。王国が消滅した後の1914年に久米崇聖会が設立され，中華系琉球人の交流拠点となった。1975年に孔子廟が再建され，孔子廟祭祀で最も重要な釋奠祭礼が行われた。2009年から同祭で身につける服装が王国時代の黒朝礼服に替わり，2012年からは孔子への祝文を中国語で捧げるようになった[58]。孔子廟祭祀の「正統性」への回帰が琉球において進んでいるのである。また国道58号線沿いにある那覇商工会議所の前には，蔣介石から琉球に贈呈された孔子像が設置されている。

　2015年9月に私は福州市においてフィールドワークを行った。同市には琉球国時代に琉球からの進貢使が滞在し，また琉球国廃滅後，亡命琉球人によって救国運動が展開された拠点となった琉球館（柔遠駅）の跡があり，現在は，琉球と中国を結ぶ歴史を紹介する博物館になっていた。博物館の近くにある街を散策し，明・清時代に琉球人も渡ったであろう古い万寿橋の上を歩いた。天后宮（航海の安全を司る女性神，媽祖を祀るお宮）の修繕事業に対して寄付をした人の名前が刻まれた石碑を見つけた。その表に「琉球志士」の文字とともに，何人かの琉球人の名前が刻印されていた。また琉球国時代に福州で死亡した琉球人が埋葬された琉球墓園を訪問したが，約30年も墓守として働く地元住民がロウソクと線香を持って迎えてくれた。福州において琉球に自生する植物，タコの木，ガジュマル，ヤシの木等を見ることができた。福州も琉球と同じく亜熱帯気候に属し，福州に滞在していた琉球人にとって生活しやすい環境だったことが予想される。

　那覇市と福州市は姉妹都市関係にあり，1992年に那覇市内に福州園が開園された。同園の石材は福州から運ばれ，職人も同地から来て造園した本格的な福州式の庭園となった。

　2001年には，現在中国の国家主席である習近平が福建省の省長であった時，

140

習を団長とする一行が稲嶺恵一知事を県庁に訪問した。習は「来年は福建と沖縄の友好5周年にあたるので，記念のイベントを考えたい」と述べたのに対し，稲嶺知事は「同じ意見だ。来年は本県の復帰30周年にもあたるので，それと調整したい。交流は文化面というのは入りやすいが，長く続けるには経済の交流も必要だと思う。福建省への招待もいただいたが，その際には，県内の経済人も同行させたい」と答えた。[59]

福州市の沖合にある平潭島は，台湾の新竹から126キロしかなく，中国大陸から最も台湾に近い場所である。同島は中国政府によって自由貿易区に指定され，台湾からの投資や貿易の拠点にするとの政府方針の下，現在，インフラ整備が行われていた。同島にある「台湾商品免税市場」を視察したが，多くの台湾商品が販売され，台湾人の従業員も働いていた。貿易や投資の規制緩和策も実施され，台湾の集積回路加工等のハイテク企業投資も見られた。また台湾との間を就航する高速フェリーに乗って来島する台湾人観光客の受け皿として，「海壇古城」という名のテーマパークも整備されていた。台湾の「高度人材」の流入と定住を促すために，大学や研究所，住み良い住宅地等も設置される予定である。平潭島は，中国政府が掲げる「海のシルクロード」政策の一大拠点になろうとしている。このようなアジアの経済的ダイナミズムに琉球がどのように参入し，自らの経済発展に繋げるかが問われている。

7　米軍基地跡地利用による発展

土地区画整理事業の経済波及効果は，①公共投資の総事業費，②地区内の建築工事費等の民間投資による「地区内への総投資」，③それらの投資による建設活動が関連産業の生産を誘発することによって生まれる「乗数による効果」の合計である。さらに，土地の利用価値の上昇，その高度利用による固定資産税評価額の増大，人口増加による個人市民税や事業所立地に伴う法人市民税や事業所税の増加等の「財政効果」がもたらされる。[60]

米軍基地の状態では，基地雇用者の給与，土地代収入，軍人・軍属その家族の消費，基地内建設等に経済効果は限定される。またそのほとんどは日本政府

第Ⅱ部　経済的自立への布石

から提供される公的資金であり，市場経済のメカニズムに基づいて内生的に成長し，発展していく性質のものではない。那覇の牧港，北谷の美浜，那覇の金城等において，米軍基地が民間に返還されたことで，市場経済のメカニズムが十全に起動し，返還前に比べて数十倍もの経済効果が生まれた。

　経済効果は直接経済効果と経済波及効果に分かれる。直接経済効果は，消費や投資により事業者等に支払われる支出（需要額）が発生することを意味する。経済波及効果は，経済的取引の連鎖により商品やサービスへの需要が波及し，様々な産業の生産が誘発されることであり，それによって所得や雇用が増加する。また直接経済効果は，整備経済効果と活動経済効果に分かれる。前者は施設やインフラの整備（投資）によって発生する経済効果であり，後者は，商業・サービスの販売活動による経済効果である[61]。

　このように経済効果の仕組みを見ても，基地跡地利用の方が様々な経済活動を可能にし，琉球人や琉球企業に対しても経済活動への参加の機会がさらに開かれることが分かる。

　他方，基地がもたらす直接経済効果は次のように分類することができる。

①整備経済効果

(1)　周辺整備事業：障害防止工事費，住宅等の防音工事，民生安定施設整備費，返還道路整備事業費，移転の補償，特定防衛施設周辺整備事業費

(2)　提供施設の整備・移設：提供施設の整備費・移設費

②活動経済効果

(1)　基地関連所得：地代収入，軍雇用者所得，各種補償費（漁業補償等）

(2)　基地関連消費支出：米軍人・軍属・その家族の消費支出，県内事業者からの購入費（光熱水費，電話・通信料等）

(3)　基地関連市町村収入：国有提供施設等所在市町村助成交付金，施設等所在市町村調整交付金，財産運用収入（基地関係）[62]

基地の存在によって経済効果が生じていることは確かである。しかし，それによって発生する騒音，米軍人による事故や事件，土壌汚染，生活の危険性等，貨幣に換算できる以上のコストが発生している。基地の存在から発生する経済効果よりも，返還跡地利用の方が金額の面でみても大きな経済効果を生んでい

第5章　琉球の内発的発展

る。

　次に具体的に基地跡地の経済効果を見てみよう。米軍基地の牧港住宅地区が
返還されて那覇新都心地区になった。同地区における総投資額，約2147億円に
よってもたらされる経済波及効果は，生産誘発額が約3635億円，所得誘発額が
約1172億円であった。また同地区から生まれる市税・県税・国税の合計は約
281億円となった。[63]

　他方，牧港住宅地区の返還によって失われる基地関連支出の減少額は，年額
換算の県内最終需要額ベースで約33億円であった。この33億円の減少にともな
い，生産誘発額約55億円／年，所得誘発額約17億円／年の経済波及効果額も失
われた。[64]

　牧港住宅地区の返還前に発生していた直接経済効果として，基地関連所得
（地代収入，軍雇用者所得），基地関連消費支出（米軍等への財やサービスの提供），
基地関連市町村収入（財政交付金等）の総額は年間約52億円であった。それらの
経済波及効果は，生産誘発額が約55億円／年，所得誘発額が約17億円／年，税
収額が約6億円／年である。基地返還後のプラスの生産誘発額は約874億円／
年（整備＋活動）であるのに対して，マイナスの生産誘発額は約16分の1の約55
億円／年にとどまった。[65]

　基地返還後の跡地開発における経済波及効果は，基地であったときのそれよ
りも格段に大きいことが分かる。

　那覇市金城地区が米軍基地であった時の経済効果は約34億円／年であった。[66]
また同地区の区画整理前（1984年，事業認可，本工事着工）の平均宅地価格は約8
万5000円／㎡であったのに対し，区画整理後（1997年）は約27万7000円／㎡とな
り，価格上昇率は226％になった。[67]土地返還によって土地の経済価値が上昇し，
その分，経済効果も増大した。

　総投資額，約955億円によってもたらされた経済波及効果は，生産誘発額が
約1607億円，所得誘発額が約532億円であった。[68]返還後の生産誘発額が約958億
円／年（整備＋活動）であるのに対して，返還前の生産誘発額は約3％の約29億
円／年でしかなかった。[69]金城地区でも基地返還後の経済効果の方が大きいこと
が分かる。

143

第Ⅱ部　経済的自立への布石

　日米両政府は，嘉手納基地よりも南にある米軍基地である，普天間基地，キャンプ桑江，キャンプ瑞慶覧，牧港補給地区，那覇港湾施設等の返還を予定している。返還予定駐留軍用地跡地において，土地区画整理事業による地区整備等が完成すると，跡地整備に伴う直接経済効果（整備経済効果）は合計で約1兆円，生産誘発額は約2兆円になると推計されている。これにより発生が見込まれる税収は約1300億円になる。返還予定駐留軍用地跡地のすべてにおいて，商業施設等の立地が実現したと仮定した場合，跡地での商業販売活動等に伴う直接経済効果（年間販売額）は，約8700億円／年，生産誘発額は約9100億円／年となると推定される。これにより発生が見込まれる税収は約1250億円／年になる。この推計値は，返還予定駐留軍用地跡地の全体において，那覇新都心並に整備され，経済効果を生むことが前提になっている[70]。

　基地跡地の利用方法として，那覇新都心，北谷美浜，那覇金城等においてみられるような商業施設，観光施設，文化施設，教育施設，住宅等の建設を挙げることができる。新たに返還される土地において，大型商業施設を核にした開発というこれまでと類似の利用方法を実施した場合，琉球の狭い市場でパイを奪い合う状況も予想される。そうならないために，読谷村のように，独自な跡地利用を各自治体は実施すべきであろう。

　次に地域住民が跡地利用に主体的に参加した事例として，那覇市金城のケースを検討する。1980年から1984年にかけて返還された那覇空軍海軍補助施設と隣接地区合わせて109haにおいて，小禄金城土地区画地域として開発が行われた。当域内には『琉球国由来記』（1713年）にも記録されている，歴史的，学術的にも貴重な赤嶺，安次嶺の御嶽（俗称「上の毛」）が存在していた。これらの聖地は米軍基地内において大部分が保存されてきたが，那覇市は跡地利用方法として土地を細切れにした上で宅地化し，御嶽を消滅させる予定であった。それに対して地元住民は次のように述べて反対した。「この聖なる杜を破壊することは，これまで村をつくり育ててきた祖先神に対して申し開きができないことであり，また，これからの望ましい都市像として，「歴史と伝統を語り継ぐ都市」の趣旨にも反するものであると言わざるを得ないものである。街づくりは，地域住民の参加はもとより，地域固有の文化の保存と再生が相俟って，個

第5章　琉球の内発的発展

性豊かで愛着と誇りの持てるような街づくりの方策を立て，市民全体の総意により推進しなければならないものである。したがって，那覇市の「アメニティタウン計画」の先導的役割を果たすためにも「上の毛の御嶽」及びそこに群生している百余種の植物群を保存するよう，強く要望するものである[71]」。

　地域住民の要望に従って，上の毛の赤嶺御嶽，安次嶺御嶽も新たな装いで整備され，残された。また基地跡地の中心に形成された小禄金城公園の中に，金城御嶽の杜があり，新しい拝所が置かれた。地域の歴史や文化の象徴とも言える御嶽を中心に街が再生し，住民のコスモロジーや記憶の世代間の継承が可能になり，琉球人アイデンティティが形成される，新たなシマ共同体となった。

　金城地区における地権者は約900人であった。住民参加による街づくりを目指して，地主会，那覇市都市計画課，金城区画整理事務所，地域に住む建築士で構成する建築士会那覇南支部が「金城地区まちづくり懇談会」を設立した。同懇談会は赤嶺御嶽，安次嶺御嶽の保存を那覇市議会に要請した。また小禄金城の地区計画制度の骨子は，次のようになった。①壁面線の後退，②土地の細分化の防止，③建築物の用途制限。この3点を柱にして意匠や色彩の調整，堀の高さや形状の制限，樹林地の保存や緑化が実施された[72]。

　戦前，この地区は旧小禄村の金城，赤嶺，安次嶺，田原，小禄（の一部）の集落があり，村役場や学校等の公共施設が集中する村の中心地であった。基地返還後，地域の記憶を留め，信仰の対象となった御嶽を残し，住宅地，商業地，教育機関，行政機関が融合した落ち着いた街づくりに成功したと言える。

　私は金城地区を歩いてみた。歩道の幅が広く，余裕を持って歩くことができる。公園や広場が各地に配置され，モノレールの高架を支える柱や歩道に植物や街路樹が豊富にあり潤いを街にもたらしている。また歴史的，文化的な遺物が各地にあり，説明板でその紹介がなされ，地域の歴史を各世代が学ぶことができる。小中高の校舎と住宅地域との境目を高い塀で仕切るのではなく，そこには低い塀や生け垣しかない。開放的な印象を与えるとともに，地域住民全体で子供達を育てるという地域の暖かさも感じることができた。

　米軍基地の跡地利用の方が，経済的に大きな効果を生み出すことが様々な事例で明らかになった。その経済効果を一過性のものに終わらせるのではなく，

145

第Ⅱ部　経済的自立への布石

持続可能なものにするためにも，跡地利用の計画策定，その実施過程において地域住民が主体的に参加する必要がある。そうすれば琉球各地に内発的発展の拠点を拡大させ，自立経済を実現することが可能になるだろう。

1）　清成忠男『地域創生への挑戦』有斐閣，2010年，24〜25頁。
2）　同上書，81頁。清成忠男氏は1978年から6〜7年間，宮古・八重山諸島において内発的発展をテーマにした「シマおこし研究交流会議」（沖縄協会主催）を開いてきた。（清成忠男・松島泰勝対談「沖縄の内発的発展を考える」『環』vol.39，2009年）琉球の内発的発展論に関して，西川潤・松島泰勝・本浜秀彦編『島嶼沖縄の内発的発展―経済・社会・文化』藤原書店，2010年を参照されたい。
3）　川満良和「式辞」狩俣購買組合創立60周年記念事業実行委員会編『金の生る木―六十年の歩み』狩俣購買組合創立60周年記念事業実行委員会，1頁。2010年5月14日〜16日まで宮古島で行われたNPO法人「ゆいまーる琉球の自治の集い」において，狩俣在住の根間義雄氏が「販売店を通した狩俣の自治会」に関する報告を行うとともに，現地でのフィールドワークにて狩俣購買組合の役割について説明された。
4）　池間等志「祝辞」同上書，3〜4頁。
5）　狩俣購買組合創立60周年記念事業実行委員会編・前掲書，21頁。
6）　同上書，74頁。
7）　「狩俣購買店物語」（『島へ』41号，2008年，23頁）同上書，135頁。
8）　狩俣購買組合創立60周年記念事業実行委員会編・前掲書，22〜23頁。
9）　川満・前掲文，2頁。
10）　戸谷修「那覇における郷友会の機能」山本英治他編『沖縄の都市と農村』東京大学出版部，1995年，229〜230頁。
11）　同上論文，231頁。
12）　同上論文，233〜235頁。
13）　山城千秋『沖縄の「シマ社会」と青年会活動』エイデル研究所，2007年，56頁。
14）　同上書，57頁。
15）　同上書，68頁。
16）　同上書，136頁。
17）　小林文人「沖縄戦後史と社会教育実践―その独自性と活力」小林文人他編『おきなわの社会教育』エイデル研究所，2002年，14〜15頁。
18）　同上論文，16頁。
19）　嘉数義光「字公民館がとりくむ社会教育と地域おこし―金武町並里区公民館の事例から」同上書，39頁。
20）　源河朝徳「ユイマールでできた手づくり公民館」同上書，48〜49頁。
21）　島袋正敏「名護の博物館づくり」同上書，137〜139頁。2015年3月14日に名桜大学で開催された，第4回琉球民族独立総合研究学会のオープンシンポジウムにおいて，名護博物館初代館長である島袋正敏氏は同博物館による様々な取り組みが名護市の内発的発

第5章 琉球の内発的発展

展の土台になっていると具体的に報告された。

22)　中村誠司「沖縄の地域史・字誌づくり」同上書，76～77頁。

23)　同上論文，77～78頁。

24)　村山友江「読谷村・楚辺の字誌づくり」同上書，83～86頁。

25)　小橋川清弘「米軍資料の活用報告：沖縄県読谷村の事例」『PRIME』18号，2003年，23頁。

26)　吉原功「戦後村づくりの展開―「基地」との闘いを中心に」橋本敏雄編著『沖縄読谷村「自治」への挑戦―平和と福祉の地域づくり』彩流社，2009年，46頁。

27)　同上論文，50頁。

28)　河合克義「高齢者の生活実態と住民福祉活動」同上書，146頁。

29)　高橋明善「基地の中での農村自治と地域文化の形成」山本他編著・前掲書，314～315頁。

30)　橋本敏雄「住民自治組織の可能性―字行政区の現状と課題」橋本編著・前掲書，248～249頁。

31)　高橋・前掲論文，305頁。

32)　同上論文，308頁。

33)　同上論文，310頁。

34)　同上論文，301頁。

35)　同上論文，311頁。

36)　「「この人に聞く」元・副知事座喜味彪好 (1)」『自治おきなわ』2009年7月号No.413，10～13頁。座喜味彪好氏は辺野古新基地建設に反対の意志を示し，現地における座り込みの抵抗運動を物心両面で支援してきた。

37)　島袋純「沖縄の自治の未来」宮本憲一他編『沖縄論―平和・環境・自治の島へ』岩波書店，2010年，244頁。

38)　伊敷豊『沖縄に学ぶ成功の法則―伊敷流沖縄ビジネスの心』沖縄スタイル，2006年，14頁。

39)　同上書，25頁。

40)　又吉元榮「海の恵みで，安らぎのある人間らしい生活を探究」『おきぎん調査月報』2015年1月，No.484，1～2頁。

41)　伊敷・前掲書，84頁。

42)　同上書，56～57頁。

43)　松永桂子「宮古島の地域産業発展」関満博編『沖縄地域産業の未来』新評論，2012年，219～220頁。

44)　琉球新報編集局政経部編『沖縄の企業と人脈』琉球新報社，1998年，92頁。

45)　「経営トップに聞く代表取締役社長前田裕子」『りゅうぎん調査』2014年9月No.539，1～7頁。

46)　第5回世界のウチナーンチュ大会実行委員会事務局編『第5回世界のウチナーンチュ大会写真集』沖縄県，54頁。

47)　関満博「モノづくり中小企業の展開」関編・前掲書，71～72頁。

48)　同上論文，72～77頁。

147

第Ⅱ部　経済的自立への布石

49) 沖縄観光コンベンションビューロー「OCVB 外国人観光客の誘致に向けて」『りゅうぎん調査』2014年 8 月 No.538, 14～15頁。

50) 沖縄県『平成24年度外国人観光客満足度調査報告書』沖縄県, 2013年, 9頁。

51) 同上書, 32頁。

52) 「経営トップに聞く沖縄ツーリスト代表取締役東良和」『りゅうぎん調査』2014年 1 月 No.531, 5～7頁。

53) 渡久地卓「アジア便り香港 Vol.76」『りゅうぎん調査』2014年10月 No.540, 18頁。

54) 渡久地卓「アジア便り香港 Vol.70」『りゅうぎん調査』2014年 4 月 No.534, 20～21頁。

55) 関満博「モノづくり中小企業の展開」関編・前掲書, 65～70頁。

56) 「経営トップに聞く沖縄県花卉園芸農業協同組合組合長宮城重志」『りゅうぎん調査』2014年 6 月 No.536, 3～5頁。

57) 『久米崇聖会レポート』No.17, 2014年春号, 4頁。

58) 久米崇聖会編『久米村マップ―歴史の散歩古きをたずねて』久米崇聖会, 2008年, 『久米至聖廟』久米崇聖会発行パンフ。

59) 『美ら島沖縄』2001年, No.307, 4頁。

60) 野村総合研究所・都市科学政策研究所『駐留軍用地跡地利用に伴う経済波及効果等検討調査報告書』野村総合研究所・都市科学政策研究所, 2007年, 15頁。

61) 同上書, 19頁。

62) 同上書, 25頁。

63) 同上書, 65～67頁。

64) 同上書, 75頁。

65) 同上書, 179頁。

66) 同上書, 89頁。

67) 同上書, 106頁。

68) 同上書, 109頁。

69) 同上書, 188頁。

70) 同上書, 299～300頁。

71) 新垣誠三他編『小禄金城まちづくりの歩み』那覇市都市計画部・建設部, 1997年, 128～129頁。

72) 同上書, 132～143頁。

第6章
生活に根ざした琉球の自己決定権

　振興開発政策は，画一的な開発手法によって琉球を日本と同一の経済社会にするという，同化政策の側面をもつ。しかし経済格差は「復帰」して44年後の現在においても大きく開いたままであり，琉球はいつまでも「後進性」から脱却できない。これは構造的な問題である。日本をモデルにして走らされるという，琉球を従者とする関係性から脱することができない。振興開発への依存，日本政府への従属が深まり，琉球人の自己決定権が大きく削がれた時代として「復帰体制」を総括することができる。

　琉球人はこの同化政策によって自己決定権のすべてを失ったわけではない。小さな島々や村では公民館や憲章による自治，共同売店の運営，イノー（サンゴ礁）や大自然をそのまま活かした生活，土地の共有化等を実践してきた人々がいる。住民自身で地域の特性を見極め，長い時間をかけて話し合い，地域固有の文化，歴史，自然に根ざした内発的発展を進めてきた人々がいる。これは理想論ではなく，現実的な取組みである。このような各地域における琉球人の自己決定権行使の積み重ねが，琉球全体のそれにつながる。

　他者のカネに依存し他者によって認識・支配・消費されるという「復帰体制」に安住すべきではない。琉球は自らの力で地域を治め，地域独自の内発的発展を生み出し，自らの意思を明確に示して他者と対等な関係を築くという，もう1つの道を歩む時期にきている。

　自己決定権は，内的自己決定権と外的自己決定権に分かれる。前者は自治であり，後者は国としての独立をそれぞれ実現することができる権利を意味する。琉球人は内的，外的双方の自己決定権を何時でも，何度でも行使することができる。内的自己決定権の積み重ねが琉球の独立を可能にする。また独立後

149

第Ⅱ部 経済的自立への布石

も自治は琉球の内発的発展にとって不可欠となる。独立は住民投票によって決定されるが，自治も日々の人々による合意や意志表明（住民投票）によってその方向性が決められる。民族の自己決定権とは国際法上の概念であるが，それは人々の生活に土台を置いたものであり，生活の中から形成されてくる権利なのである。

本章では琉球の島々において自己決定権が生活の中でどのように行使され，自己決定権と島の経済がいかに結びついているのかについて検討する。

1　久高島で考える琉球の自己決定権

私は2007年にNPO法人「ゆいまーる琉球の自治」を立ち上げ，年2回のペースで2013年まで，久高島，奄美大島，徳之島，沖永良部島，与論島，沖縄島，平安座島，伊江島，伊平屋島，座間味島，宮古島，西表島，石垣島，与那国島において住民の集いを開いてきた。それぞれの島の歴史・文化・社会を学び，琉球人がどのような問題に直面し，それをどのように解決したのかを議論するためであった。

2007年3月10日から12日まで第1回の「ゆいまーるの集い」が久高島で開かれた。久高島在住の内間豊は次のように語った。「久高島の人は海がないと生きていけない。海人は4月，9月の風にのって奄美諸島に航海に出かけた。霊がいるとして誰も住まない，奄美の枝手久島にも久高島の人が住んでいた。久高島の人は八重山諸島にも行った。久高島では八重山民謡，奄美民謡が流行った時代がある。久高の人はトゥバラーマー（石垣島の民謡）をリレーして歌った。自分は後輩にサンスクリット語を学べと言っている。久高島の言葉はマレー語と似ており，例えば双方において，落ちることを「キンター」，父親を「チャチャ」と発音する。久高島には鰹節，エラブ（ウミヘビ）等の燻製文化があるが，モルジブにもそれがある。マレーのクリス（短剣）や旗と久高島のそれらも似ている」。

竹富島在住の上勢頭芳徳も「古い時代，竹富島に徳之島からカムィヤキという陶器を作る人々が移住した。屋久島からは鍛冶屋が竹富島に移り住み，それ

第6章　生活に根ざした琉球の自己決定権

らの人々が島の6つの集団をまとめあげた」と指摘した。竹富島の種子取祭という祭りの中で，島に鉄器が渡り，鍛冶屋が営まれる様が狂言劇として演じられている。

　このような島や海の歴史は文字に書き残されることはない。琉球の人が集い，住民自身の口を通じて，つまり口承によって島と島とのつながりが明らかとなった。久高島は琉球の島々をつなぐ結節点の位置にある。内間が枝手久島の話をした際，枝手久島の近くに住む新元博文は，その人を知っていると発言した。内間と新元は，久高と奄美の言葉の類似点，久高の人が奄美でどのように生活し，住民と交流したかなどについて語りあった。2人の会話を聞きながら，琉球の島々が再び結ばれていくのを感じた。また琉球は東アジアだけにとどまらず，東南アジアにまで広がる関係性を持っている。

　久高島の土地について内間は次のように述べた。「島には条件の良い土地とそうでない土地が分散している。1人当たり約300坪の土地を細分化して島中に配置することで，不公平感をなくしている。各人の土地を区分する畑の上に置かれた境界石は何百年も動いていない。このようなやり方は島人の議論によって決まったのであろう。民主主義の原点である。久高島は大正15年に土地の総有地制度を政府に認めさせ，「一国二制度」を住民の手によって実現した。島の人は琉球王国時代から納税していない。総有地制は崇高な考えのもとで作られた制度である。「久高島土地憲章」が作られたが，文字によってはその精神は分からない。土地憲章を作ってよかったとは簡単に言えない。憲章を作ったことにより，ただの小さな離島に成り下がったのではないか。土地は太陽神，生命の主のものである。その許しを得て住民が住まわせてもらっていることが文字によって忘れられるのではないか」。

　これまで土地の総有制は住民の神信仰，住民同士の信頼関係によって守られてきた。「久高島土地憲章」として文字化されることにより，文字となった「制度」に人間が安住し，神信仰が希薄化することの危機感を内間は抱いている。これは現代の琉球人が文字化された法制度上の特別措置に身を委ねている状況を鋭く突いている。土地総有制は神信仰，住民同士の信頼に基づいて，口から口へと継承されるという人間の身体や精神に裏付けられた土地の「制度」で

151

第Ⅱ部　経済的自立への布石

あった。文字ではなく，言葉や魂（マブイ）の力で神と土地と人間が強く結ばれてきた。

久高島について安里英子（あさとえいこ）が語った。「明治36年の土地の私有地化に反対したのは久高島の女性たちである。海人の男たちは島を出ており，土地を実際に管理したのは女性であった。久高島でリゾート開発計画が浮上し，また土地改良事業が進められた時に憲章作りの動きが始まった」。

島の女性が神行事において中心的役割を果たすとともに土地を守ってきた。女性を通じて土地と精神世界は不可分のものとなった。観光開発に抵抗するために，総有地制度が憲章としてまとめられたが，女性による日々の神事によって憲章の内実が守られてきたのである。

新元博文も奄美大島の土地の慣習法に関して次のように指摘した。「生まれ育った奄美大島の平田（へた）集落において，行政，議会，金融が青年団によって3年間運営されたことがある。かつて奄美の共有地を売らない運動が展開された。鹿児島県の大手観光開発業者が枝手久島の土地を買収しようとしたが，島には入会権が設定されており開発ができなかった。入会権は住民全員が一致して合意しないと変更できない。自分が訪問したことのあるパラオでも慣習法，伝統的首長制度，土地制度が強固に存在している。独立前にパラオを統治していたアメリカも慣習法等を変えることができなかった」。

住民が共同で土地を所有する形態が，パラオを含む太平洋島嶼では一般的に見られる。植民地時代，欧米諸国の企業や個人が僅かな金品を使って言葉巧みに土地を奪い，島嶼民が島の中で周辺的位置におかれたことがある。狭い島嶼の中で土地を奪われたら住民は島で住むことができない。このような苦い経験を繰り返さないために，太平洋島嶼は独立後，自らの憲法において慣習法，伝統的首長制度，土地制度が近代法と対等な法的権限を有することを明記させた。土地が生産要素でしかないというのは近代主義的な考え方である。土地の共有によって島の伝統文化を守り，島人の団結を促し，大規模開発を食い止め，外部勢力による植民地支配を防ぐことも可能となる。

上勢頭芳徳は竹富島の土地について語った。「「復帰」前，土地は琉球人しか所有できなかった。ヤマトの企業は琉球人にダミー会社をつくらせて土地を買収した。竹富島全体の4分の1の土地が買収された。土地をこれ以上売らず，

第6章　生活に根ざした琉球の自己決定権

売却した土地を買い戻すために憲章を作った。文書にすると解釈が出てくるという危うさがつきまとう。竹富島の大部分の土地は私有地である。祖先から頂いたものという意識が強いから，現在，リゾートに土地を売る人はいない。天が自分たちをみているという緊張感を持ちながら，島の文化を守っている。また八重山漁協と喧嘩をしながら，島のイノー（サンゴ礁）を保護地区に指定した。島にとってイノーと陸地は一体の関係である」。

　竹富島では，たとえ土地を売ってしまっても，島人が目覚めて土地を守る運動を展開することによって外部資本の支配を回避することができた。共有地でなくても，先祖や島の神とのつながりを意識し，島の文化を発展させることで開発の暴力を鎮めることができよう。市場経済を社会の中に埋め込むことができる人々が琉球に存在していたのである。

　沖永良部島在住の前利潔は奄美諸島における開発，そして自治とアイデンティティとの関係について述べた。「観光開発，特にゴルフ場開発は自然を破壊しただけでなく，期待されたほどの経済効果を生まなかった。奄美諸島では砂糖黍増産のために過剰な減反政策が行われ，耕作放棄が進み人口が流出した。島の自給率も低下し，大島紬の生産高も最盛期の10分の1に減少した。他方，奄美大島は人口増加を心配せずに自立を考えることができるという利点がある。明治の終わり頃まで，「社倉」という医療，福祉機能を有する組織があり，自治の伝統を今に活かせるのではないか。自治は歴史の記憶，アイデンティティと関係している。沖縄は日本と対立関係にあるが，奄美諸島は鹿児島と対抗している。しかし，奄美諸島は鹿児島の背後にある他の日本に対する憧れが強い。だから「奄美人」という言葉に対して嫌悪感を持つ人もいる。奄美諸島の「本籍は沖縄，現住所は鹿児島」と言うこともできる。ただ市町村合併の際，与論島，沖永良部島の住民の中には沖縄側につきたいと考えた人々も少なからずいた。「奄美」とは奄美大島のことを指すのであって，それぞれの島毎にアイデンティティがあっていい」。

　沖縄諸島，八重山諸島では，「沖縄ブーム」によって人口が増加するという現象が見られた。しかし，島嶼における過剰な人口増加は，自然のさらなる破壊にとどまらず，外部勢力による経済支配が一段と進むことに繋がり，島の人

153

第Ⅱ部　経済的自立への布石

口増加が発展の証とは言えない。自治は，自らが属する土地に対する強いこだわり，つまりアイデンティティと深く結びついている。

　1609年の島津藩の琉球侵略後に奄美諸島が琉球国から切り離されて島津藩の直轄領になった。その後，奄美諸島の人々の帰属意識の形成に「薩摩，鹿児島」という要因が介在するようになった。ただ前利が主張するように奄美諸島には，奄美大島のほか，徳之島，喜界島，沖永良部島，与論島等の島々があり，「奄美」として総称できる単一の存在ではなく，それぞれの島が中心であり境界である。沖縄島の那覇・首里を中心にして，奄美諸島そして宮古・八重山諸島を周辺として認識する時代は終わった。面積の大小，人口の多寡，近代化の進展度に関係なく，琉球のそれぞれの島は対等な関係にある。

　奄美大島宇検村で平田森林組合長をしていた新元博文は次のように述べた。「森林組合長として山を活用して様々な特産物をつくりたい。ソテツ地獄，島津藩の支配・収奪を経て，奄美にはソテツ文化が形成された。奄美にソテツがある限り自立，独立できる。今，ある商社が砂漠の緑化のためにソテツを利用しようとしている。自分は枝手久島においてソテツを植林しようと計画している。自治によって，心が揺すぶられ，目が輝く社会をつくりたい。自治とは魂，精神的なものであり，自治によって血が騒ぐ人間となる。数値化された経済で奄美を見るな。自分はカネがないが貧乏とは思わない。楽しく生きている。雑草も食える。ゆいまーるの世界は数値化されない」。

　琉球では1920年代，経済的に疲弊して住民が飢餓に陥り，ソテツの毒にあたって死亡するという「ソテツ地獄」が発生した。ソテツは負のイメージで語られる植物であるが，奄美諸島ではソテツ味噌，ソテツ酒，ソテツ粥等，島文化の重要な構成要素になった。新元はソテツによる「島おこし運動」の先頭に立とうとしている。また，自治つまり自己決定権は自己の身体や精神と同一化しており，人間の喜びの源にもなりうる。1人ひとりの魂や精神に根差した自己決定権こそが地域を変える原動力になろう。

　目に見えない神，祖先神と人との繋がりも自己決定権にとって重要である。例えば，かつて新元が久高島の北端を歩いていた際，神が大きな声で「博文！」と呼ぶのが聞こえたという話をこの集いで披露した。その話を参加者は荒唐無

第6章　生活に根ざした琉球の自己決定権

稽として一笑に付すのでなく，島世界ではありうることであり，見えない存在
のお陰で人間が島に住まわせてもらっているという謙虚な気持ちを共有してい
た。久高島を去るとき，集いに参加した何人かの方は，港の近くにある御嶽の
前で島の神に感謝の祈りをささげていた。

　上勢頭芳徳は竹富島における自治の実践について語った。「言葉を忘れた
ら，親を忘れ，島を忘れ，烏合の衆となる。種子取祭（タントゥリサイ）には80点の唄，踊りが奉
納されるが，言葉の意味が分からないと人の気持ちが神に通じない。対価を求める価値
観とは別に，竹富には「うつぐみ」という価値観がある。それは「ゆいまーる」つまり相
互扶助を意味する。また竹富には「島ならい」という言葉がある。それは移住者を島に
同化させることを意味する。現在，竹富は国の指定を7つ持っている。国におもねって
いるのではない。むしろ国を利用している。国が認めざるを得ない状況を竹富の人がつ
くり上げた。重要無形文化財の指定は，島人にとって自治のための動機付けとなった。
いま島が抱える問題は，年間約42万人もの観光客が来島することである。大手
エージェントが石垣島の会社を使い，竹富の事業者が孫受けとなる場合が多
い。自分達でコントロールできる，消費されない観光にしたい。文化遺産管理
型NPOを立ち上げ，旅行会社をつりたい。適正な料金に基づき，自分達の旅
行会社を使わないと島の観光ができないという独自な仕組みを作りたい」。

　島言葉は住民同士で話す時に使われるだけでなく，祭りや神行事において神
と対話をする際にも不可欠となる。島言葉，「うつぐみ，島ならい」によって
住民は「島の人」となる。国のカネに依存するのではなく，国の方から島の文
化的価値を保持するために資金を出している。公的資金を活用して「伝統的街
並み」を保全し，生活の糧を得ることが可能になった。魅力溢れる島に触れた
くて押し寄せる観光客に対し，島を安売りせず，住民の生活を安定化させるた
めの組織を作ろうとしている。市場原理の流れに身を投じ，島の許容量を越え
る観光客を呼び入れるのではなく，島民自身が市場を手なずける仕組みを生み
出そうとしているのである。既に島の人は「土地を売らない」という憲章をつ
くり，市場の暴力を押さえ込むことに成功しており，新たな問題をも内発的に
解決できるのではないかと考える。

　久高島の「島おこし運動」について西銘文則（にしめふみのり）が次のように説明した。「久高島

155

第Ⅱ部　経済的自立への布石

振興会」が，エラブ（海ヘビ）の燻製，海ブドウ，モズク等の特産物の製造・販売，島の産物を活用した食堂経営，宿泊・会議場を有する久高島交流館の運営等を行い，島人が収入を得る機会を増やし，生活の基盤を固めている。「ゆいまーるの集い」も久高島交流館において開かれたが，島の女性達が島の食材を取り入れて朝昼晩の食事を作ってくれた。また島の花やハーブで食卓に彩を添えてくれた。手作りの愛情がこもったもてなしを受けた。大規模開発ではなく，久高島独自の内発的な発展の試みを食事を通じて体感した。

　また，久高島留学センターの取組みについて坂本清治が次のように述べた。「島の中学が廃校になりそうであったころ，留学センターが2001年に設立された。現在，16人の生徒（13人が県外）がセンターで寄宿生活をしながら学校に通っている。子供達は土日，畑作りをしており，ゴーヤー，糸瓜，オクラ，芋等を栽培している。町村合併により全国の山村留学が困難になり，小中高校の廃校化も進んでいる。人の再生が地域作りにつながる。子供が希望をもてる社会にしたい。島にまた戻ってくるような子供を育てたい」。

　上勢頭，坂本も琉球以外の場所で生まれ育った人である。外の開発手法を適用しようとせず，人間に着目し，人間の力による島の社会発展を目指している。自分のエゴを押し付け，欲望を解消するために来島する観光客，移住者とは全く異なる位相に立っている。琉球は島外者を排除しないが，島外者は自己利益の追求のために島を利用するのか，自治を促す担い手になるのかによって，島でのその存在意義が評価されよう。

　大阪大正区から参加した，金城馨の声に耳を傾けてみよう。「現在，大正区人口の4分の1，約1万8000人は沖縄人である。戦前，「クブングァー」と呼ばれる，水がたまる窪地に沖縄人が家を建てて助け合いながら生きてきた。沖縄芝居小屋をつくり，モーアシビ（男女で三線を弾き，唄い踊ること）をした。私は32年間，大阪でエイサー祭りを続けてきた。1975年にエイサーをやった時，日本人は関心を示さなかった。人が多い大阪城公園でエイサーを踊った。エイサーは沖縄差別への反撃手段，生きるための表現手段である。沖縄人の先輩から「恥さらし」と言われたこともある。しかし現在，エイサー祭りに約1万人来るようになった。大正区にある沖縄民謡酒場に観光客が来て，料理や音楽を

楽しんでいる。沖縄は自分達を楽しませてくれるところと日本人は考えている。戦前，厳しい差別の中で沖縄人は自分の文化を隠すことで文化を守ることができた。今は，エイサーを晒すことで文化を壊したのではないかと思う。「多文化共生」，「沖縄との連帯」というが，「日本人が自分達の気持ちを分かってたまるか」という強い疑念がある。日本人に理解してもらおうとする姿勢は，同化，迎合につながる。基地問題がいつのまにか「沖縄問題」とされた。自分達は基地があるから沖縄を出ることを余儀なくされた。沖縄に帰れない。日本「本土」に沖縄の基地を移設すべきである。それは，日本人が自分の問題として基地を考えるための問いでもある。日本人は沖縄を差別している自分を理解すべきである」。

　戦前は琉球経済の疲弊，戦後は米軍基地の建設等を原因として琉球人が島から日本「本土」に追いやられた。戦前，繊維工場等があった大正区に琉球人が集住し，互いに助けあって生きてきた。琉球では村共同体をシマと呼ぶが，大阪大正区も琉球のシマであると言える。現在，琉球ではエイサー祭りが観光イベントと化し，見せ物という色彩が強くなった。大阪で働いていた，ある琉球人が差別を受け，無念の自殺を遂げ，その友の霊を供養するために大正区のエイサーが始まった。大正区エイサーに込められた琉球人の深い思いや抵抗の意思に関心を寄せることなく，多くの日本人は「沖縄文化」を消費の対象，欲望の捌け口としかみていない。

　琉球で生まれ育っていない，琉球人2世，3世，4世が自らの身体の中にある琉球の根を掘り起こし，三線を弾き，踊りを舞い，琉球の言葉を使い，琉球が抱える様々な問題に苦悩している。日本人による差別だけでなく，島で生まれず住んでいないことに対して，琉球在住の人々から冷たい言葉（「島で生まれていないから分からない」，「琉球を捨てて大和に逃げた」等）が投げかけられることもあるという。琉球，日本双方から距離をおくマイノリティーとして，研ぎ澄まされた感性をもちながら，金城は常に琉球を意識しながら大阪で生活をしている。琉球文化の複製が大正区にあるのではなく，もう1つの琉球文化が大正区で形成されている。

　2015年に「沖縄差別を解消するために沖縄の米軍基地を大阪に引き取る行動

第Ⅱ部　経済的自立への布石

（略称＝引き取る行動・大阪）」が結成され，米軍基地の「県外移設」のための活動を行っている。8年前に久高島で金城が主張したことが実行に移されたのである。

2　座間味島の自己決定権

2011年11月11日から13日まで，座間味島において第10回「ゆいまーる琉球の自治の集い」が行われた。琉球王国時代，王府の進貢船や明・清の冊封船が座間味島の阿護の浦港に風待ちのために停泊した。座間味島からも多くの島人が進貢船に乗り大陸に渡った。島の番所山では烽火がたかれ，那覇の役人に対して中国船が近付いたことを知らせた。

1901年，松田和三郎がカツオ漁業を座間味島で最初に始めた。慶良間節は人気を博し，村役場の税収は増え，座間味島の豚小屋の屋根も赤瓦になったという。戦前，日本の委任統治領であった南洋群島に座間味島の人々が移住して働き，トラック諸島（現在のチューク諸島）の中には「座間味部落」と呼ばれた地域もあった。

沖縄戦が始まると，日本軍人だけでなく「慰安婦」や朝鮮人軍夫が島にやってきた。1945年3月23日から3日間，空襲，艦砲射撃によって島が破壊された。連合軍の軍艦がびっしりと海上に浮かんでいたという。同年の3月26日に琉球で初めて座間味島に米軍が上陸した。座間味島にある平和の塔には，強制的集団死による犠牲者402人を含め，1220人の氏名が刻まれている。日本軍の命令や戦前の教育により石，手榴弾，カマ等で家族同士が命を絶つことを余儀なくされた[1]。

宮里清太郎は戦前から村役場で働いていたが，1942年，「満洲国」のハイラルに衛生兵として派兵され，戦後はシベリアに抑留された。「自分のように戦争に行った人が生きて帰り，自分を戦地に見送り島に残った人が死んだ」と語った。終戦の日，宮里は「命が助かった」と思ったという。

座間味島の海は太平洋を回遊しているクジラの故郷でもある。慶良間諸島は島が多いため，ザトウクジラが子供を安心して育てることができる。クジラは

第6章　生活に根ざした琉球の自己決定権

オホーツク，ハワイ，小笠原の海を泳いだ後，12月頃に座間味島の海にやってくる。そこではクジラ観察観光が人気を集めているが，クジラの親子に配慮して，接近距離や船数の制限等が行われている。

また座間味島の海は沖縄島周辺で誕生するサンゴの卵の故郷と言われている。久米島沖に存在する海洋深層水が座間味島方面に流れてくるため，海水の栄養分が多く，サンゴや魚が生息する環境として座間味周辺の海域は最適な場所なのである。

近年，琉球全体では毎年人口が増加しているが，座間味村の人口は減少傾向にある。2011年4月31日現在，村の総人口は916人，世帯数が518である。老齢人口（65歳以上）比率は23.3％に達している。1940年に村には住民が2384人もいたが，銅採掘事業やカツオ漁等が終了したことにより1980年には761人にまで減った。その後，ダイビング産業が活発になり，人口が1000人台に増加した。しかし近年は減少，停滞傾向にあり，1995年が1018人，2000年が1026人，2005年が1077人であった。[2]観光ブーム，移住ブームが沈静化し，島には中学校までしかなく高校進学のために子供が島を離れ，ほとんどが戻ってこない状況が続いている。最近は，母親も子供とともに那覇に出て働く傾向があるという。

人口減少の結果，自治体の財政基盤も脆弱になった。2009年の村の歳入は約14億4520万円であり，自主財源率は18％でしかない。2002年の自主財源率が16％，2006年が20％，2007年が18％，2008年が16％であった。2009年の歳出のうち実質公債費比率が27％に達していたため，早期健全化団体（収入に対する借金の比率である実質公債費比率が25％以上の自治体）にリスト化された。2007年の実質公債費比率が29％，2008年が27％であった。[3]公債費増加の主な原因は，ゴミ処理施設・溶融炉等の建設である。しかし現在，同ゴミ処理施設は機能しておらず，那覇に島のゴミを運んでいる。

大きな目標を掲げた経済計画も財政危機をもたらした一因になった。2001年から2010年までを計画期間として策定された第3次総合計画・基本構想において，2010年の観光入込客数を約15万人，人口を1500人とする数値目標が設定された。[4]数値目標を実現するために実施された第三セクターの事業はほとんど失敗に帰した。

159

第Ⅱ部　経済的自立への布石

　観光入込客数をみると2003年が9万6294人，2010年が7万3599人，2012年が6万9489人と停滞していたが，2014年には9万2107人へと増加した。[5]

　座間味島の観光業者にとって主要な競争相手は那覇の業者である。ダイビング，クジラ観察を目的として座間味の海域に年間約40万人の観光客が来るが，そのうち那覇から船でやってきた観光客が約30万人を占めていた。ツアー会社の規模や，観光客の数が多いため，那覇から訪問するツアーの料金の方が安価になる。多くのダイバーが特定のポイントで潜水するため，海底の環境破壊も見られるようになった。座間味島の住民が高台に立って，那覇からやってくるダイバー船の数や位置を監視し，数が多く，一定箇所に集中しているのを確認すると，他の場所に移動させた。

　座間味島では就労者の約60%，若い母親の約90%が日本人であるという。ナイチャー（日本人）嫁は観光客として島に来て，島が好きになり短期アルバイトとして働き，定住し，島の男性と結ばれる傾向がある。近年は，夫婦ともナイチャーというケースが増えている。1972年には村内に2軒しかなかったダイビングショップが現在では約50軒にまで増えた。村営住宅の住人の大半は日本人である。座間味村も定住促進整備事業としてニシハマ展望台・売店，慶留間区遊歩道・展望台，阿佐区と阿真区の東屋等の整備をしてきた。

　日本人と琉球人との間には価値観や行動の違いがあるという。日本人は様々なキャリアを積み資金を持って島に移住し，観光業の経営に携わる人が多い。日本人は観光シーズンの夏に働き，冬はオフになり，里帰りをする。しかし，琉球人の高齢者は冬に野菜の栽培に精を出す。これまで島の神行事は琉球人の女性達が受け継いできたが，島の信仰に関心のないナイチャー嫁が増えることでその継承が困難になっている。島の阿真自治区は字有地を持っているが，それに対して日本人住民が権利を主張していた。先住民族としての琉球人の土地権に対して日本人が介入しようとしており，琉球人から反発を招いていた。

　島の琉球人は私に次のように語ってくれた。「移住者で完結できる社会になった。以前は地元民にお世話になっているという気持ちを移住者が示していたが，今は移住者だけで固まるようになった。自分達に挨拶もしない。地域づくりに参加しない。自分等の知らない人がイベントの司会をしている。昔は長

老が人々の争いを調整していたが，今は裁判に訴えるようになった」。

「移住者には地域の人に対する感謝の気持ち，謙虚な気持ちがない。移住者が道の真ん中を歩き，老人が道の端っこを歩いている。お邪魔しているという感覚がない。「自分たちがいるから客が来る」と思っている。そうではなく，座間味の自然の美しさを見るために観光客が来るのだ」。

「移住者が各種イベントの実行委員長になる場合が増えてきた。今年の座間味祭のとき会場には敬老席がなく，島の老人が会場に行っても座る場所がなく帰って行った。観光客・移住者のための祭になった。自分は島で生まれたが，この島を出たい。近くの粟国島や渡名喜島に移りたい。そこからこの島を見ていたい」。

「移住者は最初，ダイバー見習として数カ月働き，資金をためて開業するケースが多い。何でもカネが必要な社会になった」。

ダイビング協会のあるメンバーは「サンゴがなくなれば，外国に行く」と公言し，島人から怒られて土下座して謝ったことがあるという。

他方で日本人移住者の一人は次のように私に話してくれた。「島の組織に入ると，言いたいことが言えない状況になる。組織に関係なく，フラットな関係性が望ましい。まっとうな努力をして，金持ちになり，その人を目指して，島の子供が頑張るような社会になったらいい。沖縄人をリスペクトしていない。相手と対立しないようにごまかす，問題を直視しないという島人の生き方をリスペクトしない。島で合意形成をするよりも，個々人で成功物語をつくった方がいい」。

私は座間味島に住む琉球人や日本人と話をしていて，私が生まれた石垣島のことを思い出した。この島でも日本人，日本企業が急激に増加し，「幽霊人口」問題が生まれている[6]。毎年人口が増えている琉球全体でもヤマト企業や日本人が琉球人の土地を所有し，琉球企業を系列化し，または倒産に追い込み，地域経済を支配する現象が顕著になった。琉球人は琉球の先住民族であるが，島の中で少数民族化し，経済的自己決定権を日本人によって奪われつつある。

座間味島は沖縄戦で米軍が最初に上陸した島であり，日本軍による強制的集団死によって無念の思いで琉球人が亡くなった島でもある。また神に感謝する

第Ⅱ部　経済的自立への布石

伝統行事が現在まで受け継がれてきた。日本人がこの島に住まわせてもらう以上は，島の琉球人，歴史，文化，自然への敬意や配慮が前提となろう。座間味島の琉球人は，国際法で保障された民族の自己決定権や先住民族の土地権を主張し，琉球人の権限を明記した「座間味自治憲章」を作成するなどして，座間味島の未来を自らの手でつくる必要があろう。

3　平安座島の自己決定権

　2009年11月13日から14日まで平安座島において，第6回「ゆいまーる琉球の自治の集い」を開いた。13日は平安座島に行く前に，米軍普天間基地に隣接している佐喜真美術館を訪問し，佐喜真道夫から丸木位里・俊が描いた「沖縄戦の図」の話を聞き，人間の生き方，死に方という魂の根源から戦争の愚かさを考えた。次に，勝連グスク，琉球開闢の祖神・シルミチュを祀る浜比嘉島の御嶽において祈りを捧げた。ハワイ在住の浜比嘉島出身者が御嶽の改修費を寄付したことを記した石碑が，島人同士のゆいまーるの強さを感じさせた。浜比嘉島出身の金城実（彫刻家）の実家を訪ね，琉球型仏壇に線香を立て，皆で泡盛を回し飲みして家の祖霊とともに一時を過ごした。宮城島では「ぬちまーす（命の塩という意味の琉球諸語）」社の工場に行き，琉球の海水からミネラル分が豊富な塩を生み出す過程をこの目で見て，命の塩を味わった。

　14日は朝から参加者全員で平安座島の聖域である西城に行き，島の神々を拝した。西城では年4回，ノロや神人（伝統行事を司る霊的力をもった人）がグスクにおいて島の安泰を祈願する祀り（御嶽廻い）が行われる。西城は石油備蓄基地（CTS）の中にあり，大規模開発の現場を間近に見ることができた。

　今回の集いのテーマは平安座島の生活史の中から自治を問うことであり，人々の自己決定権行使における多面的な展開を学ぶことができた。また人間の顔が見える海洋ネットワークも明らかになった。奥田良正光（与那城村元村長，平安座島在住）の母親は沖永良部島出身であり，新里米吉（沖縄県議会議員，平安座島出身）の父親も長年，奄美諸島で牛を買い付ける仕事をしていた。沖永良部島在住の川上忠志によれば，沖永良部島で飼育された牛と平安座島から運ば

第6章　生活に根ざした琉球の自己決定権

れた生活物資が交換された。平安座島から来た帆掛け舟が風待ちのため1ヵ月
以上，沖永良部島に停泊し，島人が自らの子孫を残すこともあった。沖永良部
島の国頭集落に，中国で水脈の技術を学んだ勝連半島在住の船乗りが来て，井
戸掘りの技術を伝え，集落の水不足問題が解決されたという。戦前，平安座島
は，奄美諸島，久高島，宮古諸島，八重山諸島を結ぶ，交易拠点であった。同
時に平安座島の人々の中には太平洋を渡り，キューバ，シンガポール，カナダ，
ミクロネシア諸島等に移住した人もいたという。

　1971年に平安座島と沖縄島とを結ぶ海中道路が完成してから，平安座島は大
きな変貌をとげた。奥田良は，生活物資の高コスト問題等の「離島苦」を解消
するためにCTSを誘致したと語った。アメリカの石油メジャーのガルフ社の
進出を認める代わりに，海中道路の建設，地元産品の購入，地元民の優先雇用
を同社に認めさせた。当時，金武湾を守る会，琉球弧の住民運動等がCTS建
設に対して激しく抵抗していた。

　劇作家の謝名元慶福（平安座島出身）は，石油タンク基地となった島から住民
が追い出され，島に1人だけ残された老婆を描いた，平安座島をモデルにした
作品『美ら島』を書いた。上演の際，開発賛成派の住民から強い抗議を受けた
という。

　1968年に川満信一（詩人，多良間島出身）は沖縄タイムスの記者としてCTSの
取材をしていた。ガルフ社や日本政府の援助で立派な小学校体育館が建設され
た。平安座島では夜通し電気がついていたが，CTSに反対した宮城島では島
中が暗かった。10年後に川満が再び取材すると，平安座島の過疎化が進み，
100人以上収容できる体育館があったが，在校児童数は10人程度でしかなかっ
た。

　平安座島在住の玉栄章宏は29年間，CTSで勤務していたが，5年前に沖縄石
油精製会社の製油所閉鎖にともない解雇された。現在，CTSに頼らない地域
経済の道を模索している。

　「復帰」前，日本政府と琉球政府は平安座島に石油備蓄・精製・加工等の石
油化学コンビナートの建設を計画し，そこを拠点にして琉球全体の経済成長を
目指す「拠点開発主義」を推進していた。このような外発的開発に対して，島

163

第Ⅱ部　経済的自立への布石

外からの大資本に頼らず，地域住民を発展の主体とし，環境と調和した発展を
目指す内発的発展の事例として注目されるのが，「ぬちまーす」社の取組みで
ある。高安正勝社長（うるま市具志川出身）の製塩事業に対して沖縄県庁の役人
は最初，軽蔑の言葉を投げかけ，沖縄振興開発金融公庫も8年間融資をしな
かった。しかし高安は「「ぬちまーす」は人類の命を救うという使命を持ってい
ると信じて，困難に負けなかった」と笑顔で私達に話してくれた。久高島に住
む内間豊は「離島には資源がないようにみえるが，島の周りには無限の海があ
る。海とともに生きれば島は自立できる」と力強く語った。

　今回の集いでは島出身者であることから生じる劣等感，琉球差別問題，そし
て劣等感の克服，島への誇りについても意見を交換した。金城実は次のように
述べた。戦後，子供の頃，平安座島には映画館，歯科医院が設立され，電気で
島は明るく，子供は靴を履いていた。他方，自分が住んでいた浜比嘉島は「海
のクジラ」と呼ばれ，電気がなく，劣等感を感じた。日本「本土」の大学に進
学したとき，「鹿児島から来た」といって琉球人差別を受けないようにした。

　新里米吉も沖縄島，特に那覇への憧れが強かった。新里が子供の頃に那覇に
行ったとき全員が靴を履いているのを見て驚いたという。新里の場合，バレー
ボールによって劣等感を克服することができた。1930年頃から本格的にバレー
ボールが平安座島で行われるようになり，1935年から1942年にかけて島のチー
ムが県大会で7連勝をした。バレーネットは漁網を使い，ボールは，ソテツの
綿を集めて紐で結び，泥水に2,3日浸けて乾燥させたものを使った。戦後直
後の1946年に，軍払い下げのボールを使ってバレー大会を開いた。1954年の全
国教員バレー大会で平安座チームがベスト8になった。全国大会参加のための
旅費は，島の住民，郷友会（平安座島以外で暮らす島出身者の相互扶助組織），海外
に住む島出身者からのカンパによって賄われた。新里は「以前は離島出身者と
いう負い目を持っていたが，バレーによって俺たちはできるんだという自信を
持った。自分自身を支える誇りが生まれ，島に対する郷土愛が深まった」と
語った。

　戦前，琉球文化を内発的に発展させた平安座島出身の人物，世礼国男につい
て仲程昌徳（琉球大学名誉教授，うるま市赤野出身）が報告した。琉球人が差別さ

164

第6章　生活に根ざした琉球の自己決定権

れ，琉球諸語を撲滅するために方言札が使われていた時代において，世礼は琉球諸語を用いた詩作を行い，『おもろさうし』の研究をし，工工四（三線の楽譜）クンクンシーの基礎を築いた。仲程は，世礼が自分の言葉を大切にすることで新しいものを生み出そうとしたとして，世礼の文学活動にみえる内発性に注目した。

　石油備蓄基地の島になった平安座島で私は次のように考えた。琉球が日本に「復帰」する際，平安座島は拠点開発主義の中心地になった。2009年11月１日現在の平安座島の人口は1425人であり，減少傾向にある。島と沖縄島とを結ぶ海中道路を通じて人が島から出ていく。CTSは経営不振に陥り，島民の従業員は解雇され，開発は失敗に帰した。しかし，聖地としての御嶽，神屋，カミアシャギ，ガー（聖泉）等が島人によって守られ，旧正月，サングァチャー，ハーリー，シヌグ，御嶽廻り，ウスデーク等の年中行事が今でも続いている。島の面積は狭いが，聖地，ノロや神人の祈り，祭りを通じて大きな生命や宇宙との繋がりを感じることができる。開発行政や大企業は地域の経済成長を約束して，島の形を変え，環境を破壊し，開発を巡る賛否の争いを共同体に持ち込み，利益を専有してきた。そのような人間の腹黒い欲望から超絶しているのがウタキでの祈りである。その祈りは，部落の安泰や健康，子孫繁栄等を願うものであり，世俗の利害を超えている。

　琉球人の自己決定権は，精神的，政治的（中央集権体制からの自立），経済的（内発的発展，島を守るための自然保護主義，開発を拒否する意思）という様々な側面があると考える。琉球における自己決定権の基盤は，御嶽，神話，伝説，儀礼，神事，祭り等を守り，執り行うシマ共同体にある。琉球の島々には御嶽があり，神事が挙行され，琉球全体が聖域であるとも言える。しかし現在でも米軍基地は琉球の土地にのさばっている。米軍基地が島の魂を抑えつけている。島の神に対する冒涜をこれ以上許してはならない。琉球の神とは平和な生活を希求する琉球人の願いの焦点であるとも言える。精神的，政治的，経済的な自己決定権を琉球人は行使して，植民地主義から解放される時期に来ている。

第Ⅱ部　経済的自立への布石

4　沖永良部島で考える奄美諸島の自己決定権

　2009年5月16日，沖永良部島において第5回「ゆいまーる琉球の自治の集い」
を開いた。歴史，農業，移住，商工業，道州制等について島の方々が報告をし，
全員で議論を行った。
　宮内茂喜は目を輝かせながら「毎日楽しく農業をやっている。作物が水を欲
しがっていると思うと，休みたいという気持ちは消えてしまう」と嬉しそうに
語った。宮内は知名町役場で働いていたが，51歳で辞めて専業農家になった。
「早期退職しても悔いはない」と言い切るほど，農業は楽しいと笑顔で話す。
沖縄島に住む自分の子供と協力して月に2回，沖縄島南部の農産物直売所で野
菜，花を沖永良部島から送って売っている。宮内は沖縄島の読谷村でも農業指
導をしている。宮内にとって沖永良部島と沖縄島は隣近所のような関係である
ようにみえる。宮内は「花の球根だけだと50円でしか売れないが，鉢植えで売
ると500円に跳ね上がる」と述べたが，工夫を凝らしながら農業に取り組んで
いることが分かる。集いの参加者の石坂蔵之助が指摘したように，市場価格に
左右されるのではなく，作物の価格を自分自身で決めていくことも自己決定権
の行使であると言えよう。
　他方，島では土地基盤整備事業が大規模に行われたことにより赤土が海に流
れ込み，生態系が大きく破壊された。島の表土は60cm程度しかなく，多くの堆
肥を使わなければならない。さらにハリガネムシ等の害虫を駆除するために農
薬の多投も必要となる。気温が高いために農家がマスクをせずに農作業をして
病気になるケースもあるという。農薬や化学肥料の使い過ぎや水田の減少によ
り，畑にミミズ，蛇等の生物が少なくなったと移住者で農業を営む多田等が指
摘した。1993年，地下水に農薬が浸透していることが明らかになって以降，農
薬の制限や環境に配慮する農法が進められるようになった。[7]
　給油所を経営する東山栄三は，沖永良部島が島嶼であるがゆえに発生する経
済問題について次のように指摘した。島ではガソリンの販売量が少なく，鹿児
島の倍の利益を出さないと商売をやっていけない。ガソリンは鹿児島から奄美

166

第6章　生活に根ざした琉球の自己決定権

大島を経由して島に輸送されるが，海が荒れるとタンカーが港に着岸できず，油が切れることも少なくない。島は身内社会であるため売掛金の回収率が悪い。給油所では定期的な点検が必要になるが，鹿児島から呼び寄せる点検員のための宿泊代，交通費等，余計な費用がかかる。島の土壌は赤土であるため，車体についた赤土を洗い落とすために高圧洗浄機が必要となる。さらに，海によって囲まれているために塩害の被害も深刻であり，機械の故障や部品交換の原因となる。

　同じ島嶼でも沖縄県の場合，復帰特別措置法によりガソリン1ℓ当たり5.5円の減額措置が実施されている。東山は「是非とも沖縄と一体になりたい。県庁に行くにも沖縄の方が近く，移動費も半分ですむ。今の流通システムは鹿児島を中心に整備されており，島の住民は余分の経済的コストを負担しなければならない」と語った。

　皆吉龍馬も自分の祖父の代から沖縄県との関係を強化するための活動を行っており，将来実現する予定の沖縄州の一部に沖永良部島がなるべきであると主張した。

　私は島の方々の沖縄諸島や宮古・八重山諸島に対する熱い思いに感動しながらも，沖縄州に沖永良部島が編入されれば自動的に島が発展するとの期待に対して疑問を持った。そもそも道州制とは国主導の「分権化」案であり，それは市町村合併の拡大版でしかない。以前，「三位一体の改革」が実施されたが，国からの補助金が減少し，自治体への権限移譲はほとんどなかった。道州制も行政範囲を拡大して自治体の効率化を推し進め，国の補助金を減らすことが最大の目的である。合理化によって最大の被害を受けるのは離島にある小さな自治体である。

　現在，沖縄県内で米軍再編計画が実施されている。同計画によって，沖縄島の中南部にある米軍基地を整理縮小して，辺野古や高江に新基地を建設する計画が進められ，沖縄島の北部に基地を集中させようとしている。沖永良部島が沖縄州の一部になれば，沖縄諸島の北部として位置付けられ，基地が建設され，軍事訓練場として利用される可能性は否定できない。「かつて沖永良部島に米軍基地があったころ繁栄していた」という声が会場から発せられた。しか

167

第Ⅱ部　経済的自立への布石

しレイプ，殺人，爆音，軍用機の墜落等，多発する事件・事故の中で生活することは本当に平和で豊かな生活なのであろうか。基地関連の補助金という麻薬に手を出すと，それに依存し続ける財政構造となる。

　会場から「沖縄と沖永良部島は，言葉，文化が同じである。私は沖縄が本当に好きであり，自分の名前の一字も沖縄風の文字に変えた。しかし，沖縄の人に自分が沖永良部島から来たと言うと，どこにあるのか，宮古の伊良部かとよく言われる」との発言があった。「復帰」後，沖縄県に住む琉球人の目は，反基地運動への支援，振興開発の要請，企業や観光客の誘致等において，奄美諸島を飛び越えて日本「本土」に注がれてきた。同じ琉球文化圏の仲間に対する思いと認識が，沖縄県の島々において大きく欠如しているのではないか。

　今回の集いに生け花を提供してくれた青年，出村秀志<ruby>出村秀志<rt>でむらひでし</rt></ruby>は次のような素朴な疑問を示した。「鹿児島から来た先生は「僻地手当」をもらい，地元出身の先生よりも多くの給料を得ている。島から鹿児島に行っても「僻地手当」がもらえない。島から鹿児島や奄美大島に行くのに多くの経費がかかる。島が鹿児島の中の一部である限り，時間，カネが余計にかかる。島の和泊町の学校で西郷隆盛<ruby>西郷隆盛<rt>さいごうたかもり</rt></ruby>の肖像画を掲げているが，それは「洗脳」である。明治維新の偉人を褒め称えるのではなく，砂糖地獄による島の苦悩を子供たちに教えてほしい」。

　「僻地手当」は宮古・八重山の島々に赴任する教師，公務員にも提供されている。離島を「僻地」であると国が認め，差別を助長している。多様で独自な自然や文化が息づき，人間関係が強い島々の方がかえって豊かであり，近代化された鹿児島や沖縄島の都市部は貧しいという価値観の転換が求められよう。国家の大事業に島がいかに貢献したかに従って島の価値を決めるのではなく，島の歴史的固有性それ自体に価値があるのである。出村のように島独自の価値に魅かれて島に帰り，生活する青年も増えてきている。

　沖永良部島において住民の集いが開催された2009年は，1609年に島津藩が琉球を侵略して400年目の年であった。鹿児島から参加した，南方新社社長の向原祥隆<ruby>向原祥隆<rt>むこうはらよしたか</rt></ruby>は，島津侵略400年の意味について次のように語った。リアリティをもって侵略の意味を受け止めている人は，鹿児島県全人口の1％，奄美諸島全人口の50％，沖縄県全人口の30％程度であろう。島津氏は関東武士団であり，鹿児

第6章　生活に根ざした琉球の自己決定権

島の先住民である隼人を支配して鹿児島に住みついた。島津家に従った関東武
士団の武将である伊藤，二階堂，土屋等の家系がいまでも県知事になる土地柄
が鹿児島である。

　奄美大島にある古書店「あまみ庵」店主の森本眞一郎も，400年前の侵略につ
いて鹿児島では誰も知らないし，加害者意識もないと言い切った。森本は琉球
弧（琉球諸島）に対する島津藩・鹿児島県による植民地支配を問う裁判を起こし
たいと述べた。近現代法に基盤をおく日本の裁判制度の中で，日本政府や鹿児
島県を被告にして近世から続く植民地支配を問うことができるのかについて，
16日の交流会が終わった後，公民館隣の草の上で数人の有志とともに話し合っ
た。アイヌ民族や世界の先住民族による裁判闘争の経験に学び，国際法を活用
しながら論点を明確にし，具体的な植民地被害の証拠を集め，裁判支援の輪を
日本や世界中に広げなければならないだろう。島々の侵略が学者によって解釈
され，幕が下ろされることに納得せず，400年前のことを昨日のことのように
感じながら，どこまでも島の歴史や現実を問い続けようとする，森本の心底か
らの怒りに触れた。

　5月17日，「〈琉球〉から〈薩摩〉へ400年1609年〜2009年」と題するシンポジ
ウムが同島において開かれた。前利潔（知名町教育員会）が司会をして，原口泉
（鹿児島大学教授）と豊見山和行（琉球大学教授）の基調講演，両氏を含めた弓削政
巳（奄美郷土研究会），高橋孝代（沖縄大学准教授）がパネラーとして参加した。全
体の議論を通じて，私は日本史・琉球史，冊封体制という狭い枠組みの中で琉
球の歴史を論じていると感じた。欧州諸国による世界中の植民地化，日本にお
ける宣教師による「宗教戦争」という世界史の中で島津藩の琉球侵略と支配を
検討すべきではないか。

　16, 7世紀という世界の大変動期の中に1609年の侵略があったのである。
1521年，フェルディナンド・マゼランがグアム，フィリピンを「発見」し，こ
れらの島々をスペインの植民地にすると同時に，メキシコのアステカ帝国を滅
ぼした。メキシコで採掘された銀を積み込んだガレオン船が太平洋を横断しマ
ニラに行き，銀が中国産の綿織物，陶磁器等と交換されるというガレオン貿易
が行われた。当時の太平洋は「スペインの湖」と呼ばれていた。

169

第Ⅱ部　経済的自立への布石

1549年にはフランシスコ・ザビエルが島津藩に渡来し同地で布教活動を始めた。それ以降，大勢のスペイン，ポルトガルの宣教師が来日し，領主や住民のキリスト教への改宗，神社仏閣の破壊，教会組織の樹立等が推し進められ，「宗教戦争」の様相を呈していた。[8]

特に九州島では大村純忠，有馬晴信等のキリシタン大名の庇護下において宣教師の活躍が顕著であり，平戸や長崎が南蛮貿易の拠点となった。当時，日本は金銀銅の宝庫として世界に知れわたり，「ジパング」と呼ばれ欧州諸国にとって垂涎の的であった。世界史をみると，欧州諸国によるキリスト教布教，交易，そして武装船団による植民地化はセットで展開されていた。同じ九州島にある島津藩は世界的な植民地化の動きを恐怖をもって受け止め，欧州諸国によって琉球が侵略される前に自らの支配下に置くために琉球侵略を挙行したのではないか。琉球国と同じく中継貿易で繁栄したマラッカ王国は早くも1521年にポルトガルの支配下に落ちた。欧州諸国の東アジア，東南アジア，太平洋への進出，日本のキリスト教化，つまり植民地化が怒涛のように推し進められていた中において，島津藩の琉球侵略が実行に移された事実を忘れてはならない。

シンポジウムの中で言及されていた「国際関係」は，朝貢冊封体制に限定されていた。同体制は中国の華夷秩序観という儒教の理念に基づき，外交のみならずアジア内の交易を促していた。琉球史もこの体制の中で成立し，発展し，崩壊したと歴史家が説明してきた。しかし中国を中心とした同心円状の静的な「国際関係」像によっては，弱肉強食の暴力が渦巻く現実の世界を認識することはできないのではないか。大航海時代から近代植民地主義時代，帝国主義時代に至るまで，アジア地域の富や稀少な産物の獲得，キリスト教の布教，領土の拡大を目指して欧州諸国が貪欲に諸国を荒らしまわっていたのが世界史の実態である。

島津藩支配下の奄美諸島における，厳しい砂糖収奪や奴隷制の世界史的意味も，三角貿易下にあったカリブ海諸島と比較してこそ明らかになるだろう。17～18世紀にかけて，西欧から武器・雑貨が西アフリカに運ばれ奴隷と交換され，商品としての奴隷がカリブ海諸島，アメリカ大陸にもたらされ，砂糖黍プランテーションにおいて酷使された。奄美諸島の場合は，島津藩が雑貨等を島

第6章　生活に根ざした琉球の自己決定権

にもたらし，島民を労働力として使うなど，奴隷制，砂糖黍プランテーションが同諸島内においても形成されていた。[9]

　砂糖黍プランテーションは16世紀にポルトガルが自らの植民地，ブラジルで始め，その後，中南米，フィリピン，ジャワに拡大しており，奄美諸島における砂糖搾取時代と同時期である。ポルトガル，スペイン，オランダ，フランス，イギリス等がアジア，アフリカ，アメリカ大陸，カリブ海諸島等に住む先住民族を征服して世界的な収奪の体制を作り上げた。[10]奄美諸島でも先住民族としての琉球人が搾取，支配の対象になったのである。

　与論島出身の喜山荘一は『奄美自立論』の中で次のように述べている。「鹿児島には奄美と見るや，あからさまな侮蔑を加える人物がいるのはなぜなのか。しかもとても威圧的なのはなぜなのか。奄美を直接支配した歴史に批判的な声がかの地で皆無に近いのはなぜなのか。県の歴史のなかで奄美の歴史が触れられることはほとんどないのはなぜなのか。与論では共通語を使いましょうと執拗に言われてきたのに，鹿児島では子どもたちも鹿児島弁をおおらかに喋っているのはなぜなのか」。[11]

　2009年は琉球の島々で「400年」を問うシンポが開催されたが，侵略側の鹿児島では議論がほとんど行われていないという。喜山が指摘するように「奄美は琉球ではない，大和でもない。だが琉球にもなれ大和にもなれ」と，奄美は二重の疎外を受けてきた。奄美が鹿児島県，沖縄県のどちらかに帰属することによっては，二重の疎外から脱することはできないだろう。大きなものに帰属すれば，そこからまた新たな悲劇の歴史が生まれるだけである。島に住む人間の自己決定権の行使によってしか，400年間の植民地支配から解放されないことを，沖永良部島の集いやシンポから学んだ。

5　奄美大島の自己決定権

　奄美諸島と，沖縄諸島や宮古・八重山諸島との間には，長い年月にわたりヒト，モノ，文化の交流があり，琉球文化圏が形成されてきた。しかし1571年に尚元王が第3回の「大島征討」を行ったように，宮古・八重山諸島と同じく，

171

第Ⅱ部　経済的自立への布石

奄美諸島も王国が武力によって併合した島々である。特に奄美大島，喜界島の人々は最後まで王府に激しく抵抗し，王国の支配を喜んで受け入れたわけではない。

そして太平洋戦争後の米軍統治下において，琉球政府は奄美諸島出身者を公職から追放し，選挙権も奪った。「大島人」として社会的差別の対象にもなり，同じ琉球人同士が差別・被差別の関係に陥った。かつて沖縄島の住民が奄美大島に来て，「ともに協力して日本から独立しよう」と呼びかけたこともあったそうだが，その態度は「大和的」で，沖縄島の那覇・首里中心主義の視線が奄美大島の方々から反発を招いたという。[12]

奄美諸島と，沖縄諸島や宮古・八重山諸島との大きな違いは，奄美諸島が島津藩・鹿児島県による支配と搾取に直接的に晒されてきたことから生じている。1609年，奄美諸島は琉球国から切り離され，島津藩の直轄領となり，黒砂糖搾取の対象とされた。債務奴隷が生み出され，飢饉，餓死，抵抗という過酷な歴史を歩んできた。戦後も鹿児島において奄美諸島の人々は「しまんし」として差別された。[13]

奄美大島に住む麓憲吾は，奄美諸島と鹿児島との関係について次のように語る。「役所関係は鹿児島人によって独占され，島の子供たちは教員，警察官等から鹿児島弁で叱られることが多かった。鹿児島とは言葉，文化が異なり，劣等感が生まれた。鹿児島の先生が奄美の文化を教えていた。幼い頃，学校で島唄を学んだことはない」。[14]

鹿児島との経済格差の是正を目標とする「奄美群島振興開発事業（奄振）」という名の開発を通じた，鹿児島県による支配体制は，現在も続いている。同事業の内容は，鹿児島県庁の地域振興局が実質的に決定しているという。県の出先機関である大島支庁は，名瀬市街地を一望できる「おがみ山」の登り口近くにある。支庁は市街地を見下ろす場所にあり，住民の生活を左右する権力を誇示するかのような，地政学的な場所を占有している。

しかし，琉球文化圏の島々の価値は，「中央」に対して政治経済的，文化的，歴史的にどれだけ貢献したかに応じて決まるのではない。その島，島民自身が生きてきた歴史過程，現在を生きる人の意志や姿勢こそ島の価値を作り上げる

第6章　生活に根ざした琉球の自己決定権

のである。琉球文化圏に存在する50近い有人島は，それぞれが境界性と独自性を有している[15]。島嶼の文化は，様々な地域との交流の中で形成されたのであって，「中央」との関係によって規定されたのではない。琉球文化圏は，奄美諸島，沖縄諸島，宮古・八重山諸島を一応の地理的範囲としているが，琉球文化圏と外部世界との境目を明確に確定することはできない。アジア太平洋の文化や歴史が島のそれらと融合し，島同士で影響を与え合いながら琉球文化圏の歴史や文化が育まれてきた。東西南北に開かれた場所が琉球文化圏である。

　1953年に奄美諸島は日本に「復帰」し，振興開発が実施されてきた。国主導の開発は，奄美に何をもたらしたのだろうか。「復帰」時における奄美諸島の人口は約20万人であったが，2014年度現在は11万8773人（女性6万2040人，男性5万6733人）に減少した[16]。生活保護率や失業率も高い。大島紬も最盛期の10分の1の生産規模にまで縮小した。限界集落も多く，若者も職を求めて日本「本土」の工場や琉球のリゾート施設等に季節労働者等として働きに出る。緑の山が削られ，コンクリートのトンネルと道路が島を縦貫している。また離岸堤や護岸堤等の工事が実施され，土地改良事業により赤土が海に流出し，サンゴ礁も破壊された。これら公共事業によって生活が便利になり人口が増大し，企業誘致が進むと期待されたが，実際には，人口は減少し，産業も衰退し，公共事業それ自体が自己目的化する経済構造になった。

　2007年11月17日から19日まで奄美大島宇検村にある平田公民館において，第2回の「ゆいまーる琉球の自治」の集い（以下「集い」に略する）が開かれた。平田は，奄美大島の中心地である名瀬から車で2時間半はかかり，「行きやすくて便利な」場所とは言えない。全面積の約90％が山間部で占められる宇検村は，焼内湾を抱くような形をしている。1973年，東亜燃料工業が，焼内湾の出口に浮かぶ枝手久島にCTSを建設する計画を示した。外部企業の誘致による村の活性化を希望し，受け入れを喜ぶ村民もいた。しかし，村の土地や海を守るために，工場建設に反対する「枝手久闘争」が展開され，1984年に同計画は撤回された。平田在住の山下春英も，この闘争に参加したが，「集い」において「向こうから来たら，追いかえすまでだ」と決然と語った。2007年には，核廃棄物処理施設の建設計画が浮上したが，それに反対する村長が当選した。奄

173

第Ⅱ部　経済的自立への布石

美大島という「離島」のさらに「辺境」にある宇検村は，近代化を謳歌する都市住民の「ゴミ捨て場」として狙われてきたのである。

「集い」の交流会において国馬和範・宇検村村長は，「ゆいたぶ（相互扶助）に基づく村政を行なっている。財政は厳しいが，今後10年は市町村合併を行なわない」と語った。名瀬市，笠利町，住用村が奄美市への合併を選択した中で，宇検村はこれに加わらなかった。平田在住の新元博文も，「宇検村だと自分たちだけで何もかもやれるが，奄美市と合併したら何もできない。中心地が豊かになるだけで周辺地域はかえって衰退する」として，宇検村は独立して生きていく道を歩んでいくと述べた[17]。奄美市との合併拒否は宇検村民による自己決定権の行使であると言える。

村民は，各自の畑で野菜や果物を栽培し，海で魚を獲り，焼内湾では真珠，マグロ，車海老等の養殖を行っている。林業生産者組合長の新元は，山の傾斜に応じて椎茸や果物等の作物の種類を変えて栽培する，山を活かした島おこしを実践している。

平田で農業，民宿業を営む春キミエは，次のように語った。「月3万円もあれば十分に生活できる。金が無くても生活は豊かである。自分の畑，隣人から借り受けた畑で野菜や果物など様々な作物を栽培する。自家消費して残った作物は，隣人と物々交換するほか，遠くに住む家族や親戚に送る。平田の無人販売店や名瀬のフリーマーケットで売ることもある[18]」。家族や近隣の住民の健康を考えて，有機農法で栽培している。作物の大部分は貨幣化されず，市場の消費システムにも投入されないため，数値化された県民所得の増加には反映されない。しかし，このような自給自足は人々の経済的自己決定権の基盤をなしているのである。

琉球のシマ（地域共同体）には共同売店と呼ばれる店舗があり，住民同士で出資し合い，運営を行なっている。平田でも1930年に「平田信用販売利用組合」が設立され，1世帯当たり1株以上の株を購入し，960株分の出資金によって共同売店が設置された。平田商店は，住民が憩い，生活に必要な情報を交換する村の拠点でもある。新元も，現金が不足した時期には共同売店でツケ買いをすることができ，生き長らえることが可能になったと語った。

第6章　生活に根ざした琉球の自己決定権

　平田の集いでは，その他にも興味深い話を聞くことができた。奄美市役所元
職員の花井恒三は，次のように述べた。「経済学者，コンサルタント会社は，
統計数値で奄美をみるべきでない。人口，開発資金等の規模でみると，奄美は
沖縄の10分の1の場所であり，奄美は沖縄の奥座敷と言われている。しかし奄
美は沖縄に同化しない。独自のポジションを持っている」。

　沖縄県の島々では「日本に同化しない」という言葉がよく聞かれる。「沖縄に
同化しない」という発言から，奄美諸島の人々が，日本「本土」に対してだけ
でなく沖縄県の島々に対しても緊張感を持って向き合っていることが分かる。

　長年，環境問題に取り組んできた薗博明は，次のように訴えた。「動植物を
原告にした裁判である「自然の権利訴訟（別名アマミノクロウサギ訴訟）」を起こ
した。行政は「アマミノクロウサギは百害あって一利なし。自然で飯が食える
か」として裁判を批判した。今は，そうした人物が「自然に配慮を」という時
代になったが，言葉だけではないか。奄美の海は瀕死状態にある。海は陸より
もひどく，哀れである。住民は，自らの財産である自然を破壊してきたことを
反省しなければならない。反省がなければ，将来の開発計画も意味がない。な
ぜ道路を拡張し，護岸堤のかさ上げをするのか。第3次の奄振計画の予算額は
大きく増加し，予算消化自体が目的化している。これは沖縄の悪い影響であ
る。この状態が続くと島がなくなり，文化，生活の土台が消えてしまう。自治
とは，島の自然や文化や先人の生き方を守ることである。奄美には「なきゃわ
きゃまーじん，きばりんしょうろ（あなたもわたしも一緒に頑張りましょう）」とい
う，自治をあらわす言葉がある」。

　裁判の原告に島の動物がなったように，島の上で生活する人間も動植物も対
等であり，人間は動植物との交流を通じて文化を生みだしてきた。振興開発は
一時的な利益の獲得を目指しており，人間と島の生命との緊密な関係性を切断
してきた。

　奄美大島には，振興開発に頼らない生き方を実践している青年がいた。前田
守は果物販売店「やっちゃば」において，インターネットを活用した島の特産
物を島外に販売する事業を展開している。奄美大島大和村にある自らの畑でタ
ンカンを栽培するとともに，IT起業塾という研修事業にもかかわり，起業家

175

第Ⅱ部　経済的自立への布石

を育てている。前田は次のように語った。「たとえ大手企業が「やっちゃば」を模倣しても負けない。奄美の人々は，価格よりも人間関係を重んじるからである。5年前までは自分達だけが儲かればいいと思っていた。今は地域全体の発展が自分の発展につながると考えるようになった。内地の企業が来たら自動的に島の経済が良くなるとは限らず，地元業者が崩れるだけである。事業者の規模は小さくてもよく，1人ひとりの思いが大切である。インターネットを通じて島人の思いを内地の人に伝えたい」。

単に商品を消費者に販売するのではなく，果物を通じて人と人との心を結ぼうとしている。例えば，徳之島の農家が竜巻でメロンハウスが破壊されたことがあった。その後，何人かの購買者が資金を出し合ってメロン農家に寄付を行なった。農家も人の温かい気持ちに接し，心を奮い立たせて農業を再開することができたという。

麓憲吾は，「内地のスタンダードに左右されず，奄美の価値観」に住民が目覚めるための拠点として地域FM局を設立し，奄美から文化や情報を発信している。麓は次のように語る。「2003年の「日本復帰50周年」の時，地元の人間が奄美をいかに知らないかということに気づいた。そしてラジオによって奄美を客観的に捉え，島に対する思いを実行に移し，人と人とを繋ぐことができると考えた。島に帰り，仕事もなく諦めている若者に対して，島の中には様々なジャンルにおいて「できる」ことがあると，ラジオで伝えられるのではないか。鹿児島にあるラジオ局の電波が島に届いているが，島とは言葉が異なり，「リアリティ」が感じられない。住民を中心に会員を募集し，会費を運営費の基盤とする市民参加型ラジオ局「あまみエフエムディ！」を2007年に開局した。内地の評価に左右されず，住民からの強い支持があれば，ラジオ局を存続できる。これまで島に劣等感をもち，島外に憧れ，外の情報が正しいと考え，内地の情報に操作されてきた。しかし，ラジオから「シマグチ（島口）」が聞こえるようになり，高校生がオリジナルの島唄を歌い，島がおもしろくてカッコイイと考え，島に誇りを持って「島ンチュ（島人）」という意識をもつ若者が増えた。島から出ても「シマに帰ってきたい」と思う心が大切である」。

麓は，進学・就職で島を出た若者を呼び戻し，ともに協力しながら自分達の

第6章　生活に根ざした琉球の自己決定権

島をつくりあげようと若者に訴えている。土地に対する強い愛と島人としての誇りを，麓の言葉から感じ取れる。麓の話を聞いて，薗は「麓さんのような若い人が島の宝を大切にしようとしていることを知り，今日は宇検村に来た甲斐があった」と笑顔で語ったのが嬉しかった。

　自己決定権とは，土地が有する地域の文化，自然，記憶を守ろうとする人間の本能の現れである。国が「上からの振興開発」によって地域を開発し，支配し，地域が衰亡に向かおうとする中で，地域住民が自衛本能として地域の建て直しを進めている様を，奄美大島の地において確かめることができた。

　夜の交流会において，平田の若者が語った言葉が忘れられない。若者が護岸堤を「爆破してしまいたい」と叫んだという。それは実際に爆破するのではなく，自分達を支配する外部勢力，公共事業依存型の島の経済，自然を征服しようとする人間の身勝手さなどに対する言い尽くせぬ怒りと，無力感が言葉になったものと考える。後日，平田の集いに参加した詩人の上田假奈代と，音楽家の港大尋が，大阪釜ヶ崎にて平田の青年の叫びを朗読と音楽によって表現したときにも，あらためて島の土地と青年とを結びつける強い絆を感じた。

　奄美大島平田では，自己決定権の土台が土地にあることを主張し，そうした考えに基づいて生活をしている人々に出会った。平田の共同売店の隣には，相撲場，アシャゲ（奄美諸島の聖なる場所），平田公民館，無人の販売所があり，村の政治経済，信仰が同一地点において融合している。住民の直接参加による討議が公民館で行われ，村の方向性が決定される。また，「ゆいまーる」で設立・運営されている共同売店や無人販売店が島民の生活を支えている。アシャゲにおいて儀礼や祀りを行い，土地の神に祈るという島の信仰が生きている。その一方で，村は，外部世界に対して窓を閉ざしているのではなく，共同売店の前にあるバス停が象徴しているように，外に対しても常に開かれている。

6　伊江島の自己決定権

　2008年3月15日から17日まで，伊江島の「わびあいの里」（以下，「里」に略する）において第3回の「ゆいまーる琉球の自治」の集いが開かれた。伊江島は，

第Ⅱ部　経済的自立への布石

琉球の平和運動家である阿波根昌鴻が生まれ育ち，生活していた島である。阿波根の平和思想と現実の島との乖離を，伊江島に上陸して最初に目にすることになった。それは，沖縄米軍基地所在市町村活性化特別事業（島懇事業）で建設された，モダンで真新しい港ターミナル施設である。同施設には，歴史民俗資料館，ホール，土産品店，村役場の一部等があった。その他，ため池，ゴルフ場，伊江島タッチュー（山）にある土産品店等，島にある施設の中には基地関連事業で建設されたものが少なからずある。

　阿波根は，生涯にわたり土地契約を拒否した反戦地主であった。しかし現在，島では契約地主が大半であり，伊江村の財政も基地関連収入に大きく依存している。島の約3分の1を基地が占める伊江島の現状は，基地と開発を交換しようとする日本政府の国策の実態を分かりやすい形で示している。いま琉球は，米軍基地を通じた日本政府の支配を受けているが，そこから脱却するための人間の生き方を阿波根から学ぼうと考えた。

　阿波根とはどのような人間であったのだろうか。阿波根とともに行動して約40年になる謝花悦子は，次のように語った。「阿波根は「農業はこの世で1番の宝」と考え，島の北西部の土地を買い集めてきた。草しか生えず，海水を被るような土地であったが，アダンや草を植え，昼夜，土地を育て，その後10年して野菜が育つようになった。面積の狭い島に適した小規模農業の教育を行う，デンマーク式農業学校の設立を準備していたが，その完成を目前にした頃に戦争が始まった。1944年に日本陸軍が伊江島飛行場を作ったが，それがあったために伊江島は戦場になった。島は全滅した。現在まで国は何の補償をせず，反省もしていない。戦後，米軍は島全体を飛行場化した。伊江島では米軍が銃剣で住民を脅し，家屋や畑に火が放たれ，追い出されて基地が建設された。軍人を訴える人々は逮捕され，住民を殺した軍人も無罪放免となった。人間が人間として扱われない島であった」。

　「阿波根がつくった「ヌチドゥタカラノ家（反戦平和資料館）」に住民の闘いが凝縮されている。阿波根の平和運動の特徴は，平和が生活と密接に結びついているところにある。基地を撤去すれば終わりではない。自分で食べる食材を自分の手で育てる。人が生きるための作物を作ることが本来の農業である。現在

の農業は，カネになるものしか栽培しない。島で盛んに栽培されている電照菊
は，花とはいえない。電気をつけてだまして作ったものである。出荷できない
花は投棄されている。阿波根は切花を嫌い，花の首や手を切るなと言ってい
た。阿波根は，購入した土地で自分達が食べるものを「ゆいまーる（相互扶助）」
で育てた。阿波根は「ゆいまーる」を5本の指に例えている。指は全部違い，
1本だけで威張ることなどできず，皆平等である。力を合わせれば何でもでき
る。私も足が不自由であるが，膝をついて「わびあいの里（ヌチドゥタカラノ家，
学び合いの施設，畑，養鶏場等を含む場所）」の畑の世話をしている。平和とは自
給，農耕であり，自分の足で立つことである。国が経済的に揺さ振りを掛けて
来てもたじろがないことが，平和の礎となる。島の大部分は変わったが，この
「わびあいの里」だけは昔の伊江島のままにしたい。阿波根の生き方を今後ど
のように行動に移すかが課題である。阿波根の生涯は実践のみであった」。

　阿波根は，平和と生活とを一体のものとして考え，生きる基盤である島の土
地を，身体の一部であるかのように愛しんできた。日本軍や米軍から土地を強
奪され，人間としての生き方を否定されても，土地に両手両足でしがみつくよ
うにして土地の奪回を求めてきた。

　「琉球において土地とは何であろうか」と考えながら，伊江島を歩いた。現
在，島の各地には「求む軍用地」の看板が見られ，土地が売買の対象となって
いる。特に国が民有地を買い上げて，基地保有の永続化を図ろうとしている。
葉タバコを栽培する小型で黒色のビニールハウスが無数の直線を島の上に刻み
込んでいる。照明器具が菊の上で垂れ下がり，農薬が散布されていた。サトウ
キビを利用したバイオエタノール実験施設もある。コンクリートの溜池・給水
施設が所々にあり，地下ダム建設という大規模開発も進行中であった。伊江島
は大量のエネルギーやカネを投下した「農業工場」のように見えた。基地関連
の補助金によって農業インフラが整備され，農業先進地域と言われている。地
域活性化の成功例を学ぶ島外からの視察団も多いという。また観光業でも修学
旅行生を民家に宿泊させる「民泊事業」が成功をおさめ，観光業の最先端を走
る島でもある。

　1989年，伊江村は，米軍射爆場を受け入れて約55億円の現金収入を得ること

第Ⅱ部　経済的自立への布石

ができた。その後さらに米軍のパラシュート降下訓練も受け入れた。外からカネがつぎ込まれないと維持できない経済システムが島に形成され，基地と地域振興がリンクするようになった。農業を中心としたインフラ施設を整備すればするほど，その維持・管理・修繕費は，村財政の大きな負担となり，基地をテコとした外部資金への依存度が深まる。沖縄島の基地所在市町村も，同様な経済構造を有している。そこに国は目を付け，札束によって土地の受け渡しを求める米軍再編推進法を実施するようになった。日本政府は，カネによって処理できない問題はないと豪語し，土地から民族の記憶を奪い去ろうとしているかのようである。

　人工的な島の風景から一歩，脇道にそれて「わびあいの里」に足を踏み入れると，異なる思想に裏付けられた生活の実質に接することができる。この一区画に，多様な作物が無秩序に育てられている。ブロイラーではなく，自然のままで鶏が小屋の中で鳴いている。ここでは，別棟での宿泊も可能であり，食堂もあるが，食材はこの畑で作ったものである。

　米軍から土地を強奪された，伊江島真謝区民は次のように叫んだという。「真謝は我々の古里だ。祖先の血と汗がしみついている」。土地を奪われた阿波根は，「伊江島土地を守る会」，「全沖縄土地を守る会」を組織して，自らの生活の土台となる土地の返還を求めた。米軍基地の目の前に「団結小屋」を建設して，近寄ることの許されない自らの土地を見守ってきた。土地を奪回して農業学校を再建する希望を持ちつづけたまま，2002年に101歳の生涯を閉じた。「わびあいの里」や「団結小屋」の壁に記された阿波根の文字は，魂の拠り所を奪われた者の心底からの怒りを含んでいた。

　阿波根が守ろうとした土地は，カネを生み出す生産要素でもあるが，それ以上に民族が生きる精神的，身体的な基盤であった。人間が互いに協力しながら食するものを自らの手で生産するという，外部者に依存しない安定した生活空間である。軍用地を有する地主には地代が支払われるが，土地の用途は自由にならず，土地の上で自らの頭や手足を使う機会も奪われる。祖先の記憶とのつながりが断ち切られ，住民は歴史的，精神的な根っこを失った単なる「経済主体」に堕してしまう。

第6章　生活に根ざした琉球の自己決定権

　土地を奪うことと「記憶の死」との関係について真木悠介は次のように記している。「アメリカ原住民の世界の白人による解体の歴史のなかで，白人によるかれらの略奪や殺傷にたいして以上に，自然の破壊や土地からの追放にたいして，かれらが深い怒りと絶望を示したという事実がいくつも伝えられている。これは近代の価値観からみると奇妙に非合理的な倒錯にみえるけれども，これらの土地＝自然こそがかれらのすべての過去を現在化せしめていたものであり，そのことによってかれらの存在を，たしかな恒常性として保証していたものであった。白人は原住民を殺害することでその生を奪うけれども，その土地＝自然を解体し接収することで，たんにその生のみならずその死をも奪うのである。これらの破壊と追放によってはじめて，これらの原住民たちは死というものを，近代人の考えるような死として，すなわち絶対の帰無として感覚し，戦慄することができたはずである。かれらにとってこの時，過去はもはやないものとなったのであり，そして現在も，やがて無化するであろうものとなる」。(傍点原文)

　米軍によって伊江島，沖縄島の土地が略奪されたが，それは琉球人にとって，過去，現在そして未来を奪い，「絶対の帰無」に陥れる行為であったのである。

　米軍が伊江島の土地を取り上げる際，琉球を「第二のハワイ」にしてやると次のように述べた。「あなた畑すると難儀，金たくさん取って那覇に貸家をつくる，オイシイもの食べて，ラクして金持になる，こんな田舎ダメ，あなたの頭イモ頭」。それに対して阿波根は，「土地は万年，金は1年」と言って拒否し，次のように語る。「欲しがっているのは土地である。—彼らがもっとも必要とし，かつ欲しがっているのは沖縄の土地である。それにもましてわれわれ沖縄人や農民には土地は生命であり，もっとも大事なものである。土地にかわる宝はないからである。土地は永遠に生命を生み続ける偉大で高貴な力をもっている」。

　現在，ハワイでは島外から進出した観光業者が多くの利益を得ており，先住民族であるカナカ・マオリは生活の拠点を奪われ，州の中で最も寿命が短く，犯罪率や失業率が高く，所得が少なく，ホームレスが多い最底辺の階層となっ

181

第Ⅱ部　経済的自立への布石

た。琉球も観光や基地のために土地が奪われ，男性の寿命が短くなり，社会的底辺に流れ込む人々が増えており，琉球人もカナカ・マオリと同様な境遇におかれつつある。他方，カナカ・マオリは，民族の聖地であるカホオラベ島における米軍の射爆訓練を中止させ，1993年には，100年前に米政府がハワイ王国を滅亡させたことを，大統領，米上下両議院に謝罪させた。土地を身体の一部と考えるハワイの先住民族の生き方と阿波根のそれが重なり合う。

　久高島の内間豊は，「集い」において次のように語った。「土地は憲法，法律，文字では守れない。女の信仰で守る。久高島では，1人に分配された土地約300坪を30箇所に点在させている。土地による作付け条件の違いを配慮したものである。先人たちのリスク管理といえる。法律論争ではなく，ご先祖が作られた制度を学ぶことが重要である。皆が公平で公正の関係にあるからこそ，年間20以上の行事を行うことができる」。

　奄美大島の新元博文も，「平田の共有地を売らないという規約をつくる。どんな外圧がきても土地があれば生きていける」と語った。

　島人にとって土地は，共同体・信仰・儀礼生活の場所であり，生きる根拠や勇気の源泉となる。島外から提供されるカネの誘惑に対して，決然と拒否の意思を示す上で最後の砦となるのが「島の土地と海が自分の身体と同一だ」と考える琉球人のプライドである。

　島に住む琉球人にとって，土地が有する経済的，地政学的側面は二次的でしかない。面積に限りがあるという島嶼社会の特徴から，土地を島外者に占有された琉球人は，生活する場所を失い，精神的，身体的に彷徨うほかない。太平洋島嶼国の大半では，広大な共有地が存在し，外国人・企業による土地所有を禁止している。土地から切り離された島嶼民は，社会経済的に生活する土台が失われるだけでなく，死者となったとき魂として帰るべき場所をも喪失するのである。

　琉球人は土地奪回闘争，CTS反対運動，共同売店，土地憲章，土地の総有制，地産地消活動，公民館活動等を通じて内的自己決定権を行使してきた。しかし日米両政府は，琉球人の抵抗にもかかわらず，強制的に土地を奪い，今も辺野古に新基地を建設している。「沖縄県」という政治的地位では日本の中におい

182

第6章　生活に根ざした琉球の自己決定権

て琉球人は平和に生活することが不可能であると考える人が増えてきた。琉球が日本から独立するという外的自己決定権を行使する時，琉球人がこれまで培ってきた，生活に根ざした自己決定権が大きな力を持つと考える。琉球人は琉球という土地で生活してきた民族であり，国連憲章，国際人権規約等の国際法によって民族は自己決定権を行使することが認められている。琉球人は世界の民族と同じように独立することができる権利を有している。2007年に国連で採択された「先住民族の権利に関する国際連合宣言」は先住民族の土地権を認めている。琉球という土地に最終的に責任をもち，それに対する決定権を有しているのは琉球人である。

1）　座間味村編『海と生き，島を活かす（沖縄県座間味村村勢要覧）』座間味村，2009年，6〜7頁。座間味島におけるNPO法人「ゆいまーる琉球の自治の集い」は2011年11月10日午後から始まった。宮平賢氏が参加者と島を歩きながら，鰹漁時代や沖縄戦に関わる史蹟，神に祈りを捧げる場所，島の風土等を説明して下さった。その後，宮里清五郎氏が自ら立ち上げた慶良間海洋文化館において海の生活，戦争，交易，鰹漁等の歴史を説明された。翌日は，阿真区公民館において朝9時から参加者が車座で議論した。ダイビング業を営む中村毅氏が座間味島の「産業の変遷と自然環境保全の意義」，宮里清太郎氏が「戦前・戦後復興時における村役場の役割とは」を話された。午後は，阿真区長の糸嶺勇氏が「阿真地区の地域課題と区の取り組み」，ホテル経営者であり村の第三セクター社長でもある垣花武信氏が「地域会社としての『21ざまみ』」，そして写真家の高松明日香氏が「座間味の美しさと未来」を報告された。

2）　座間味村編『座間味村の概要（平成23年度版）』座間味村，2013年，1頁。

3）　座間味村編『広報ざまみ』第29号，第32号，第35号，第40号，第43号，第48号，第53号，第57号，座間味村，2003年〜2010年。

4）　『自治新報』第192号，2002年2月号，8頁。

5）　「座間味村入域観光客数」http://www.pref.okinawa.jp/site/kikaku/chosei/documents/zamami2-20150901.pdf（2015年10月25日確認）。

6）　詳しくは松島泰勝『琉球の「自治」』藤原書店，2006年を参照されたい。

7）　沖永良部島100の素顔編集員会編『沖永良部島100の素顔―もうひとつのガイドブック』東京農業大学出版会，2008年，44頁。

8）　松原久子『黒い十字架』藤原書店，2008年。

9）　名越護『奄美の債務奴隷ヤンチュ』南方新社，2006年。

10）　E・ガレアーノ著，大久保光夫訳『収奪された大地―ラテンアメリカ500年』藤原書店，1997年。世界の多くの植民地は第二次世界大戦後，脱植民化運動を通じて独立を実現することができた。琉球における脱植民地化運動を世界的動向と関連させて考察し，

第Ⅱ部　経済的自立への布石

琉球人の自己決定権の根拠と琉球の将来像を示した文献として，琉球新報社・新垣毅編
著『沖縄の自己決定権—その歴史的根拠と近未来の展望』高文研，2015年を参照されたい。

11)　喜山荘一『奄美自立論—四百年の失語を越えて』南方新社，2009年，110頁。

12)　2007年2月16日に行った，奄美大島奄美市在住のジャーナリスト・原井一郎氏に対す
るインタビュー内容に基づく。

13)　2006年11月3日に行った，奄美大島奄美市在住の歴史家・親里清孝氏に対するインタ
ビュー内容に基づく。島津藩・鹿児島県による奄美の支配と抵抗については，原井一郎
『苦い砂糖—丸田南里と奄美自由解放運動』高城書房，2005年，債務奴隷については名
越護『奄美の債務奴隷ヤンチュ』南方新社，2006年を参照されたい。

14)　2007年6月1日に行った，奄美大島奄美市在住のあまみエフエムディ！代表・麓憲吾
氏に対するインタビュー内容に基づく。

15)　高橋孝代『境界性の人類学—重層する沖永良部島民のアイデンティティ』弘文堂，
2006年において，沖永良部島は，奄美諸島と沖縄（沖縄県の島々），日本と沖縄，北奄
美と南奄美との境界の島として位置付けられている。

16)　鹿児島県大島支庁編『奄美群島の概況（平成26年度）』鹿児島県大島支庁，2015年，51頁。

17)　奄美諸島における市町村合併の問題性については，久岡学他編『田舎の町村を消せ！
—市町村合併に抗うムラの論理』南方新社，2002年を参照されたい。

18)　2007年9月5日に行った，奄美大島宇検村平田在住の農家・春キミエ氏に対するイン
タビュー内容に基づく。

19)　真木悠介『時間の比較社会学』岩波書店，2003年，25～26頁。

20)　阿波根昌鴻『米軍と農民—沖縄県伊江島』岩波書店，1973年，23頁。

21)　同上書，187頁。阿波根の思想と実践に関しては，阿波根昌鴻『命こそ宝—沖縄反戦
の心』岩波書店，1992年，佐々木辰夫『阿波根昌鴻—その闘いと思想』スペース伽那，
2003年を参照されたい。

＊本章は，筆者による次の諸論文を大幅に加筆修正したものから構成される。「久高
島で考える「琉球の自治」」『環』vol.30, 2007年，「奄美大島・伊江島で「自治」を考
える」『環』vol.34, 2008年，「琉球史を世界史の中で捉える」『環』vol.38, 2009年，「琉
球・平安座島から自治を考える」『環』vol.40, 2010年，「世界・琉球・座間味の中の
座間味」『環』vol.48, 2012年。

終 章

琉球独立の方法と国家像

　本書では琉球独立後，「琉球国が国民のために何を与えるのか」について論じることを敢えてしなかった。なぜなら，新たな国から受け取るモノやカネが多くなければ独立に賛成しないという心性の持ち主が多いままでは，実際に独立できないと考えたからである。世界中の植民地が独立するとき，多くの民族は自らが有する自己決定権を行使して独立を果たした。独立後も内的自己決定権（自治）によって国を運営してきた。独立前に内的自己決定権や内発的発展がどのように内実をもって実践されてきたのかが，琉球独立の達成において大きな意味を持つのである。

　琉球が戦後の米軍統治時代から「復帰」後の今日まで，日米の植民地であったという認識を持ち，それから脱しなければ人として生きることができないという，心底からの強い意思がなければ独立は不可能である。幸いなことに，琉球には自らの歴史，文化，自然に責任をもって社会発展を内発的に切り開いてきた人々がいる。また独立するための基盤となる内的自己決定権を琉球の島々で行使してきた人々もいる。独立することによって内的自己決定権をさらに幅広く行使し，この地球上で自由に平等に人間として生活することができると考える人が増えれば増える程，独立への道は近くなる。それが実現可能な独立へのプロセスとなる。

1　琉球独立の方法

　琉球と日本は元来，琉球国と日本国という独立した2つの国の関係にあった。それが1879年に琉球が日本に併合され，戦後は日本から切り離され米軍に

185

第Ⅱ部 経済的自立への布石

よる支配を受けた。このように政治的に別領域にあったのが琉球なのである。
1972年の「復帰」は日米両政府によって決定されたのであり，植民地の当事者
である琉球人は住民投票によって自らの意志を示す機会が与えられなかった。
これは国際法違反であり，琉球の政治的地位の変更過程に関して国際司法裁判
所に日米両政府を訴えることもできよう。

　琉球と日本とは支配・従属関係，宗主国・植民地関係として認識する必要が
ある。両者間には権力関係が入るゆえに，現在でも米軍基地の押しつけという
問題が存在し続けているのである。琉球が日本の植民地のままでは「経済自立」
や「格差是正」が実現することはない。これまで琉球に実現不可能な目標が設
定され，米軍基地が押し付けられてきた。本来の琉球の目標は脱植民地化であ
り，植民地状態を終わらせることはそのまま，自立経済の歩みがやっと始まる
ことを意味する。

　戦後70年，日米の植民地として扱われた琉球が独立できるのであろうか。こ
れまでの琉球独立に関する私の著作で論じたように，植民地の民族が有する自
己決定権を行使すれば独立することができる。宗主国である日本政府や国会の
承認を得る必要はない。独立は国内問題ではなく，国際問題なのである。植民
地支配を続けたい宗主国が独立の許認可権を持つのであれば，世界でこれまで
多くの植民地が独立して，国連の加盟国になったという事実を説明することが
できない。

　琉球独立は次のようなプロセスで進むであろう。沖縄県議会が，国連脱植民
地化特別委員会の「非自治地域」リストに琉球を加えることを求める決議案を
採択する。各種の国際機関からの協力を受けて，琉球は「非自治地域」となり，
国連の支援を得ながら脱植民地化のための活動を展開する。民族の自己決定権
を行使して，国連監視下で住民投票を実施し，独立を支持する有権者が過半数
を占めれば，世界に独立を宣言する。そして世界の国々が国家承認し，国連の
加盟国になる。多くの国々と修好条約を締結するなどして外交関係を結び，貿
易・投資・観光等の経済活動を自由に展開する。独立にともない，日本政府の
国有地は収用され，米軍基地，自衛隊基地は琉球から撤去され，その跡地をこ
れまでの跡地利用の経験を活かしながら有効に活用し，琉球経済を自立化させ

186

る。

　今後どれほど琉球で振興開発を続けても，経済自立することはない。基地を押し付けるために振興予算が流用され，日本企業による経済支配が進むだけである。琉球社会は基地や振興開発を巡り分裂させられ，日本政府や日本国民のマジョリティによって琉球の現在や未来が決定され，琉球人は日本政府の意向に従うことが条件で島での生活が許されるという奴隷的存在に成り果てる。

　沖縄県から琉球国への体制変換はスムーズにいくのであろうか。琉球人はこれまで３つの体制変換を経験してきた。琉球併合，日本統治から米軍統治，米軍統治から「復帰」後の日本統治である。これら３つの体制変換時において，上から強制的に琉球の体制が変わった。将来の独立過程においては琉球人が主体的に植民地体制を廃止し，自らの力で憲法を作り，連邦共和制の国を誕生させる。世界の民族にできて琉球人ができないという道理はない。しかも琉球人はかつて約600年，アジアの中で独立国家を維持，発展させてきたのである。

　現在の沖縄県から琉球国への移行もスムーズに進むであろう。「復帰」時に見られた政治経済的な混乱の主な原因は日本政府の介入，誤った政策であった。沖縄県から琉球国への移行過程において，日米両政府等の他国政府の介入を認めないことは当然であるため，体制変換は円滑に進むであろう。

　独立を宣言して国家になった琉球は，島に住む様々な民族とともに連邦共和国憲法を制定し，連邦政府，連邦議会，連邦裁判所を組織する。平和を希求する琉球連邦共和国の憲法第１条は，日本国憲法の第９条とし，平和国家を世界にアピールする。日本が実現できなかった理想を琉球が実現するのである。

　琉球は東シナ海の上に連なる島嶼から構成される国として誕生するが，島嶼国にふさわしい政治体制は連邦共和制であると考える。琉球の各島々に住む住民が自らの自己決定権を行使して，州政府，州議会，州裁判所を樹立し，州憲法を制定する。島嶼の州政府や州議会は大きな権限を有し，島嶼民による直接民主制を可能な限り達成させる。

　琉球独立の過程で，もしも石垣島の住民が単独で独立したいと希望するならば，その住民の意志は認めなければならない。１つの事例を挙げたい。現在のパラオ，ミクロネシア連邦，マーシャル諸島，北マリアナ諸島は太平洋戦争後，

第Ⅱ部　経済的自立への布石

アメリカの戦略的信託統治領となった。これらの島々は国連の信託統治理事会の管理下におかれ，将来，住民投票によって新たな政治的地位を決めることが国際法で定められていた。宗主国であるアメリカは，これらの島々全体を「ミクロネシア連邦」という１つの国として独立させようとし，島々の代表者との協議会においてその案を説得した。しかし，パラオやマーシャル諸島はそれぞれ単独で独立する道を住民投票によって選んだ。巨大な宗主国の意向に関係なく，人口が少なくても（当時のパラオの人口は約１万5000人），住民の過半数が独立を希望すれば独立できるのである。

　新たな琉球国に参加する島もあれば，単独で独立する島，日本国にそのまま残る島のように，島に応じて対応が異なるであろう。それぞれの島人の自己決定権を認めてこそ，琉球国は自由で民主的な国になることができる。

　独立後の経済政策は，日米両政府による70年間の経済政策がなぜ失敗したのかを総括した上で策定する必要がある。これまで日米両政府は自らが実施した経済政策や経済計画を総括し，その失敗を認め，失敗の責任を明らかにした上で政策や計画の改善を行ったことがない。琉球において米軍基地を安定的に運営し，またそれを琉球人に押し付けるために日米両政府は経済政策を策定してきた。

　琉球併合によって日本の植民地になり，沖縄戦や米軍統治の過程で多大な被害を受けた琉球に対する賠償の請求・交渉を，琉球独立にともなって始めることができる。これらの諸問題に対して日本政府から謝罪，賠償を受ける権利が琉球側にある。米軍基地や自衛隊基地をすべて撤廃させ，その跡地利用を進めて，雇用や税収を増やし，投資・貿易を促し，経済を発展させる。

　琉球はアジア太平洋の国や地域を連結しうる位置にある。琉球国はアジア太平洋の国々と修好条約を結び，相互間の経済関係をさらに促すためのセンターとしての役割を果たすことができよう。本来の自由貿易地域，金融特区，IT特区，物流特区等を独立後設置し，それらを発展させることで，アジア経済のダイナミズムを琉球経済に引き入れることが可能になる。それは同時に東アジアの平和にも繋がる。

　尖閣諸島帰属問題の解決に向けて琉球国が交渉の場を提供し，同諸島や周辺

終章　琉球独立の方法と国家像

海域を「コモンズ」にして，琉球国を含めた関係諸国共有の島や海とする。尖閣諸島を含む，東シナ海の天然ガス，石油，熱水鉱床等の海底資源を周辺各国と共同で採掘し，利益を平等に分け合う。「東シナ海海底資源共同開発機構」と名付けられるような組織を琉球に設立し，東アジア各国の利害調整，平和創造を琉球国がイニシアチブをとって推進する。

　パラオやハワイのように厳しい環境保護法制を実施し，琉球国においてエコツーリズムをさらに促し，持続可能な観光業にする。

　琉球国のエネルギー源は，太陽光，風力，潮力等の代替エネルギーに主力を移し，各島嶼におけるエネルギーの自立を目指す。原子力発電所はこれまでと同様，設置させない。

　独立に反対する人が琉球にも多いが，それは振興開発による経済的利益を受けている人や企業が一定数存在しているからである。しかし大部分の琉球人は振興開発の「恩恵」を受けていない。かえって，振興開発によって押し付けられる米軍基地の被害を受け，将来，琉球が戦場になるという不安の中での生活を強いられている。近年，宮古・八重山諸島に自衛隊基地が建設され，集団的自衛権が法制化され，琉球が再び戦場になる恐れがこれまでになく高まっている。

　現在，日本政府から提供されている国庫補助金，地方交付税，一括交付金等は，国による采配や管理，米軍基地とのリンク等，「ひも付き」でしかない。琉球が独立すれば，日本企業を含む外国企業から各種の税金を徴収して植民地経済からの脱却を図る。連邦，州，市町村の各政府が徴収した税金は琉球側が自由に使える。「自分で稼いだカネをさらに増やすために自由に使う」という市場経済の基本的な方法が，琉球の経済自立の土台になるのである。

　「振興開発がなくなって琉球の経済は大丈夫か」という声をよく聴く。本書で検討したように，振興開発は米軍基地と同じく，琉球の経済自立にとって阻害要因でしかない。振興開発を通じた日本政府の介入，支配，管理体制を排除した方が琉球の経済が発展することは明らかである。国が主導権を掌握している振興開発が失敗しても，その責任を誰も取らないという「無責任」体制が「復帰」後から現在まで続いてきた。このような体制は一刻も早く終わらせ，琉球

第Ⅱ部　経済的自立への布石

人が責任をもって経済政策を策定し，実施するという当たり前の経済運営に乗り出すべきである。経済発展の主体である琉球人が自らの歴史や文化に誇りを持ち，発展の過程で主導的な役割を果たし，地域経済の内部循環を促して域際収支を改善し，経済を自立化することが可能になる。

　琉球は経済自立して後に独立できるのではなく，独立後，経済自立の可能性が見えてくるのである。現在のままの植民地体制では永遠に経済自立は達成できない。

　琉球は非武装中立の国になる。国内の治安維持のための警察は有するが，他国と戦争をする軍隊や施設を一切持たない。琉球国の憲法に「非核条項」を入れて，核に関する武器，軍用機，潜水艦，発電所等を「持たず，作らず，持込ませない」という「非核三原則」を法制化する。

　1609年の島津藩侵略，1879年の日本政府侵略等，両方の侵略とも日本による侵略であることに注目して欲しい。琉球が独立した場合，日本は再び琉球を侵略するのであろうか。日本国憲法では他国への侵略を明確に禁じており，日本は平和の実現を求める国連の非常任理事国でもある。琉球を侵略する日本は世界中から非難の的になるであろう。

　中国が琉球国を侵略するだろうか。中国は琉球国を侵略しても経済的メリットがないだけでなく，新たな独立運動によって国家体制が大きく揺らぐだろう。明，清時代において琉球国は「藩属国」つまり主権を持つ国として扱われていたのであり，「属国」ではなかった。中国が琉球国を侵略する根拠は何もない。

　琉球国は世界中の国々と修好条約を締結し，国連を初めとする国際機関に加盟し，他国との緊張や諸問題を外交力や文化力，そして琉球人の平和思想をもって解決する国となる。武器によってこれほど痛めつけられた民族は，武器によって身を守るか，それとも武器を棄てて身を守るかの選択を迫られるが，琉球国は後者を選ぶ。阿波根昌鴻も力説したように「剣を取る者は皆，剣で滅びる」（「マタイによる福音書」56章52節）のである。

　人間が平等に扱われるというのが社会契約論の中心的な考え方としてある。近代初頭に発生した琉球併合後，現在に至るまで琉球人は日本国において差別

終章　琉球独立の方法と国家像

される存在であり続けた。日本国民としての琉球人が他の日本国民と平等に扱われないという状態は，社会契約論の理念に反している。社会契約論という政治論の立場にたっても琉球人は独立の権利を主張できる。今，日本は国家主権の国を完成させるべく，その歩みを進めているが，琉球は人民主権の国を目指す。

　琉球独立は，日本からの分離独立ではない。もともと日本とは異なる国であった琉球国を日本政府が消滅させたのであり，独立とは元の政治体制に戻ることを意味する。しかし琉球独立は琉球王国の復活ではない。また「近代国民国家」の形成を目指すのでもない。21世紀型の，地域主権を重んじる，軍隊のない，立憲主義に基盤をおく連邦共和制の島嶼国になるだろう。アジア太平洋や世界に開かれた国となる。非武装中立の国是により，自らが平和になるだけでなく，アジア太平洋全域に平和と安寧をもたらす「平和の創造者」としての役割を担う国になる。

2　琉球連邦共和国の政治経済体制

　戦後琉球経済の最大の特徴は，米国民政府，日本政府による「統制経済」，「計画経済」であったことにある。資本主義体制ではあったが，統治国政府による市場介入が大幅に展開され，「政府の失敗」という結果をもたらした。「政府の失敗」は「市場の失敗」と同様に，「外部効果」ないし「近隣効果」によって発生した[1]。「政府の失敗」が生じた最大の原因は，琉球に広大な米軍基地が置かれたことにある。基地を押し付けるために，市場経済に対する政策的介入，指令や命令による政策や法制度が強制された。

　政府の権力が増大すればするほど，政府が市民の多数派に奉仕するよりは，市民の中の特定の人々が他の市民たちを利用するための手段として政府が使われるようになる[2]。日米両政府が琉球において権力を増大させる過程で，社会の分裂とともに所得格差が生まれ，振興政策から利益を得る階層が基地の存在を支持するようになった。現在，日本政府は基地と振興開発をリンクさせて，基地を押し付けることができるほどの絶大な権力を行使しているのである。

191

第Ⅱ部　経済的自立への布石

「上からの命令体制」対「下から上への体制」,「中央による計画と管理の体制」対「民間市場社会体制」,「社会主義」対「資本主義」という社会的な実験において,琉球では前者の体制が行われてきた。米軍統治時代,日本政府統治時代において統治者側が経済計画を策定し,実施してきた。

　しかし誰によって,どのような目的で作られた計画なのかを問う必要がある。[4]日米両政府による経済支配体制,特に「復帰」後の振興開発体制において,琉球人は経済主権を奪われ,日本政府の官僚によって振興開発と称する経済計画が策定,実施された。その計画は基地を琉球に押し付けることを目的としていた。

　本来の資本主義体制における中心的な概念は,自主的な協力と自発的な交換である。他方,社会主義体制での中心的概念は力であり,主人としての政府が中央から社会を運営し,最終的に何をなすべきかを国民に命令する。[5]戦後琉球の経済体制は一応,資本主義体制であるとされている。しかしその実態は,米国民政府,日本政府が力を用いて,琉球社会を運営し,琉球人の生活や経済の方向性を決めてきたのである。その意味で戦後の琉球は広義の「社会主義体制」であると言える。

　資本主義社会においては,私有財産に対する権利が保障される。しかし琉球では米軍による「銃剣とブルドーザー」によって強制的に土地が取り上げられ,現在も日本政府によって琉球人の生存や生活にとって不可欠な私有財産である土地が奪われたままである。

　私有財産が正当化されるのは,それが自由の保持につながるからであり,効率の向上に役立つからではない。[6]戦後,琉球は日米両政府によって自由主義体制の根幹と言うべき土地が奪われてきた。

　私有財産制は,財産を所有する人々だけでなく,財産を所有しない人々の自由に対しても重要な保障を与える。誰も完全な支配権をもたず,我々が個人として何をなし,何をしないかを決めることができるのは,生産手段の管理が独立的に行動する多くの個人の間に分かれていることによる。[7]

　米軍は琉球人の私有財産制を侵害してきたが,「復帰」後は日本政府がそれに共犯的に関わっている。これは琉球人が有する自己決定権への侵害でもあ

終章　琉球独立の方法と国家像

る。国際法に基づいた自己決定権の行使により、琉球人は独立後、米軍基地そして自衛隊基地を自らの土地から一掃して、私有財産権を回復することができる。

　政府による市場への介入は、「公共の利益」のためという理由で正当化されてきたが、実際は「公共の利益」を損なうものであった[8]。琉球において基地を保有する日米両政府は自国民にとっての「公共の利益」の確保を理由にして、基地の保持を正当化してきた。しかし、日米両政府が主張する「公共の利益」と琉球人のそれとは相反する関係にあり、琉球人にとって基地は自らに危害を加える、事件事故、「外部不経済」の発生源でしかなかった。

　フリードリヒ・ハイエクが指摘するように琉球における計画経済化は、統治の独裁化を生み出した。「その任務の実践的側面を真剣に考えている大部分の計画論者は、統制経済が多かれ少なかれ、独裁的方向に進むに違いないということをほとんど疑っていない。相互に関係のある諸活動の複雑な体制が、いやしくも意識的に指導されるものとすれば、専門家の単一集団によって指導されなくてはならぬこと、また最終の責任と権力が総指揮官にあり、その総指揮官の行動が民主的方法によって拘束されてはならないこと、ある程度の一般的な同意をあえて必要としない、中央計画化の根底にある考えのあまりにも明らかな結果である[9]」。

　琉球の振興開発も日本政府の官僚という専門家集団によって策定され、総理大臣という「総指揮官」の命令下にある。基地に反対する琉球の民意を無視して独裁的に琉球統治が実施されてきた。琉球において、日米両政府による「政府の失敗」、民意を無視する「独裁体制」から脱却するために琉球人が独立運動を展開するようになったのである。

　「政府の失敗」を新しい琉球国において繰り返さないためには、どうしたらいいのだろうか。アメリカ合衆国憲法の草案者が目的にしたことは、米国民の一般的福祉を十分に促進できる強い国民政府を樹立するとともに、個人としての市民と州政府とを中央政府の支配から守ることができるように、中央政府の権力を十分に制限することであった[10]。

　琉球国の政治体制も、アメリカのように各州が大きな権限を有し、自立した

193

第Ⅱ部 経済的自立への布石

市民によって構成される連邦共和制が望ましいと考える。また琉球国の経済は，経済的自由主義に基づく必要があろう。琉球国における中央政府の役割は，外交，経済・金融政策，治安等に限定される。パラオ共和国のように，琉球国の200海里排他的経済水域に対する権限は中央政府が保持するが，海岸線から12海里以内は各州政府の権限が及ぶものとする。連邦政府の経済政策は財政政策と金融政策から成るが，連邦議会，連邦政府そして連邦銀行が協力しながらそれらの方向性を決定する。

　ミルトン，ローズ・フリードマンは次のように指摘している。

　「経済的自由は，政治的自由にとって不可欠な必要条件だ。経済的自由は強制や中央集権的な命令がなくても人びとが相互に協力し合うことができるようにさせることによって，この自由は政治的権力が行使される分野を減少させるのだ。そのうえ自由市場体制は権力を分散させることによって，政治的権力の集中が引き起こすかもしれないすべての弊害を相殺する効果をもたらす。経済的権力と政治的権力とが同じ手に握られることほど，暴政の出現を必至にさせるものはない」[11]。(傍点原文)

　琉球の人々が自由に経済的，政治的な政策を決定することを別の言葉で言い換えると，自己決定権の行使ということになる。経済的自由主義によって，中央集権的命令や政府の強制を排除し，権力を分散させ，「政府の失敗」を未然に防ぐことが可能になる。

　琉球国の政府はどのような機能を果たすことが期待されるのだろうか。政府は琉球の住民の奉仕者なのであり，住民の主人のようにならないように，政府をその本来あるべき立場にくい止めておく社会を建設する必要がある[12]。カール・ポランニーは「市場を社会の中に埋め込む」ことを主張したが，国家権力としての「政府を社会の中に埋め込む」ことも重要である。国民国家が有する暴力性を封じ込めるために，小さな政府を樹立し，「ゆいまーる」の協同性に基づく内発的発展による地域の自立が目指すべき目標となろう。

　琉球国政府による経済計画は次のようなものになるだろう。自由市場での自発的交換を通じて実行される，下から上へ積み上げられる形で策定された経済計画によって，１人ひとりの利益の追求を認めながら社会全体の福祉を向上さ

せていく。その際の政府の役割とは，法律と貨幣制度を安定させ，契約の履行を保証し，紛争を裁き，国民を隣人による強制から保護することにある[13]。市場経済を促進するとともに，国民の生活や治安を守り，富や所得の不平等を是正するための手段として，草の根的に策定された経済計画が必要になる。

　本書で考察した琉球の内発的発展と市場経済は調和するのであろうか。「経済学の父」と呼ばれるアダム・スミスの代表作である『諸国民の富』は，市場経済体制を通して経済分野における個人間の幅広い協力や協同と，個人がそれぞれの目的を追求する自由とを調和させることができる方法を分析した研究成果である[14]。個人の自由な経済活動や私有財産権は，琉球の自己決定権や民主主義の土台となり，それが社会的な協同性を担保するものとなるため，市場経済の中で内発的発展は有効に実践され得ると考える。

　現在，琉球の市場社会における人の欲求は「モノから心へ」という大きな変化を見せるようになった。人間の欲求には「所有欲求」と「存在欲求」がある。前者は物質を所有したいという欲求であり，後者は人間と人間との調和，人間と自然との調和によって充足される欲求である。人間は「所有欲求」が充たされると「豊かさ」を実感し，「存在欲求」が充たされると「幸福」を感じる[15]。

　「復帰」後，琉球では「所有欲求」が充たされるようになったと言えるが，民意に反して米軍基地が押し付けられ，自らの存在が蔑ろにされ，人は「存在欲求」を渇望するようになった。琉球独立後は，全ての軍事基地が一掃されるため，「存在欲求」を充足することが可能になるだろう。他方で，現在，日本政府が実施している振興開発と基地とのリンク政策は，琉球人が本当に求める「存在欲求」との間でミスマッチが生じている。そのため，同リンク策が想定された効果を発揮せず，辺野古新基地建設に対して大きな抵抗運動を引き起こす結果になった。

　ある国における経済成長は，国民一人ひとりによる貯蓄，投資，危険の引き受け，技術革新等の民間部門で達成される[16]。米軍基地は民間部門ではなく，政府部門であり，経済成長を生み出さない。本書で検討したように，基地跡地の方が基地よりも大きな経済効果を生み出しているのであり，基地の廃絶によって琉球の経済自立が実現する可能性はさらに高まるだろう。

第Ⅱ部　経済的自立への布石

3　経済自立のための政策

　人口約140万人の琉球は小国として独立するが，その政府は香港のように「小さな政府」になる。香港の政府は，法の執行，治安維持，市民の行動基準形成のための手段提供，争議の裁定等を行うとともに，輸送や通信を容易にし，通貨発行を監督している。香港経済が成長するにつれて，香港政府の支出も増大したが，国民所得に対するその割合は世界的にも低いレベルでしかなかった。税率は低く，これが人や企業の経済活動を大いに刺激した。[17]

　約50の有人島からなる琉球の経済を政府主導で運営しようとすると，必然的に「大きな政府」となり，財政赤字が経済自立の実現を阻むことは確実である。連邦政府が経済活動を細かく法制度を用いて規制することによって，公務員数や諸経費が増加し，政府部門が否応なく肥大化する。そうなると他の大国に経済的に依存し，琉球国の政治経済的独立性が侵される危険性が高まろう。

　市場社会は政治システム＝財政，経済システム＝市場経済（貨幣経済），社会システム＝共同経済（コモンズ，自然）＝「分かち合い」の経済の３つのサブシステムから構成される。[18]「分かち合い」は琉球では「ゆいまーる」と呼ばれている。琉球国は経済システムや社会システムを最大限に活用することで，政治システムの肥大化を阻止し，経済自立の道を歩むことができよう。

1　財政政策

　日本では画一化された地方税が画一化された税率で課税されている。[19]日本政府は，地方自治体の「歳入の自治」を奪い，政府が決定した事業に地方自治体を動員してきた。政府の景気政策において地方自治体が公共事業を押し付けられる原因もここにある。[20]連邦共和制となる琉球国では，各州，各市町村において課税権の自由化を促進して，各地域内における経済自立を実現させる。自治体の財政を悪化させ，中央政府への依存を深め，地域の環境を破壊した公共事業重視型の財政政策から琉球国は脱却する。

　1981年にフランスにおいて，地方自治体に対して地方税率の自主決定権が認

196

められ，未建築地税，改建築地税，職業税，住宅税等の税率を決めることがで
きるようになった。[21]また同国の地方分権改革において，中央政府が提供する特
定補助金が，使途を特定しない一般補助金に改められた。特定補助金はその使
途が特定目的に限定されるため地方自治体の自己決定権が奪われてしまう。[22]琉
球国でも地方自治体の自己決定権を保障し，地方税率を自由に決めることを可
能にし，連邦政府から提供される補助金も一般補助金にして，その使途を地方
自治体の自由裁量に任せる。

　日本における中央政府と地方自治体との政府間財政関係の特徴は，地方自治
体の「歳入の自治」が奪われた「集権的分散システム」である。[23]それは地方税，
国庫補助金，地方交付税，地方債等という地方財源を，中央政府が有機的に関
連づけてコントロールすることによって成立している。

　中央と地方との不平等な関係性は，地方間の財政力格差を是正するためとし
て中央政府の介入と支配が正当化されていることから生じている。神野直彦は
地方自治体間の財政力格差の拡大問題に対して，財政力の弱い地方自治体が相
互に協力して解決する方法を提案している。[24]中央政府を媒介にしないで，地方
自治体相互間で水平的財政調整を実施するのである。そのためには地方自治体
相互間で財政調整を実施する機関を設立する必要がある。[25]琉球国を構成する各
州，各市町村の間において地方自治体相互で財政を調整する機関を設立する。
税収の格差を地方自治体の「ゆいまーる」で是正していくという方法である。
これまで日本政府は振興開発を介して垂直的財政調整を行い，琉球の格差是正
問題を解決しようとしてきた。しかし「復帰」後44年となる現在に至るまでも
格差は是正されず，振興開発は国が琉球を支配する手段と化し，基地押し付け
のために流用された。

　地方自治体間の相互扶助関係は地域の経済発展，環境問題解決においても大
きな成果を収めている。1991年，スペインのバスク自治州では，ビルバオ都市
圏再生のために周辺の30の市町村から構成される地域共同体が形成された。ネ
ルヴィオン川の浄化，大学を中心にした人的資源の育成，大学と企業が連携し
た環境に優しい技術開発を推進した。バスク自治政府は独自の徴税権を持ち，
中央政府から一切の補助金を受けておらず，財政の自立性が地域社会再生や発

第Ⅱ部　経済的自立への布石

展を可能にした。[26]

　琉球国でも，連邦政府に対して地方自治体が補助金を期待し，依存するのではなく，地方自治体が自らの課税権を行使し，自治体間の相互協力を促すことで地方における経済自立を実現させる。

2　社会保障政策

　2012年における沖縄県の絶対的貧困率（必要最低限の生活を保つための収入がない人の割合）は34.8％，子供の貧困率は37.5％，ワーキングプア率は25.9％であり，3項目とも全国第1位であった。2007年において3項目はそれぞれ29.3％，30.7％，20.5％であった。[27]この期間も琉球には振興開発が実施されていたわけだが，貧困層に転落する人々が増えており，独立後は新たな社会保障政策を実施する必要がある。

　資産（貯蓄，住宅，土地等）面での経済格差を解消するためには，福祉政策を通じた再分配が基本的な政策になる。[28]しかし日本では国民が医療保険に加入しても，治療費全体の3割は患者負担である。低所得者でも医療費サービスを受給できるように生活保護が実施されているが，生活保護費の半分以上が医療費支出となっている。[29]琉球国では国民間の経済格差問題を解消するために，充実した福祉政策を実施し，低所得者や高齢者に対しては医療費の自己負担率を一般よりも低減するか無料にする。

　福祉政策の財源として所得税，法人税，相続税，不動産税等からの税収を充てる。琉球国は非武装中立の国になるため防衛費が存在しないが，その相当分を福祉関連予算に充当する。このような中央政府の再分配政策によって，国民間の格差問題を解消する。

　琉球国は，次のようにスウェーデン政府が行っている失業対策を実施して，琉球の高失業問題を解決する。同国政府は失業者に対して，失業保険による「所得保障」と就労支援の「活動保障」をセットにした政策を進めている。失業前の所得の約80％が失業保険として支給される。失業して半年，就職できない状態が続くと，職種転換・再就職のための活動保障プログラムに失業者は移行する。同プログラムの参加者には，生活を保障する職業訓練手当が支給される

198

終章　琉球独立の方法と国家像

とともに，再教育や再訓練を受けることができる。プログラム参加者を試験的
に雇用する企業に対しては，賃金の75%が補助され，再就職へのスムーズな移
行が可能となっている。[30)]

　失業後，生活が保障されながら再教育や再訓練の機会が得られることで，失
業→低賃金・不安定・重労働の非正規雇用→失業という「貧困の循環」から脱
することができよう。

　現在，日本の国民年金を支払っている，またはすでに受け取っている琉球の
人々は，琉球が独立したら年金はどうなるのであろうか。日本の国民年金は，
必ずしも日本国民だけの制度ではなく，日本に住む外国人も利用しており，受
給資格がある。琉球が独立すると日本に居住する琉球の国民は日本にとって外
国人になるが，そのまま年金を受け取ることができる。また琉球が独立する際
に，日本国と社会保障協定を締結すれば，琉球国の年金制度にそのまま移行で
きる。もし同協定を締結しないと日本政府が嫌がらせをしたら，その不公正を
国際司法裁判所，国連の人権委員会等に訴え，問題の解決を図る。現在，民間
保険会社が提供する個人年金保険の加入者が増えているが，琉球が独立しても
それを受給できることは言うまでもない。日本の年金制度は破綻しているとい
う指摘もあり，受給年齢が繰り上がり，給付額も減少することが予想されてい
る。

　「本土並み」を唱えてきた琉球は，年金制度をはじめとする日本のこれまで
の社会制度をモデルにしてきた。しかし，日本国の借金は世界的にみても異常
に膨らみ，少子高齢化が進む中で，経済成長にも陰りがみえ，社会制度の抜本
的な再設計が迫られている。「本土並み」になれば安泰であるという時代は過
ぎた。琉球の人々が自らの頭や力で社会保障制度を考え，実施していかなくて
はならない。琉球国はベーシック・インカム制度を導入することで，老後の生
活だけでなく，失業者，低所得者の生活を保障することができると考える。

3　環境政策

　今日，琉球の人々は飢餓的貧困からはほぼ脱却し，生活の質，豊かな自然環
境，安心感等を強く求めるようになった。貴重なサンゴ礁を破壊する辺野古新

第Ⅱ部　経済的自立への布石

基地建設に強く反対する理由がここにある。また日本政府が基地を押し付けるために流用してきた振興開発策が有効に働かない背景には，「カネよりも生活や自然の豊かさ」を求める琉球の人々の心性の変化がある。

　大半の経済学者は，環境汚染を管理するための規制や監督よりも，「汚染排出課徴金」を賦課して市場に規律を導入する方がはるかによい方法であると考えている。[31]琉球は独立後，非武装中立の国になり，全ての軍事基地を撤去する。琉球国の大統領と日米両政府の首脳が直接交渉し，基地の撤去を求め，場合によっては国連を活用しながら基地を撤去させる。基地が完全に無くなるまでの間，また琉球独立の前において実施されるべき政策が軍事基地に対する「汚染排出課徴金」の賦課である。現在の日米地位協定では，基地内の汚染土壌の処理は日本政府側の負担となっているが，それを加害者責任制に置き換える。さらに米軍機による騒音，訓練等に対して重い課徴金を課す。「公務や非公務」に限らず，米軍犯罪の被害者やその家族に対する正当な賠償金を米軍関係者当人そして米政府に支払わせる。

　経済学では「外部不経済」として扱われる，基地に伴う様々な公害や事件事故を市場経済の中に内部化するのである。それにより，米軍当局，米軍人の自覚と責任を覚醒させるとともに，重い課徴金や罰金の賦課等により基地運営上のコストを上昇させ，基地撤退を迫ることができよう。「基地を市場経済の中に埋め込む」ことによって，環境破壊の汚染源である基地を琉球から排除するのである。

　琉球国の環境政策として次のような横浜市の事例も参考になる。横浜市は2009年度から5年間の予定で「横浜みどり税」を導入した。緑地の保全を主たる目的として，個人及び法人に課される税（個人に対して市民税の均等割に900円を上乗せ，法人に対して市民税の年間均等割額の9％相当額を上乗せ）による税収は，民間緑地の公有地としての買い取り，農地の保全や各種の市民参加活動への支援等のために支出される。[32]

　また琉球の各島に入島する観光客に「環境税」を賦課し，それを基金化して島の環境保全や廃棄物処理のために活用する。自然の破壊，動植物の絶滅が危惧される地域に対しては「ゾーニング」という法制度を実施して，一切の開発

や観光客の立入りを禁止する。デポジット制を全島的に導入し，飲料水容器物のリサイクルを徹底化させる。

鉄道のない琉球では車社会になり，渋滞による時間の無駄，車両の排気ガス，騒音等の環境破壊，そして事故による心身の損傷や死亡という問題が深刻になっている。フランス東部にあるストラスブールでは，汚染された大気を浄化するために，市民の共同事業としてLRT（次世代路面電車）を敷設し，自動車の市内乗り入れを原則禁止にした。LRT敷設のために，企業の支払賃金の1.75％まで課税できる公共交通機関税が導入された。[33] パーク・アンド・ライドで市内に入る路面電車の駅には駐車場が設置されている。この駐車場に自動車を駐車して駐車料金を支払えば，路面電車とバスという公共交通機関の1日乗り放題券を無料で手に入れることができる。[34]

琉球においても基地跡地，都市部を中心にしてLRTを敷設し，パーク・アンド・ライドを実現すれば，住民や観光客は移動コストを低減させ，きれいな空気を享受し，心身を健康にすることが可能になろう。

4　教育政策

琉球国において所得格差による教育機会の制限という問題を克服するために，「教育クーポン」制度を導入する。教育委員会が事務的に生徒を割り振る教育制度を改め，政府に教育クーポンを発行させる。親はこのクーポンを公立，私立の別を問わず，「公認」学校に持参して，授業料の全部または一部に充てることができる。クーポンの額面を，政府が子供1人当たりに費やしている金額と同じにすれば，政府の負担増にならない。公立学校も私立学校と競って生徒獲得の努力をするだろう。富裕層が享受している子供のための教育選択の機会を全ての親に与えることが可能になる。[35]

現在は「知識社会」と言われ，人が生涯にわたって自己の能力を発展させ続ける「学びの社会」である。したがって，知識社会では，「誰でも，いつでも，どこでも，ただで」の原則の下で，学校教育と成人教育が有機的に関連付けられた教育体制が整備される必要がある。「リカレント教育」を推進しているスウェーデン政府は，経済成長，雇用の確保そして社会的正義を同時に達成する

第Ⅱ部　経済的自立への布石

には教育が不可欠であると明言している。社会の全構成員の人間的能力が高まれば，生産性が向上し，経済成長が実現するのである。[36)]

　海洋以外に資源のない小国としての琉球国において，最も重要な経済発展の主体は人間である。教育クーポン制度によって，所得に関係なく学校教育を受ける機会を公平にするとともに教育の質を向上させる。そして琉球国は，教育と経済との有機的関係を重視する「リカレント教育」を推進する「教育大国」になる。国民の教育に力を入れるとともに，世界中から高度知識や技能を有する人材の定住と交流を促進させる。

　学校教育において琉球の歴史や言葉を正課の授業で生徒が学ぶ権利を保障する。アジア太平洋地域との歴史的，文化的関係についての学びも教育の柱にする。これらの地域との経済的，文化的関係を強化する琉球の主体を育てるために，琉球諸語だけでなく，英語，中国語，ハングル，日本語，ロシア語，東南アジア諸国の言葉等の言語教育にも重点が置かれる。国内外の学生同士の留学や研修の機会を増やし，人的交流を活発に行う。それは琉球国に対する投資や貿易を促すことに繋がるだけでなく，非武装中立国としての琉球国の平和構築にも役立つだろう。

5　アジアとの関係強化策

　独立後，琉球側に返還される基地の跡地，日本政府保有地の琉球国政府による公有化，また共有化を推し進める。公有・共有化した基地跡地においてアジア諸国の企業や組織等からの投資を促す。同時に，アジア諸国にある自由貿易地域，金融特区，情報通信特区等と競争可能な経済特区を設置する。

　現在，全日本空輸社が琉球の地理的有利性を活用してアジア地域間物流の拠点を那覇空港に設置しているが，アジア諸国の物流企業からの投資を促す。また琉球では大きな地震がほとんど発生しないため，日本の企業や法人がデータのバックストック，その処理施設等を琉球に設置しているが，さらにアジア諸国にあるIT関連企業の投資を呼び込む。経済成長が著しいアジア諸国からの観光客を誘致するために，観光関連企業の投資を促すとともに，パラオのように琉球内で観光関連収入が循環するような経済システムを構築する。

終章　琉球独立の方法と国家像

　琉球国は小さな島嶼からなるため陸地面積は広くないが，広大な海洋を有しており，沖縄トラフの海底熱水鉱床，尖閣諸島周辺の油田，東シナ海の天然ガス等の海底資源が確認されている。現在，日本政府は尖閣諸島を「国有化」しているが，それは1879年に琉球国を併合したという事実に基づいている。しかし琉球併合は国際法違反の行為であり，日本政府による尖閣諸島国有化の根拠も正当化されえないと考える。独立後はこれらの海底資源をコモンズ（関係諸国による共有化）にして，関係諸国と協力しながら有効利用する。

　EU形成の出発点は，ルクセンブルク，オランダ，ベルギーが1948年に発足させたベネルクス関税同盟である。欧州の小国が欧州全体の平和と発展を希求して欧州同盟が生まれたと言っても過言ではない。ルクセンブルクという小さな国に，欧州司法裁判所，会計検査院，欧州投資銀行，欧州議会事務局等のEUの主要機関が存在している。これまで何度となく戦争をしてきたフランスとドイツが将来，戦争をしないようにすることが，小国の安全と生存を保障することにつながる。

　東アジアで戦争が発生した場合，琉球はその被害を最も受ける恐れが大きい場所の１つである。戦争回避のために琉球国は欧州の小国の例にならって，アジア共同体（Asian Community）機構の設置を外交政策の柱にする。アジア共同体も，EU，カリブ海地域のCARICOMのように関税同盟，共通通貨，共通政策を実現することで，琉球のような小国は平和と発展を実現することが可能になる。

6　自己決定権を保障する平和憲法の制定

　人間関係における最も基本的な道徳は，1人ひとりの尊厳を認め，個性を尊重することである。人間は誰かの自分勝手な目的や価値観に合わせて操作されるべきではなく，それぞれが権利と独自の価値観を持っている。[37]琉球国は，このような考え方に基づく自己決定権を憲法において保障し，国民がそれぞれ自立しながら社会のルールや規範に基づいて行動し，政府の暴走をくい止めるという立憲主義体制を確立する。国民は自由や平等の権利を持つとともに，平和な社会を実現するという責任も有するようになる。自立した個人が主体となる

203

第Ⅱ部　経済的自立への布石

内発的発展を琉球国の社会経済全般において展開できるように，島・シマ毎に政府の権限を分権化する。海上に島々が分散して存在する島嶼国家にとって中央集権体制ほど不効率で，コスト高になる政治体制はない。

　国際法の「経済的，社会的及び文化的権利に関する国際規約（社会権規約）」，「市民的及び政治的権利に関する国際規約（自由権規約）」の共通第1部第1条は，次のように「人民の自己決定権」を保障している。

　「1 すべての人民は，自決の権利を有する。この権利に基づき，すべての人民は，その政治的地位を自由に決定し並びにその経済的，社会的及び文化的発展を自由に追求する。2 すべての人民は，互恵の原則に基づく国際的経済協力から生ずる義務及び国際法上の義務に違反しない限り，自己のためにその天然の富及び資源を自由に処分することができる。人民は，いかなる場合にも，その生存のための手段を奪われることはない。3 この規約の締約国（非自治地域及び信託統治地域の施政の責任を有する国を含む。）は，国際連合憲章の規定に従い，自決の権利が実現されることを促進し及び自決の権利を尊重する[38]」。

　琉球も独立後，この国際人権規約の締約国になるとともに，自らの憲法において，上の条項を明記して，「自己決定権」を国として保障する。琉球は，この国際法に基づいて独立し，国連，国際社会から認められ，そのメンバーになることができる。同時に，琉球の人民が主体になる内発的発展に基づいて，他国政府の介入を受けずに経済活動を自由に展開する。

　また琉球国の憲法は「法の下の平等」を保障する。琉球国のマジョリティとなる琉球人だけでなく，その他の諸民族も「法の下の平等」が認められ，全ての人民（peoples）＝民族が自由と平等を享受し，島の平和と発展を実現させる。米軍基地を強制された琉球の人々は，日本国憲法の下で他の日本国民と平等に扱われたとは言えない。「復帰」後44年経っても，そのような状況は改善されず，さらに悪化する方向にあり，再び戦場として日本政府に利用される恐れが高まってきた。このような危機的状況から脱するために琉球は日本から独立しなければならない。琉球国は立憲主義に基づいて，自らの政府による権力の暴走をくい止める。個人的権利とともに，自己決定権を中心とする人々の集団的権利が憲法によって保障される。

204

終章　琉球独立の方法と国家像

　琉球が独立すると，内政権，外交権そして軍事権を保有することが可能になる。歴史的に戦争や基地の存在によって多くの犠牲を受けた琉球は，自国に軍隊を保有しないという形で自らの軍事権を行使する。小国が軍隊を持つと，防衛に関するエリート層が形成され，琉球国の国是とも言える「自由，平等，自己決定権，内発的発展」が侵され，戦争に巻き込まれる恐れが高くなるだろう。

　琉球の人々は，軍隊は住民を守らないという教訓を沖縄戦や，米軍人による事件事故の経験から学んだ。琉球は外交権を十全に駆使して自らの安全保障を確立する。世界中の国々と友好条約を締結するとともに，アジア太平洋地域における和平醸成のための国際会議を積極的に開催し，紛争や対立の仲裁の役割を果たす。国連アジア本部，国際人権機関，人権関連NGO本部の琉球への設立を促し，それらの施設の建設費や運営費を琉球国政府が経済的に支援する。アジア太平洋地域における平和は，琉球の平和だけでなく，その経済自立にとっても必要不可欠な条件になるのである。

　琉球国は，近代国民国家のような国家主義に基づく国にはならない。琉球の人々の人権を抑圧する日本政府の植民地主義から解放されるために，国という政治的枠組みを使うのである。独立後は国家の抑圧機能を徹底的に排除した，立憲主義に基づく国になる。独立すれば全ての問題が解決されるのではない。独立後も琉球の人々は内的自己決定権を行使し，内発的発展に基づく経済発展を展開し，個人の自由や平等が保障され，世界に開かれた国になるべく力強く歩むだろう。

1 ）　ミルトン・フリードマン，ローズ・フリードマン，西山千明訳『選択の自由―自立社会への挑戦』日本経済新聞社，2002年，100頁。
2 ）　同上書，102頁。
3 ）　同上書，3 頁。
4 ）　ミルトン・フリードマン，土屋政雄訳『政府からの自由』中央公論社，1991年，336頁。
5 ）　同上書，134頁。
6 ）　同上書，150頁。
7 ）　フリードリヒ・A・ハイエク，一谷藤一郎・一谷映理子訳『隷従への道―全体主義と自由』東京創元社，1992年，134頁。
8 ）　ミルトン・フリードマン・前掲書，58頁。

第Ⅱ部　経済的自立への布石

9）　ハイエク・前掲書，114頁。

10）　ミルトン・ローズ・フリードマン・前掲書，306頁。

11）　同上書，38頁。

12）　同上書，114頁。

13）　ミルトン・フリードマン・前掲書，338頁。

14）　ミルトン・ローズ・フリードマン・前掲書，36頁。

15）　神野直彦『「分かち合い」の経済学』岩波書店，2010年，174頁。

16）　ミルトン・フリードマン・前掲書，252頁。

17）　ミルトン・ローズ・フリードマン・前掲書，107頁。

18）　神野・前掲書，17頁。

19）　神野直彦『地域再生の経済学―豊かさを問い直す』中央公論新社，2002年，99頁。

20）　同上書，103頁。

22）　同上書，113頁。

22）　同上書，130頁。

23）　同上書，110頁。

24）　同上書，133頁。

25）　同上書，136頁。

26）　同上書，170〜171頁。同州では長年にわたりスペインからの独立運動が展開されている。

27）　『沖縄タイムス』2016年1月5日。2015年10〜11月に実施された「県子供の貧困実態調査」は次のような実態を明らかにした。過去1年間に電気・ガス・水道，電話代等のライフライン（住宅ローンを除く）の滞納に関して，子供の学年を問わず，貧困層の22〜38％が滞納を経験していた。「経済的な理由で家族に必要な食料（嗜好品を除く）を買えなかったことが過去1年間にあったか」という質問に対して，非貧困層の世帯において小1で15％，小5で19％，中2で22％が「あった」と回答した。「あった」と回答した生徒の割合は，貧困層はどの学年でも非貧困層の2倍以上に上った。（『琉球新報』2016年1月30日）

28）　広井良典『コミュニティを問いなおす―つながり・都市・日本社会の未来』筑摩書房，2009年，192頁。

29）　神野2010年・前掲書，117頁。

30）　同上書，167頁。

31）　ミルトン・ローズ・フリードマン・前掲書，486頁。

32）　広井・前掲書，200頁。

33）　神野2002年・前掲書，11〜12頁。

34）　同上書，169頁。

35）　ミルトン・フリードマン・前掲書，223〜224頁。

36）　神野2010年・前掲書，187頁。

37）　ミルトン・フリードマン・前掲書，133頁。

38）　松井芳郎編集代表『ベーシック条約集2010』東信堂，2010年，198頁。

あとがき

　琉球に関する経済学の本はこれまで数多く出版されてきたが，植民地経済の分析を踏まえ，琉球独立を前提にして論述された経済学の著作は本書が最初ではないかと考える。早稲田大学政治経済学部経済学科に入学してから，経済学という学問と出会い，それと格闘してきた。東京都狛江市にある南灯寮に入り，琉球人男子学生50名とともに４年間生活した。そこで寮生と議論しながら，琉球の歴史や文化を学び，琉球人としてのアイデンティティを自覚し，琉球人差別を乗り越えるための経済発展の可能性に関心を持った。東京にあるユダヤ教寺院に行き，経済活動とアイデンティティとの関係についてユダヤ人にインタビューをしたこともある。南灯寮時代から現在まで，寮のOBである西銘生仁さん，嘉手納安男さん，當銘明さん，喜屋武靖さん，与那嶺功さんは私の研究を励まし，琉球経済の実態を御教示下さった。

　大学４年に外資系証券会社入社の内定をもらったものの，琉球の経済をさらに深く研究したいという気持ちは止めがたく，大学卒業後，１年間の大学院研修生を経て，早稲田大学大学院経済学研究科修士課程に入学した。世界経済論，経済発展論，経済学史を専攻し，琉球とも関係が深い西川潤先生を指導教授とさせ頂き，太平洋諸島と琉球とを比較しながら，島嶼経済論を深めていく上で多くの教えと研究の機会を頂戴した。西川先生は，博士課程の在学中だけでなく，私がグアム，パラオで働き，東京や那覇で生活した５年間も含めて博士号申請論文の研究指導をして下さった。その御陰で，学位を早稲田大学から授与され，『沖縄島嶼経済史—12世紀から現在まで』（藤原書店，2002年）として出版することができた。西川先生からは第三世界の国々で生まれた経済学について学ぶとともに，「民衆の視点から経済学を考える」という研究姿勢を学び，フィールドワークに基づくケーススタディと経済理論・思想との融合，問題解決策の提示という研究手法を体得することが可能になった。

　早稲田大学，国際日本文化研究センターにおいて，文化・物産複合論に基づく経済史や，アジア太平洋における琉球の政治経済的可能性について教えて下

あとがき

さったのが，現在，静岡県知事をされている川勝平太先生である。「西太平洋
津々浦々連合」という琉球を含む西太平洋の島々が経済的に相互につながり，
経済自立を達成する上で必要不可欠な歴史的考察に関する多くの示唆を受ける
とともに，前職である東海大学海洋学部海洋文明学科で働き，アジア・太平洋
に関する様々な研究会に参加する機会を頂戴した。また私は大学院生時代に川
勝先生の経済学演習で輪読した英文のシュンペーター経済学の本（*Evolutionary
Economics-Applications of Schumpeter's Ideas*）を現在，読み直し，他の経済学の文
献と合わせて琉球独立に関する経済学的研究をさらに深めている。

宮古島出身でイリノイ大学名誉教授の平恒次先生の専門は労働経済学である
が，「復帰」前から琉球独立を経済的に研究されてきた。2015年9月に先生と
ニューヨークでご一緒に研究会において報告する機会があったが，琉球独立を
学問として研究され，独立の必要性を強く主張される先生のお姿に感動した。
先生は，経済学者として琉球独立を研究する琉球人の先達であり，真摯な研究
活動に大変励まされ，今後のさらなる研究意欲も呼び起こされた。

「島嶼平和学」を提唱されている佐藤幸男先生は，大学院生であった私を自
らが主催するトヨタ財団研究助成の「アジア・太平洋マイクロステート研究
会」に参加させ，フィジー，ニューカレドニアにおける国家形成，独立運動を
経済学的に研究する機会を与えて下さった。この研究会での活動は，太平洋の
極小島嶼国と比較しながら琉球独立を考察する最初の契機となった。その後，
先生のご紹介によりグアムやパラオの総領事館や大使館で専門調査員として働
きながら両島嶼の歴史・文化や政治経済を学ぶことが可能になった。また先生
の御陰により2014年には韓国の研究者と琉球の基地問題や独立について議論す
るとともに，韓国現地でのフィールドワークにおいて，同国の王国史，戦争被
害の実態そして脱植民地化運動を琉球のそれらと比べながら考えることができ
た。さらに先生が講師を務める東京大学大学院の授業において私の琉球独立に
関する著作を教科書として採用し，学生が琉球独立を学問として議論する場を
設けて下さった。

学問や思想におけるリベラリズムを特徴とする龍谷大学において，琉球や太
平洋に関する経済的研究を進めることができた。経済学部，経済学研究科の学

生や教職員にも研究活動の上で大変お世話になった。学生や教員とは琉球や太平洋諸島における経済的自立，基地問題，独立等に関して真摯に議論させて頂いた。特に大学院の授業において，ベリーズ，カンボジア，東チモール，フィジー，中国，韓国，エチオピア，タンザニア等の留学生からは出身国における経済的可能性や課題，国家の形成や運営等について学ぶところが多かった。

　その他，多くの先生や諸先輩から教えを頂いてきたが，本書においては特に上記の方々を挙げさせて頂き，心底よりその学恩に感謝を申し上げたい。

　私の著書の１つである『琉球の「自治」』(藤原書店，2006年) は，琉球における自治 (内的自己決定権) と内発的発展との関係を分析した研究書である。私のグアム，パラオにおける研究活動を踏まえて，ミクロネシア諸島の歴史，政治経済，社会と琉球のそれらとを比較しながら論述した著作が，『ミクロネシア─小さな島々の自立への挑戦』(早稲田大学出版部，2008年) である。

　琉球が「日本国の一部」として収まる島嶼地域でないことは，その歴史，文化，社会構造から明らかである。国際法，歴史学，国際関係論，政治学，社会学，経済学等，学際的な手法を駆使して，琉球独立の理由，思想的根拠，方法，将来像について論じた著作が『琉球独立への道─植民地主義に抗う琉球ナショナリズム』(法律文化社，2012年)，『琉球独立論─琉球民族のマニフェスト』(バジリコ，2014年)，『琉球独立─御真人の疑問にお答えします』(Ryukyu企画，2014年)，『琉球独立宣言─実現可能な５つの方法』(講談社文庫，2015年) である。本書は，私の本来の専門である経済学を柱にして琉球独立を考察したところが最大の特徴である。歴史学，国際法，国際関係論，政治学，社会学等の観点から琉球独立を検討したい読者は，これまでの私の著作を参照して下さるようお願いしたい。

　本研究は，文部科学省の「科研費 (基盤研究C)」(研究期間：2011年４月─2014年３月)「沖縄県の振興開発と内発的発展に関する総合研究」から提供された研究助成金に基づきフィールドワーク，資料収集を行うことができた。また，NPO法人「ゆいまーる琉球の自治」が主催する，2007年から2013年まで年２回のペースで琉球の島々で開催された「住民の集い」における議論や島々でのフィールドワークも本書の完成において大きな役割を果たした。科研費研究活

あとがき

動や「住民の集い」において，私のインタビューに応じて貴重なお話を聞かせて下さった方々に心よりお礼を申し上げたい。

NPO法人「ゆいまーる琉球の自治」の活動において，琉球の島々を歩き，島の方々から直接，島の歴史や文化，経済の実態等を学ぶことができた。経済学の理論，思想，政策は，現場で生きる人々の具体的な生活を土台にしなければ，現実から遊離したものになる。「経世済民」の学問としての経済学が，地域の民衆の手から離れないように常に私を現実世界に引き戻して下さったのも，琉球の島々で出会った人々であった。

石垣島で生まれ，幼少期に同島のほか南大東島，与那国島，沖縄島で生活したという経験が，私が現在に至るまでも琉球に強くこだわり，一貫して島嶼経済を研究のテーマにすることができた理由である。そのような運命的な機会を頂いたのは，琉球気象台（「復帰」後，沖縄気象台に名称変更）で働いてきた父親の寛(ひろし)と，母親のトヨ子や弟の泰之(やすゆき)の御陰である。家族4人で琉球の島々で生活してきた記憶が，現在の研究活動にも大きな影響を与えている。NPO法人「ゆいまーる琉球の自治」を設立した時に，父親も理事の1人に加わり，同法人の事務的な仕事を引き受け，母親とともに琉球の各島で開かれた住民の集いに参加して，意見を述べた。両親は琉球民族独立総合研究学会の会員になり，学会大会やオープンシンポジウムにも足が不自由でありながらも毎回のように出席してくれた。私の研究活動を物心両面から常に支え，応援してくれた両親にも心から感謝したい。

本書の校正作業の一部は年末年始の琉球で行われた。豊見城にある病院の待合室でも校正作業をした。カーテンで仕切られた病室から三線の音が聞こえた。また廊下の待合椅子に座っていた時，琉球の民謡を浪々と唄う女性の声が耳に残った。病室では家族がしまくとぅば（琉球諸語）で会話をして患者さんを励ましていた。人生の危機的状況にある琉球人に生きる力を与えてくれるのが琉球の文化であることを，改めて確認し，嬉しかった。献身的に患者さんをケアーする若い医療従事者を見ながら，独立後の琉球の医療福祉のあり方を考えた。自らの病に負けない勇気を持ち続け，生きる本源的な喜びを実感している患者さんの姿に学びながら校正作業を進めた。

あとがき

　本書の編集者である法律文化社の小西英央氏とは2011年に日本平和学会で開催された琉球の自己決定権に関するフォーラムの時に出会った。小西氏からの勧めもあり，前著の『琉球独立への道』を出版することができた。今回も本書の編集にあたり大変お世話になった。本書の編集上において大変貴重なアドバイスや励ましの暖かい言葉を頂いた。心底よりお礼の言葉を申し上げたい。私の著作以外にも，琉球の平和に関する多くの著作を編集し，出版され，琉球が抱える問題を日本社会に継続的に発信し，琉球について深く考え，議論する機会を提供されており，敬意を表したい。

　琉球独立に賛同する方だけでなく，それに反対する方からも多くのことを学ばせて頂いたことに対しても感謝したい。この著作によって琉球独立に関する議論がさらに活発に展開されるようになれば幸いである。真摯に議論をさせて頂き，次の研究につなげたい。

　　　　　　　　　　　豊見城にて人が生きる本源的な喜びに接しながら

　　　　　　　　　　　　松島泰勝

事 項 索 引

あ 行

字共同体 …………………………… 128
アジア共同体（Asian Community）機構 … 203
阿波根昌鴻 ………………………… 178
あまみエフエムディ！ …………… 176
奄美群島振興開発事業（奄振） …… 172
アメとムチの構図 ………………… 99
アメリカン・ビレッジ …………… 110
アル中天国 ………………………… 20
伊江島土地を守る会 ……………… 180
域内自給率 ………………………… 25
イデオロギーよりもアイデンティティ … 119
糸（繊維）と縄（沖縄）の交換 ……… 21
入会権 ……………………………… 152
埋立てコストの低減 ……………… 31
うつぐみ …………………………… 155
枝手久闘争 ………………………… 173
LRT（次世代路面電車） …………… 201
大阪大正区 ………………………… 157
沖縄21世紀ビジョン基本計画 …… 45
沖縄IT津梁パーク ………………… 79
沖縄イニシアチブ ………………… 100
沖縄開発庁 ………………………… 62
沖縄経済振興21世紀プラン ……… 98
沖縄県振興計画（15年計画） ……… 68
沖縄県の名称 ……………………… iv
沖縄振興開発計画 ………………… 36
沖縄振興開発特別措置法（沖振法） ……… 38
沖縄振興基本方針 ………………… 41
沖縄振興審議会 …………………… 43
沖縄政策協議会 ………………… 43, 96
沖縄総合事務局 …………………… 53

沖縄に関する特別行動委員会（SACO）… 92
汚染排出課徴金 …………………… 200
オリオンビール …………………… 138
小禄金城土地区画地域 …………… 144

か 行

外国人観光客 ……………………… 137
改正沖縄振興特別措置法 ………… 40
外的自己決定権 …………………… 149
海洋の赤土汚染 …………………… 50
価格ダンピング攻勢 ……………… 23
活動保障プログラム ……………… 198
嘉手納爆音訴訟 …………………… 112
カナカ・マオリ …………………… 182
金秀グループ ……………………… 134
簡易水道の統廃合 ………………… 58
関東平野空軍施設整理統合計画（関東計
　画） ……………………………… 87
基地跡地利用 ……………………… 142
基地依存型輸入経済 ……………… 9
基地作物論 ………………………… 48
基地外基地 ………………………… 109
逆格差論 …………………………… 91
キャラウェイ高等弁務官 ………… 6
9条交付金 ………………………… 106
教育クーポン制度 ………………… 202
共同売店 …………………………… 121
郷友会 ……………………………… 123
拠点開発主義 ……………………… 163
近代琉球の植民地構造 …………… 67
金融業務特別地区 ………………… 42
久高島交流館 ……………………… 156
久高島土地憲章 …………………… 151

213

事項索引

軍工事ブーム ……………………… 8
軍産複合体制 ……………………… 29
軍事植民地体制 …………………… 3
計画経済 …………………………… 191
経済的自己決定権 ………………… 161
経済的自由主義 …………………… 194
経済の自由化政策 ………………… 14
経世済民 …………………………… ii
県政不況 …………………………… 100
権利と財産を守る軍用地主会（反戦地主
　会）……………………………… 90
広義の社会主義体制 ……………… 192
公共事業への依存度増大 ………… 55
公共の利益 ………………………… 193
公民館 ……………………………… 125
公有水面埋め立て ………………… 57
国際都市形成構想 ………………… 94
国際物流拠点産業集積地域 ……… 42
国連アジア本部 …………………… 205
国連の脱植民地化特別委員会 …… 66
コザ・ミュージックタウン ……… 102

さ 行

財政支出への依存度 ……………… 70
在琉米軍基地の合理化 …………… 33
サガリル（売り掛け）…………… 122
佐藤栄作 …………………………… 17
砂糖黍プランテーション ………… 170
座喜味彭好 ………………………… 130
自衛隊の政治利用 ………………… 48
自助努力 …………………………… 52
自然の権利訴訟（別名アマミノクロウサギ
　訴訟）…………………………… 175
自治とアイデンティティとの関係 … 153
島おこし運動 ……………………… 154
島墾事業（島田懇談会事業。）… 101
島津藩の琉球侵略と支配 ………… 169

私有財産制 ………………………… 192
住民参加による街づくり ………… 145
植民地主義的な言説 ……………… 74
助成交付金 ………………………… 108
女性の就業率 ……………………… 73
振興開発の軍事化 ………………… 107
信託統治領 ………………………… 86
人類館事件 ………………………… 69
水平的財政調整 …………………… 197
世礼国男 …………………………… 164
政策統括官 ………………………… 104
政治力学 …………………………… 95
精神的な植民地主義 ……………… 78
青年会 ……………………………… 124
政府の失敗 ………………………… 38
戦後植民期 ………………………… 7
先住民族の権利に関する国際連合宣言 … 183
早期健全化団体 …………………… 159
宗主国・植民地関係 ……………… 56
存在欲求 …………………………… 195

た 行

体制変換 …………………………… 187
第二の米国民政府 ………………… 18
台湾商品免税市場 ………………… 141
脱琉球人化＝日本人化 …………… i
ダンピング問題 …………………… 24
地域史作り ………………………… 126
ちむぐくる（肝心）……………… 135
中華系琉球人 ……………………… 139
美ら島ブランド委員会 …………… 59
調整交付金 ………………………… 108
ちんすこう ………………………… 22
定住促進整備事業 ………………… 160
低賃金労働市場 …………………… 71
同化圧力 …………………………… 19
道州制 ……………………………… 167

214

事項索引

特別調整費 ……………………………… 97
特別都道府県制 ………………………… 49
独立後の経済政策 ……………………… 188
土地基盤整備事業 ……………………… 166
土地総有制 ……………………………… 151
土地の買い占め ………………………… 26
土地は万年，金は 1 年 ………………… 181
奴隷制 …………………………………… 171

な 行

内的自己決定権 ………………………… 149
内発的発展 ……………………………… 120
内陸性工業 ……………………………… 28
名護博物館 ……………………………… 125
ナショナル・ミニマム論 ……………… 51
那覇新都心地区 ………………………… 143
西太平洋多島海文明 …………………… 137
日米地位協定 …………………………… 111
日本＝加害者VS沖縄＝被害者という構図
　………………………………………… 76
日本経済の牽引力としての沖縄 ……… 83
日本利権 ………………………………… 77
ヌチドゥタカラノ家 …………………… 179
ぬちマース ……………………………… 133

は 行

B円 ……………………………………… 10
東シナ海海底資源共同開発機構 ……… 189
非自治地域 ……………………………… 186
非武装中立 ……………………………… 190
ヒモ付き援助 …………………………… 54
福田赳夫 ………………………………… 47
2 つの構造改革 ………………………… 75
復帰措置に関する建議書 ……………… 32
復帰と言う言葉 ………………………… v
プライス勧告 …………………………… 12
プライス調査団 ………………………… 11

プライス法（琉球諸島の経済的・社会的開
　発を促進する法律）…………………… 5
分水協定 ………………………………… 88
平安座島の生活史 ……………………… 162
米軍再編交付金 ………………………… 93
米軍優先の配電 ………………………… 89
平和の創造者 …………………………… 191
ベーシック・インカム制度 …………… 199
僻地手当 ………………………………… 168
北部振興事業 ……………………… 44, 103
誇りある豊かさ ………………………… 85

ま 行

みせかけの経済政策 …………………… 105
みんなでグッジョブ運動推進計画 …… 61
無責任体制 ……………………………… 63
両角二原則 ……………………………… 30

や 行

山中貞則 ………………………………… 46
ゆいたぶ（相互扶助）………………… 174
ゆいまーる（相互扶助関係）………… 51
ゆいまーる琉球の自治の集い ………… 158
幽霊人口 ………………………………… 60
読谷まつり ……………………………… 129
読谷村の内発的発展 …………………… 127
四軍調整官 ……………………………… 131

ら 行

立憲主義 ………………………………… 204
離島振興法 ……………………………… 82
離島の条件不利性克服と国益貢献 …… 81
琉球館（柔遠駅）……………………… 140
琉球銀行 ………………………………… 13
琉球経済開発調査報告書 ……………… 26
琉球最大の資本家 ……………………… 4
琉球人アイデンティティと企業経営 …… 132

事項索引

琉球人男性の自殺率 ·························· 72
琉球人の自己決定権 ························ 165
琉球という言葉 ····························· iii
琉球独立の方法 ···························· 185
琉球の工業開発 ····························· 27
琉球文化圏 ································· vi

臨海性工業コンビナート ···················· 28

わ 行

我が国とアジアを結ぶITブリッジ ········· 80
分かち合い ······························· 196
わびあいの里 ····························· 177

松島 泰勝 (まつしま やすかつ)

1963年琉球・石垣島生まれ。石垣島，南大東島，与那国島，沖縄島にて育つ。那覇高校，早稲田大学政治経済学部卒業後，早稲田大学大学院経済学研究科博士課程単位取得。博士（経済学）。専門は島嶼経済論。在ハガッニャ（グアム）日本国総領事館，在パラオ日本国大使館において専門調査員として勤務。東海大学海洋学部准教授を経て，現在，龍谷大学経済学部教授。2007年「NPO法人ゆいまーる琉球の自治」を立ち上げ代表になり，2013年「琉球民族独立総合研究学会」の設立メンバーとして共同代表に就任。

単著として，『沖縄島嶼経済史─12世紀から現在まで』藤原書店，2002年，『琉球の「自治」』藤原書店，2006年，『ミクロネシア─小さな島々の自立への挑戦』早稲田大学出版部，2007年，『琉球独立への道─植民地主義に抗う琉球ナショナリズム』法律文化社，2012年，『琉球独立論─琉球民族のマニフェスト』バジリコ，2014年，『琉球独立─御真人の疑問にお答えします』Ryukyu企画，2014年，『琉球独立宣言─実現可能な5つの方法』講談社文庫，2015年がある。編著として西川潤・松島泰勝・本浜秀彦編『島嶼沖縄の内発的発展─経済・社会・文化』藤原書店，2010年，松島泰勝編『民際学の展開─方法論，人権，地域，環境からの視座』晃洋書房，2012年，桜井国俊・砂川かおり・仲西美佐子・松島泰勝・三輪大介編『琉球列島の環境問題─「復帰」40年・持続可能なシマ社会へ』高文研，2012年，松島泰勝編『島嶼経済とコモンズ』晃洋書房，2015年がある。

Horitsu Bunka Sha

琉球独立への経済学
——内発的発展と自己決定権による独立

2016年4月10日　初版第1刷発行

著　者　　松　島　泰　勝
発行者　　田　靡　純　子
発行所　　株式会社　法律文化社

〒603-8053
京都市北区上賀茂岩ヶ垣内町71
電話 075(791)7131　FAX 075(721)8400
http://www.hou-bun.com/

＊乱丁など不良本がありましたら，ご連絡ください。
　お取り替えいたします。

印刷：亜細亜印刷㈱／製本：㈱吉田三誠堂製本所
装幀：仁井谷伴子

ISBN 978-4-589-03757-2

Ⓒ2016 Yasukatsu Matsushima Printed in Japan

JCOPY　〈(社)出版者著作権管理機構　委託出版物〉

本書の無断複写は著作権法上での例外を除き禁じられています。複写される
場合は，そのつど事前に，(社)出版者著作権管理機構（電話 03-3513-6969，
FAX 03-3513-6979, e-mail: info@jcopy.or.jp）の許諾を得てください。

松島泰勝著

琉球独立への道
―植民地主義に抗う琉球ナショナリズム―

A5判・278頁・2800円

小国における脱植民地化過程の比較・実証研究をふまえ，琉球（沖縄）の政治・経済的な独立の可能性をさぐる。琉球の独立を文化・思想面からだけでなく，包括的かつ実証的に再検討。実現可能なロードマップと将来像を提案する。

ガバン・マコーマック，乗松聡子著／乗松聡子訳

沖縄の〈怒（いかり）〉
―日米への抵抗―

A5判・283頁・2800円

沖縄問題の核心を通史の展開をふまえ実証的に追究。日本が米国の属国であるがゆえに沖縄が翻弄され続けていることを衝き，沖縄に正義と平和をもたらす責務が日本の私たちにあることを切実に投げかける。沖縄研究にとって必読の書。

孫崎 享・木村 朗編

終わらない〈占領〉
―対米自立と日米安保見直しを提言する！―

A5判・264頁・2400円

日本は真の独立国家なのか。戦後日本を「終わらない占領」という視点から検証する。対米従属により主権・人権・平和が蔑ろにされてきたことを衝き，その克復には対米自立と日米安保条約見直しが必要であることを提言する。

島袋 純著

「沖縄振興体制」を問う
―壊された自治とその再生に向けて―

A5判・328頁・4800円

あたかも返還前の沖縄のような米軍の全土基地化と自由使用の実態を前提に，その統治のあり方を問い，問題の本質に迫る。沖縄の人びとが求めた人権と自治の実現，平和な島への願いを叶えるための「統治の仕組み」を提言。

日本平和学会編

平和を考えるための100冊+α

A5判・298頁・2000円

平和について考えるために読むべき書物を解説した書評集。古典から新刊まで名著や定番の書物を厳選。要点を整理・概観したうえ，考えるきっかけを提示する。平和でない実態を知り，多面的な平和に出会うことができる。

―――――法律文化社―――――

表示価格は本体（税別）価格です